人类从历史中学到的唯一教训,就是人类无法从历史中学到任何教训。
——黑格尔

明朝那些事儿

第壹部

洪武大帝

当年明月 著

浙江人民出版社

034	第六章　霸业的开始
038	第七章　可怕的对手
046	第八章　可怕的陈友谅
052	第九章　决战不可避免
067	第十章　等待最好的时机
075	第十一章　洪都的奇迹
091	第十二章　鄱阳湖！决死战！
106	第十三章　下一个目标，张士诚！
114	第十四章　复仇
145	第十五章　远征沙漠

目录

001 历史原来很精彩

003 引子

004 第一章 童年

009 第二章 灾难

015 第三章 踏上征途

020 第四章 就从这里起步

027 第五章 储蓄资本

第二十三章 终点,起点:最后的朋友们	264
第二十四章 建文帝:建文帝的忧虑	285
第二十五章 等待中的朱棣:朱棣的痛苦	294
第二十六章 准备行动	302
第二十七章 不得不反了!	311
第二十八章 你死我活的战争	328
第二十九章 朱棣的对手	349
第三十章 离胜利只差一步!	373
第三十一章 殉国、疑团、残暴、软弱	385

目录

152　第十六章　建国

172　第十七章　胡惟庸案件

197　第十八章　扫除一切腐败者！

204　第十九章　空印案　郭桓案

218　第二十章　最后的名将——蓝玉！

240　第二十一章　蓝玉的覆灭

249　第二十二章　制度后的秘密

历史原来很精彩

旷野上,当年明月踽踽而行。

历史是什么?历史就是那些残垣断瓦、古庙荒冢吗?就是那些发黄的书本吗?不是,绝对不是。

"历史原来是很精彩的呀!"当年明月大喊一声。声音消失在风中,当年明月继续踽踽地走着,山野一片寂静。

好一段时间,远远地,传来一阵阵回声:"很精彩的呀,很精彩的呀,很精彩的呀,很精彩的呀……"声音渐渐消失,山野又归于寂静。

前面那座古庙里有点儿动静,一个小和尚好像刚睡醒,慢腾腾地伸了个懒腰,抖落了身上厚厚的尘土。噢!那不是朱重八吗?他朝四下看了看,然后向当年明月走来了。那边还有人,朱棣骑着马,风尘仆仆,身上浸着汗水,也向这边赶来。后边是方孝孺,一脸正气,拉着朱允炆,有点儿嫌他走得太慢;沮丧的胡惟庸,骄横的蓝玉,都来了。远远地,过来一个瘦了吧唧的人,一看就知道是朱厚照,还是那样儿,站没站相,坐没坐相,走路也是一摇一晃的……

这么多人都围上了当年明月,一下子就热闹起来了。乱哄哄的,有的拍着当年明月的肩膀,有的指手画脚,吵吵嚷嚷,只听清几个词儿:很精彩的,很精彩的,写写吧,写写吧……写吧,写吧,就像写你们公司的老板,那个胖子,写厂子里那个猴儿精小李、前村儿的嘎子、胡同儿里的小三儿，写吧，想到哪儿写哪儿，就这么写吧……

当年明月也不知是惊喜，还是兴奋，都快晕了。

镜头拉远。

声音淡出。

旷野上又是一片寂静。

忽然，一阵风吹来，一摞纸被吹散了，漫天飞舞。一个过路人捡起一张，一看，原来是书稿，当年明月写的——《明朝那些事儿》。

这也算我给它写的序，比上次那篇序轻松点儿。

毛佩琦

2006年9月8日于北七家村

引子

我很喜欢历史，喜欢那些过去的人和事，在历史的长河中，有太多的事情值得我们去回味。在我第一次接触历史的二十年之后，我开始动笔，写下了下面的这些文字，写给我自己，也写给所有喜爱历史的人。

这部书我构思了六个月左右，主要讲述的是从1344年到1644年这三百年间关于明朝的一些事情，以史料为基础，以年代和具体人物为主线，并加入了小说的写法和对人物的心理分析，以及对当时政治经济制度的一些评价。

要说明的是，这部书是描写正史的，资料来源包括《明实录》《明通鉴》《明史》《明史纪事本末》等二十余种明代史料和笔记杂谈，虽然用了很多流行文学的描写手法和表现方式，但文中绝大部分的历史事件和人物，甚至人物的对话都是有史料来源的，为了文章的流畅，出处就不一一列出了。

由于早年读了太多学究书，所以我很痛恨那些故作高深的文章。其实历史本身很精彩，所有的历史都可以写得很好看，我希望自己也能做到。

其实我也不知道自己写的算什么体裁，不是小说，不是史书，但在我看来，体裁似乎并不重要。

我想写的，是一部可以在轻松中了解历史的书，一部好看的历史。

仅此而已！

好了，就此开始吧。

第一章

童年

我们的口号是：高筑墙，广积粮，缓称王。

姓名：朱元璋 又名：朱重八、朱国瑞
性别：男
血型：？
学历：无文凭，后曾自学过，曾获皇觉寺少林寺进士举人博士的统统不是
职业：皇帝
家庭出身：贫农（至少三代）
生卒年：1328—1398
最喜欢的颜色：黄色（这个好像没得选）
社会关系：
父亲：朱五四 农民
母亲：陈氏 农民（不好意思，史书中好像

我们从一份档案开始。

姓名：朱元璋

别名（外号）：朱重八、朱国瑞

性别：男

民族：汉

血型：？

学历：无文凭，秀才举人进士统统的不是，后曾自学过

职业：皇帝

家庭出身：贫农（至少三代）

生卒年：1328—1398

最喜欢的颜色：黄色（这个好像没得选）

社会关系：父亲　朱五四　农民

　　　　　　母亲　陈氏　　农民（不好意思，史书中好像没有她的名字）

座右铭：你的就是我的，我的还是我的

主要经历：

　　1328—1344　放牛

　　1344—1347　做和尚，主要工作是出去讨饭（这个……）

1347—1352　做和尚，主要工作是撞钟

1352—1368　造反（这个猛）

1368—1398　主要工作是做皇帝

一切事情都从1328年的那个夜晚开始。农民朱五四的妻子陈氏生下了一个男婴，大家都知道了，这个男婴就是后来的朱元璋。

大凡皇帝出世，后来的史书上都会有一些类似的怪象记载，比如刮风啊，下暴雨啊，冒香气啊，天上星星闪啊，到处放红光啊，反正就是要告诉你，这个人和别人不一样。朱元璋先生也不例外，他出生时，红光满地，夜间房屋中出现异光，以至于邻居以为失火了，跑来相救（《明实录》）。

然而当时农民朱五四的心情并不像今天我们在医院产房外看到的那些焦急中带着喜悦的父亲，对已经有了三个儿子、两个女儿的父亲而言，首先要考虑的是吃饭问题。

农民朱五四的工作由两部分构成，他有一个豆腐店，但主要还是靠种地主家的土地讨生活，这就决定了作为这个劳动家庭的一员，要活下去只能不停地干活。

在小朱五四出生一个月后，父母为他取了一个名字（元时惯例）：朱重八，这个名字也可以叫作朱八八。我们这里再介绍一下，朱重八家族的名字，都很有特点。

朱重八高祖名字：朱百六；

朱重八曾祖名字：朱四九；

朱重八祖父名字：朱初一；

他的父亲我们介绍过了，叫朱五四。

取这样的名字不是因为朱家是搞数学的，而是因为在元朝，老百姓如果不能上学和当官就没有名字，只能以父母年龄相加或者出生的日期命名（登记户口的人一定会眼花）。

朱重八的童年在一间冬凉夏暖、四面通风、采光良好的破茅草屋里度过，他的主要工作是为地主刘德家放牛。他曾经很想读书，可是朱五四是付不起学费的，他没有李密牛角挂书那样的情操，自然也没有杨素那样的大官来赏识他，于是，他很老实地帮刘德放了十二年的牛。

因为，他要吃饭。

在此时，朱重八的梦想是好好地活下去，到十六岁的时候，托村口的吴老太做媒，找一个手脚勤快、能干活的姑娘当媳妇，然后生下自己的儿女，儿女的名字可能是朱三二或者朱四零，等到朱三二等人大了，就让他们去地主刘小德家放牛。

这就是十六岁时的朱重八对未来生活的幸福向往。

此时的中国，正在极其腐败的元王朝的统治下。那些来自蒙古的征服者似乎不认为在自己统治下的老百姓是人，他们甚至经常考虑把这些占地方的家伙都杀掉，然后把土地用来放牧（《元史》）。从赋税到徭役，只要是人能想出来的科目，都能用来收钱，过节要收"过节钱"、干活有"常例钱"、打官司有"公事钱"……怕了吧，那我不出去还不行吗？不干事还不行吗？那也不行，平白无故也要钱，要收"撒花钱"。服了吧？

于是，在这个马上民族统治中国六十余年后，他们的国家机器已经到了无法承受的地步，此时的元帝国就好像是一匹苟延残喘的骆驼，只等生命中那最后一根稻草。

这根稻草很快就到了。

1344年是一个有特殊意义的年份，在这一年，上天终于准备抛弃元了，他给中国带来了两个灾难，同时也给元挖了一个墓坑，并写好了墓志铭：石人一只眼，挑动黄河天下反。

他想得很周到，还为元准备了一个填土的人：朱重八。

当然朱重八不会想到上天会交给他这样一个重要的任务。

这一年，他十七岁。

很快一场灾难就要降临到他的身上，但同时，一个伟大的事业也在等待着他。只有像传说中的凤凰一样，历经苦难，投入火中，经过千锤百炼，才能浴火重生，成为光芒万丈的神鸟。

朱重八，来吧，命运之神正在等待着你！

第二章

灾难

（至正十一年）到来了，这一年的头脑脑们就收到消息，先是黄河泛滥了，沿岸山东河南几十万人沦为难民。即使不把老百姓当人，但还要防着他们造反，所以修黄河堤就成为了必须要做的事情。可是令人意外的是，在元政府中竟然出现了两种不同的意见，一种认为一定要修，另一种认为不能修。在现在看来，这似乎是不可思议

元至正四年（1344）到来了。这一年刚开始，元帝国的头头脑脑们就收到了两个消息。首先是黄河泛滥了，沿岸山东河南几十万人沦为难民。即使不把老百姓当人，但还要防着他们造反，所以修黄河河堤就成为了必须要做的事情。

可是令人意外的是，在元政府中竟然出现了两种不同的意见，一种认为一定要修，另一种认为不能修。在现在看来，这似乎是不可思议的事情，黄河泛滥居然不去修，难道要任黄河改道淹死那么多人？在中国历史上有着太多不可思议的事情，这个也不例外。

客观地讲，在这样一件事上，就维护元朝的统治而言，主张修的不一定是忠臣，反对修的也未必就是奸臣。其中奥妙何在？要到七年后才会见分晓。

极力主张修的是元朝的著名宰相脱脱。他可以说是元朝的最后一个名臣，实行了很多的改革政策，为政清廉，而且十分能干（《宋史》就是他主持修的），可是他没有想到的是，他的极力主张，已经给元朝埋下了一个大大的炸药包，拉好了引线，只等着那微弱的火光。

另一个是淮河沿岸遭遇严重瘟疫和旱灾。对于元政府来说，这个比较简单一点，反正饿死病死了就没麻烦了。当然表面功夫还是要做的，皇帝（元顺帝）要下诏赈灾，中书省的高级官员们要联系粮食和银两，当然了，自己趁机拿一点也是可以理解的。赈灾物品拨到各路（元代地方行政单位），地方长官们再留下点，之后是州、县，一层一层下来，到老百姓手中就剩谷壳了。然后地方上的各级官员上书向皇帝表示感谢，照例也要说些感谢天恩的话，并把历史上的尧舜禹汤与皇上比较一下。皇帝看到了报告，深感自己做了大好事，于是就在心中给自己记上一笔。

皆大欢喜，皆大欢喜，大家都很满意。

但老百姓是不满意的，很多人还极其不满意。

朱重八肯定是那些极其不满意的人中的一个。

灾难到来后，四月初六朱重八的父亲饿死，初九大哥饿死，十二日大哥长子饿死，二十二日母亲饿死。

如果说这是日记的话，那应该是世界上最悲惨的日记之一。

朱重八的愿望并不过分，他只是想要一个家，想要自己的子女，想要给辛劳一生、从没欺负过别人、老实巴交的父母一个安逸的晚年，起码有口饭吃。

他的家虽然不大，但家庭成员关系和睦，相互依靠。父母虽然贫穷，但每天下地干活回来仍然会带给重八惊喜，有时是一个小巧的竹蜻蜓，有时是地主家不吃的猪头肉。这就是朱重八的家，然而现在什么都没有了。

朱重八的姐姐已经出嫁，三哥去做了倒插门。除了朱重八的二哥，这个家庭已经没有了其他成员。

十七岁的朱重八，眼睁睁地看着亲人一个一个死去，而他却无能为力。人世间最大的痛苦莫过于此！

他唯一的宣泄方式是痛哭。可是哭完了，他还要面对一个重要的问题——埋葬他的父母，可是没有棺材、没有寿衣、没有坟地。他只能去找地主刘德，求刘德看在父亲给他当了一辈子佃户的分儿上，找个地方埋了他爹。

刘德干净利落地拒绝了他，原因很简单，你父母死了，关我何事，给我干活，我也给过他饭吃。

朱重八没有办法，只能和他的二哥用草席盖着亲人的尸体，然后拿门板抬着到处走，希望能够找到一个地方埋葬父母。可是天下虽大，到处都是土地，却没有一块是属于他们的。

　　幸好有好心人看到他们确实可怜，终于给了他们一块地方埋葬父母。"魂悠悠而觅父母无有，志落魄而徜徉。"这是后来能吃饱饭的朱元璋的情感回忆。

　　朱重八不明白，自己的父母在土地上耕作了一辈子，却在死后连入土为安都做不到。地主从来不种地，却衣食无忧。为什么？可他此时也无法思考这个问题，因为他也要吃饭，他要活下去。

　　在绝望的时候，朱重八不止一次地祈求上天，从道教的太上老君到佛教的如来佛祖，只要他能知道名字的都祈求到了，祈祷的唯一内容只是希望与父母在一起生活下去，有口饭吃。

　　但结果让他很失望，于是他那幼小的心灵开始变得冰冷，他知道没有人能救他，除了他自己。

　　复仇的火焰开始在他心底燃烧。

　　如此的痛苦，使他从脆弱到坚强。

　　为了有饭吃，他决定去当和尚。

和尚的生涯

　　朱重八选择的地方是附近的皇觉寺。在寺里，他从事着类似长工的工作，他突然发现那些和尚除了没有头发，对待他的态度比刘德好不了多少。这些和尚自己有田地，还能结婚（元代），如果钱多还可以去开当铺。

　　但他们也需要人给他们打杂，在那里的和尚不念经、不拜佛，甚至连佛祖金身也不擦，这些活自然而然地由刚进庙的新人朱重八来完成。

　　朱重八一直忍耐着。然而除了要做这些粗活外，他还要兼任清洁工、仓库保管员、添油工（长明灯）。即使这样，他还是经常挨骂，在那些和尚喝酒吃肉的时候，他还要擦洗香客踩踏的地板。每一个孤独的夜晚，他只能独坐在柴房中，看着窗外的天空，思念着只与自己相处了十余年的父母。

他已经很知足了，他能吃饱饭，这就够了，不是吗？

然而命运似乎要锻炼他的意志，他入寺仅五十余天后，由于饥荒过于严重，所有的和尚都要出去化缘。

所谓化缘就是讨饭，我们熟悉的唐僧同志每次的口头禅就是：悟空，你去化些斋来。用俗话来说就是：悟空，你去讨点饭来。我曾考察过化缘这个问题，发现朱重八同志连化缘也被人欺负。由于和尚多，往往对化缘地有界定，哪些地方富点，就指派领导的亲戚去，哪些地方穷，就安排朱重八同志去。

反正饿死也该，谁让你是朱重八。

朱重八被指派的地点是在淮西和河南，这里也是饥荒的主要地带，谁能化给他呢？

然而，就从这里开始，命运之神向他微笑。

在游方的生活中，朱重八只能走路，没有顺风车可搭，是名副其实的旅行。他一边走，一边讨饭，穿城越村，挨家挨户，山栖露宿。每敲开一扇门，对他都是一种考验，因为他面对的往往只有白眼、冷嘲热讽，对朱重八来说，敲开那扇门可能意味着侮辱，但不敲那扇门就会饿死。

朱重八已经没有了父母、没有了家，他所有的只是那么一点可怜的自尊，然而讨饭的生活使他失去了最后的保护。要讨饭就不能有尊严。

生命的尊严和生存的压力，哪个更重要？

是的，朱重八，只有失去一切，你才能明白自己的力量和伟大。

朱重八和别的乞丐不同，也正是因为不同，他才没有一直当乞丐（请注意这句话）。

在讨饭的时候，他仔细研究了淮西的地理、山脉、风土人情，他开阔了视野，丰富了见识，认识了很多豪杰（实际上也是讨饭者）。此时，他还有了自己的宗教信仰——明教，他相信当黑暗笼罩大地的时候，伟大的弥勒佛一定会降世的。其实就他的身世遭遇来说，他是不是真的相信弥勒倒是很难说的，我们有理由相信，他心中真正的弥勒是他自己。

但朱重八最重要的收获是：他已经从一个只能无助地看着父母死去的孩童，一个被人欺负后只能躲在柴堆里小声哭的杂役，变成了能坚强面对一切困难的战士，一个武装到心灵的战士。

长期的困难生活，最能磨炼一个人的意志。有很多人在遇到困难后，只能怨天尤人，得过且过，而另外一些人虽然也不得不在困难面前低头，但他们的心从未屈服，他们不断地努力，相信一定能够取得最后的胜利。

朱重八毫无疑问是后一种。

如果说，在出来讨饭前，他还是一个不知所措的少年，在他经过三年漂泊的生活回到皇觉寺时，他已经是一个有自信战胜一切的人。

这是一个伟大的转变，很多人可能穷其一辈子也无法完成。转变的关键在于心。

对于我们很多人来说，心是最柔弱的地方，它特别容易被伤害，爱情的背叛、亲情的失去、友情的丢失，都将是重重的一击。然而对于朱重八来说，还有什么不可承受的呢？他已经失去一切，还有什么比亲眼看着父母死去而无能为力、为了活下去和狗抢饭吃、被人唾骂鄙视更让人痛苦的呢？我们有理由相信，就在某一个痛苦思考的夜晚，朱重八把这个最脆弱的地方变成了最强大的力量来源。

是的，即使你拥有人人羡慕的容貌、博览群书的才学、挥霍不尽的财富，也不能证明你的强大。因为心的强大，才是真正的强大。

当朱重八准备离开自己讨饭的淮西，回到皇觉寺时，他仔细地回忆了这个他待了三年的地方，思考了他在这里得到的和失去的，然后收拾自己的包裹踏上了回家的路。

也许我还会回来的，朱重八这样想。

第三章

踏上征途

至正十一年（1351）四月,大令下达了,我们坚决要求治理黄河的愿望是现实的,脱脱坚决要求治理黄河的愿望是好的,然而他不懂得那些反对的人的苦心,元朝那些腐败到极点的官吏也是他所不了解的。现在他终于要尝到苦果了。当元朝命令沿岸十七万劳工修河堤时,各级的官吏也异常兴奋。首先,皇帝拨的修河工钱是可以

至正十一年（1351），上天给元朝的最后一根稻草终于压了下来，元朝的末日到了。

我们的谜底也揭开了。现在看来，脱脱坚决要求治理黄河的愿望是好的，然而他不懂得那些反对的人的苦心，元朝那些腐败到极点的官吏也是他所不了解的。现在他终于要尝到苦果了。

当元朝命令沿岸十七万劳工修河堤时，各级的官吏也异常兴奋。首先，皇帝拨的修河工钱是可以克扣的，民工的口粮是可以克扣的，反正他们不吃不喝也事不关己，这就是一大笔收入；工程的费用也是可以克扣的，反正黄河泛滥也淹不死自己这些当官的。

这是管河务的人的捞钱方法。那么不管河务的怎么捞钱呢？其实也简单，既然工程这么大，必然有徭役指标，找几十个人，到各个乡村去，看到男人就带走。理由？修河堤。不想去？拿钱来。

没有钱？有什么值钱的都带走！

可怜的脱脱，一个好的理论家，却不是一个实践家。

老把戏出场了，当民工们挖到山东时，他们从河道下挖出了一个一只眼睛的石人，背部刻着：石人一只眼，挑动黄河天下反。民工们突然发现，这正是他们在工地上传唱了几年的歌词。于是人心思动。

这真是老把戏，简直可以编成电脑程序，在起义之前总要搞点这种封建迷信，但也没办法，人家就吃这一套。

接下来的事情似乎就是理所应当的了。几天后，在朱重八讨过饭的地方（颍州，今安徽阜阳），韩山童和刘福通起义了。他们的起义与以往的起义并没有不同，照例要搞个宗教组织，这次是白莲教。当然，既然敢起义，身份也应该有所不同，于是，可能是八辈子贫农的韩山童突然姓了赵，成了宋朝的皇室，刘福通也成了刘光世大将的后人。

他们的命运和以往每一次起义的农民领袖也类似，起义、被镇压、后来者居上，这似乎是陈胜吴广们的宿命。

尽管他们的起义形式毫无新意，但这并不妨碍他们的伟大和在历史上的地位，在史书上，将永远地记录着：公元1351年，韩山童、刘福通第一个举起了反抗元朝封建统治的大旗。

自古以来，建立一个王朝很难，毁灭一个却相对容易得多，所谓"墙倒众人推，破鼓万人捶"，不是没有来由的。

在元代这个把人分为四个等级的朝代里，最高等级的蒙古人杀掉最低等级的南人，唯一的惩罚是赔偿一头驴，碰到个闲散民工之类的人，可能连驴都省了。蒙古贵族们的思维似乎很奇怪，他们即使在占据了中国后，好像仍然把自己当成客人，主人家的东西想抢就抢、想拿就拿，反正不关自己的事。在他们的思维中，这些南人只会忍受也只能忍受他们的折磨。

但他们错了，这些奴隶会起来反抗的。当愤怒和不满超过了限度，当连像狗一样生存下去都成为一种奢望的时候，反抗是唯一的道路。反抗是为了生存。

这把火终于烧起来了，而且是燎原之势。

在短短的一年时间里，看似强大的元帝国发生了几十起暴动，数百万人参加了起义军，即使那纵横天下无敌手的蒙古骑兵也不复当年之勇，无力拯救危局。元帝国就像一堵朽墙，只要再踢一脚，就会倒下来。

此时的朱重八却仍然在寺庙里撞着钟，从种种迹象看，他并没有参加起义军的企图。虽然他与元朝有着不共戴天的仇恨，但对于一个普通人朱重八来说，起义是要冒风险的，捉住后是要杀头的，这使得他不得不仔细地考虑。

在很多书中，朱重八被塑造成一个天生英雄的形象，于是在这样的剧本里，天生英雄的朱重八一听说起义了，马上回寺庙里抄起家伙就投奔了起义军，表现了他彻底的革命性，等等。

我认为，这不是真实的朱重八。

作为一个正常人，在做出一个可能会掉脑袋的选择时，是绝对不会如此轻率的，如果朱重八真的是这样莽撞的一个人，他就不是一个真正的英雄。

真正的朱重八是一个有畏惧心理的人，他遭受过极大的痛苦，对元有着刻骨的仇恨，但他也知道生的可贵，一旦选择了造反，就没有回头路。

知道可能面对的困难和痛苦，在死亡的恐惧中不断挣扎，而仍然能战胜自己，选择这条道路，才是真正的勇气。

这样的朱重八才是真正的英雄，一个战胜自己、不畏惧死亡的英雄。

朱重八在庙里的生活是枯燥而有规律的，但这枯燥而规律的生活被起义的熊熊烈火打乱了。具有讽刺意义的是，具体打乱这一切的并不是起义军，而是那些元的官吏。

在镇压起义军的战斗中，如果吃了败仗，是要被上司处罚的，但镇压起义军的任务又是必须完成的，于是元朝的官吏们毅然决然地决定，拿老百姓开刀：既然无法打败起义军，那就把那些可以欺负的老百姓抓去交差，把他们当起义军杀掉。

从这个角度来看，元的腐朽官吏为推翻元朝的统治实在是不遗余力，立了大功。

此时摆在朱重八面前的形势严峻了。如果不去起义，很有可能被某一个官吏抓去当起义者杀掉，然后冠以张三或者李四的名字。但投奔起义军也有很大的风险，一旦被元军打败，也是性命难保。

就在此时，一封信彻底改变了他的命运。

他幼年时候的朋友汤和写了一封信给他，信的内容是自己做了起义军的千户，希望朱重八也来参加起义军，共图富贵。朱重八看过后，不动声色，将信烧掉了。他还没有做好去参加起义的心理准备。

然而晚上，他的师兄告诉他，有人已经知道了他看起义军信件的事情，准备去告发他。

朱重八终于被逼上了绝路。

接下来的是痛苦的思考和抉择，朱重八面前有三条路：一、守在寺庙里；二、逃跑；三、造反。

朱重八也拿不定主意，他找到了一个人，问他的意见。这个人叫周德兴，我们后面还要经常提到他。

周德兴似乎也没有什么好主意，他给朱重八的建议是算一卦（这是什么主意），看哪一条路合适。

算卦的结果是"卜逃卜守则不吉，将就凶而不妨"，意思是逃跑、待在这里都不吉利，去造反还可能没事。

朱重八明白自己已经没有退路了，自己不过想要老老实实地过日子、种两亩地、孝敬父母，却做不到。父母负担着沉重的田赋和徭役，没有一天不是勤勤恳恳地干活，还落得个家破人亡的下场。躲到寺庙里不过想混口饭吃，如今又被人告发，可能要掉脑袋。

忍无可忍。

那就反了吧！反他娘的！

没人愿意打仗，愿意牺牲自己的生命，然而被逼上梁山，是他们唯一的宿命。

所以我认为中国历史上的农民起义确实是值得肯定的，他们也许不是那么厚道，他们也许有着自己的各种打算，但他们确实别无选择。

汤和就这样成了朱重八的第一个战友。他在今后的日子里将陪同朱重八一起走完这条艰苦的道路。

然而汤和也绝对不会想到，自己居然是唯一一个陪他走完这条路的人。

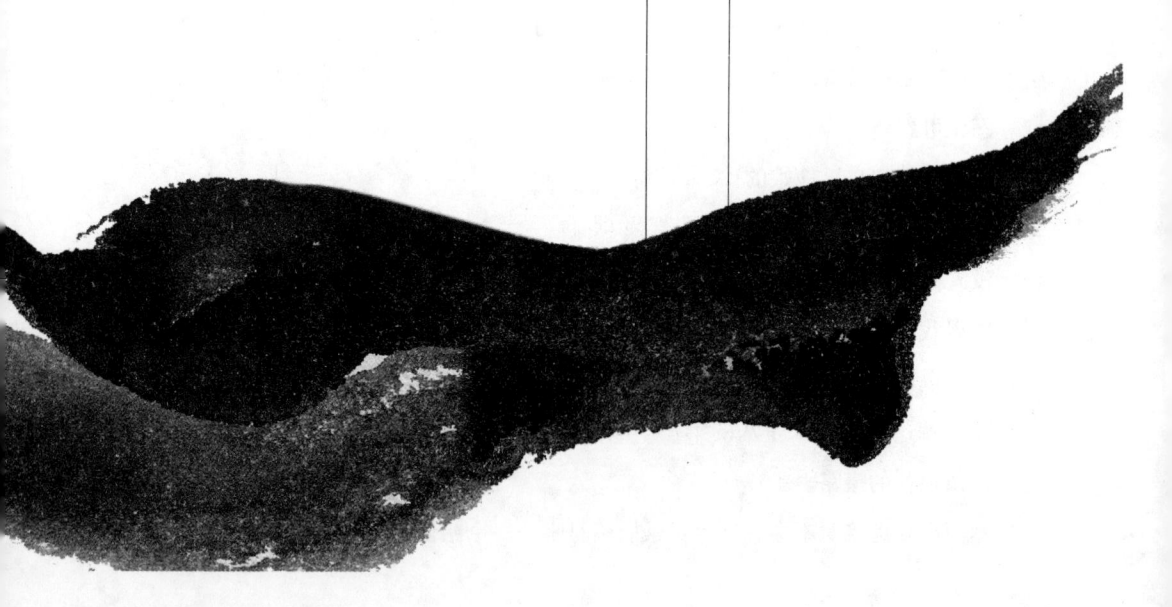

第四章

就从这里起步

抓住了一个奸细,要请令旗去杀人。如果是以往,郭子兴是不会过问的,但今天,他开口问了一句:"你怎么知道那个人是奸细?"军士回答:"这个人说是来投军的,现在元军围困,哪里还有人来投军,他一定是元军奸细。"郭子兴差点笑了出来,投军?元军快打进城来了,还有来投军的,这个借口很

至正十二年（1352），濠州城。

城池的守卫者郭子兴正在他的元帅府里，苦苦思索着对策：濠州城已经被元军围了很久，这样下去是坚守不了多久了。

就在此时，手下的军士前来报告，抓住了一个奸细，要请令旗去杀人。如果是以往，郭子兴是不会过问的，让士兵直接拿了令旗去杀就是了，但今天，他开口问了一句：

"你怎么知道那个人是奸细？"

军士回答：

"这个人说是来投军的，现在元军围困，哪里还有人来投军，他一定是元军奸细。"

郭子兴差点笑了出来，投军？元军快打进城来了，还有来投军的，这个借口很不高明，所以他决定，去看看这个奸细。

于是他骑马赶到了城门口，看见了一个相貌奇怪的人。用今天的话来说，这个人的相貌是地包天，下巴突出，更奇特的是，他的额头也是向前凸出的，具体形状大概类似独门兵器月牙铲，上下凸，中间凹（参见朱元璋同志画像）。

郭子兴走到朱重八的面前，让人松开绑，问他：

"你是奸细吗？来干什么？"

朱重八平静地回答：

"我不是奸细，我是来投军的。"

郭子兴笑了：

"什么时候了，还有人来投军？你不用狡辩，等会儿就把你拉出去杀头！"

朱重八回答：

"噢。"

郭子兴看着朱重八的眼睛，希望能看到慌乱，这是他平时的乐趣之一。

但在这个人的眼睛里，他看到的只有镇定。

郭子兴不敢小看这个人了，很明显，这是一个吓不倒的人。于是他认真地询问了朱重八的名字、来历，当朱重八说出是千户长汤和介绍他来时，郭子兴这才明白，这个人真的是来投军的。

朱重八给他的印象实在是太深了，于是他没有将朱重八编入汤和的部队，而是将他放在自己身边，当自己的亲兵（警卫员）。

在军队里，朱重八很快就表现出了他的才能。比起其他的农民兵士，他是一个很突出的人，不但作战勇敢，而且很有计谋，处事冷静，思虑深远（注意这个特点），还很讲义气，有危险的时候第一个上，这一切都让他有了崇高的威信。加上他的同乡汤和帮忙，他在当士兵两个月后，被提拔为九人长。这是他的第一个官职。

作为郭子兴的亲兵长，朱重八是很称职的。他不像其他的士兵，从不贪图财物，每次得到战利品，就献给郭子兴，如果得到赏赐，就分给士兵。由于他很有天赋，自学过一些字，分析问题准确，郭子兴渐渐把他当成自己的智囊，朱重八在军中的地位也逐渐重要起来。

也就在此时，朱重八将他的名字改成了朱元璋。所谓璋，是一种尖锐的玉器，这个朱元璋实际上就是诛元璋，朱重八把他自己比成诛灭元朝的利器，而这一利器正是元朝的统治者自己铸造出来的。在今后的二十年里，他们都将畏惧这个名字。

汤和

在军队中,汤和算是个奇特的人。他在朱元璋刚参军时,已经是千户,但他却很尊敬朱元璋。在军营里,人们可以看到一个奇特的现象,官职高得多的汤和总是走在士兵朱元璋的后边,并且毫不在意他人的眼神,更奇特的是朱元璋似乎认为这是理所应当的事情,从没有推托过。

我们不得不佩服汤和的远见,他知道朱元璋远非池中物,用今天的话说,他很识时务。相信也正是这个优点,使得他能够在后来的腥风血雨中幸存下来。

在军队里,朱元璋娶了老婆。与后来的那些妃嫔相比,这个老婆可以算是朱元璋成功的关键因素之一。这个女孩是郭子兴的义女,她的父亲姓马,是郭子兴的朋友,后来死去,将这个女孩托付给郭子兴,女孩名字不详,军队里的人都叫她马姑娘。就这样,朱元璋成了元帅的女婿,而郭子兴则多了一个帮手。

我们可以想象到朱元璋喜悦的心情,他终于有了一个自己的家,不再是那个没人管、没人问的朱重八。他饿了,有人做饭给他吃;冷了,有人送衣服给他穿。有家的感觉真好。这种感情一直陪伴了他很多年。

此时,朱元璋已经升任了军队中的总管,这个职位大致相当于起义军的办公室主任。他干得不错,对于某些喜欢贪公家便宜、胡乱报销的人,朱元璋是讲原则的,由于他严于律己,大家也没有什么话说。如果就这么干下去,他可能会成为一个优秀的财务管理人员,可是上天偏偏不让他舒服地过下去,不久的将来,他将面对更大的麻烦。

主要问题是郭子兴的成分问题,他并不是农民,而是地主(想不通他怎么会起义)。当时在濠州的统帅除了郭子兴外,还有四个人,以孙德崖为首,而这四个人都是农民,他们和郭子兴之间存在着深刻的矛盾。

不久,矛盾爆发了。一天郭子兴在濠州城里逛街,突然被一群来路不明的人绑票,这些人似乎对索取酬金之类也没有什么兴趣,把郭子兴死打一顿,然后关了禁闭。朱元璋得到消息，大吃一惊，立刻赶去孙德崖家里要人。孙德崖开始还装傻，表情惊讶，要出去找郭子兴，并且说了一些与绑架者不共戴天之类的话，充分表现出了一个业余演员的演技。

朱元璋只把参与打人的军士带到孙德崖面前，并且告诉孙，你的那些贪污公款、胡乱报销的烂账都在我这里，自己看着办。

于是，朱元璋从孙家的地窖中将已经被打得半死的郭子兴救了出来，这件事情让朱元璋意识到，跟着这些人不会有前途。

而郭子兴也越来越讨厌朱元璋，原因很简单，朱元璋比他强。对于郭子兴这样一个性情暴躁、不能容人的统帅来说，他是不能容忍一个可能取代他地位的人在身边的。终于有一天，他把朱元璋关了起来。落井下石一向是某些人的优良传统，郭子兴的儿子就是某些人中的一个，他吩咐守兵不给朱元璋送饭，想要把朱元璋饿死。善良的马姑娘为了救朱元璋，便把刚烙好的烙饼揣在怀中，到牢中探望朱元璋时送给他吃，每次胸口都会烫伤，但每次都送。

郭子兴毕竟还是不想杀朱元璋，于是将他放了出来。朱元璋经历此事后，终于下了决心，和这些鼠目寸光的人决裂。他向郭子兴申请带兵出征，郭子兴高兴地答应了。

这就是朱元璋霸业的开始，一旦开始，就不会停止。

朱元璋奉命带兵攻击郭子兴的老家——定远，从这一点可以看出他的岳父实在存心不良，当时的定远有重兵把守，估计郭子兴让他去就是不想再看到活着的朱元璋。但朱元璋就是朱元璋，他找到了元军的一个缝隙，攻克了定远，然后在元军回援前撤出。此后，又连续攻击怀远、安奉、含山、虹县，四战四胜，锐不可当！

在召集（也可能是抢）了壮丁后，朱元璋来到了钟离（今安徽凤阳东）。这是他的家乡，在这里他遇到了二十四个到他队伍里找工作的人。

朱元璋经理招收的这二十四个人素质是相当高的，其中有为他算过命的周德兴，还有堪称天下第一名将的徐达。

这些人还有亲戚，一传十，十传百，什么叔叔、舅舅、子侄、外甥都来了，很快，他的部队（直属）就有了七百人。

当朱元璋再次回到濠州的时候，他已经完全明白了自己的前途所在，所以他向郭子兴提出了辞职。郭子兴非常高兴，这个讨厌的人终于可以走得远远的了。

朱元璋在出发前，又做了一件出人意料的事，他从自己的七百人中重新挑选了二十四个人，然后将其余的人都给了郭子兴，郭子兴多少有些意外，但仍然高兴地接受了。

朱元璋的这个行动似乎可以定义为一次挑选公务员的工作，比例是三十比一，没有笔试，考官就是朱元璋和他的眼光。

他挑得确实很准，看看这些人的名字：徐达、汤和、周德兴……这二十四个人后来都成了明王朝的高级干部。

唐时的黄巢在考试落榜后，站在长安城门前，惆怅之余，豪气丛生，作诗一首，大大的有名——《不第后赋菊》：

待到秋来九月八，我花开后百花杀。
冲天香阵透长安，满城尽带黄金甲。

数年后，他带领着十余万大军，打进长安。

此时的朱元璋，站在濠州的城门前，看着自己身后的二十四个人，他知道，迈出这一步，他就将孤军奋战，或者兵败身死，或者开创霸业。

他仰望天空，还是那样阴暗，这个时候做出这个选择，似乎并不吉利，他又想起了那次无奈的占卜。

父母去世的时候，在庙里干苦力的时候，夜里望天痛哭的时候，也是这样的天空。

什么都没有变，变的只是我而已。

百花发时我不发,我若发时都吓杀。
要与西风战一场,遍身穿就黄金甲。

什么都不能阻挡我,就从这里开始吧!
出发!

第五章

储蓄资本

朱元璋打起了这支部队的主意。他亲自来到驴牌寨,一看寨主,大喜过望:
"原来是你啊!"这个寨主他认识,原来还打过交道,而寨主叫他"朱公子"。两人见面后,照例自然要叙叙

朱元璋的第一桶金

朱元璋又来到了定远。对于他而言，拉壮丁已经是轻车熟路，很快他就组织了上千人的部队。他听说在定远附近的驴牌寨有一支三千人的部队，现在孤立无援，需要找个新老板，于是朱元璋打起了这支部队的主意。

他亲自来到驴牌寨，一看寨主，大喜过望："原来是你啊！"

这个寨主他认识，原来还打过交道，而寨主叫他"朱公子"。

两人见面后，照例自然要叙叙交情，我认识谁，你认识不？噢，你说的是那个谁啊，认识认识，还是兄弟呢。还有张三死了、李四病了，等等。越说感情越好，就一起吃饭。

在饭桌上，朱元璋终于说出了他的来意，既然目前你们没有主，不如跟着我混，将来混出名堂，有你们的股份。寨主也真是个实在人，马上就答应了。

朱元璋非常高兴，可是他忘了中国人的习惯，酒桌上的话只能信一半，有时一半都不到。

朱元璋后来估计会想：当时实在应该签个合同的。

三天后，朱元璋的使者到了寨中，寨主热情地接待了他。

来啦，快点请坐啊，别客气，您这趟来是？什么？让我们一起走？这个我们还要考虑下啊。

什么？我已经答应过了？

什么时候啊？三天前？好像没有吧？（回顾手下）你们想想，当时有吗？是吧，没有啊。

误会，误会啊，你说的我们一定好好考虑，让朱公子不要急啊。

什么，你要走？别走，再坐会儿。啊，有事就不留你了，回去给朱公子带个好，有空来玩啊！

就这样，朱元璋被结结实实地忽悠了一回。

可是朱元璋岂是容易欺负的，他让部下去请寨主吃饭，特别交代是准备了很久的名菜。寨主一听有饭局，屁颠屁颠地就来了，一到大营，朱元璋就把他捆了起来，饭没有吃成，倒是自己成了粽子。然后朱元璋以寨主的名义传令山寨的人转移，就这样三千人变成了朱元璋的属下。

下一个目标是横涧山。这个地方有两万军队，但这却不是一支可以劝降的部队，此部队的主帅叫缪大亨（从这个名字就可以看出身份），原先跟随元军围攻濠州，希望能顺便抢个劫，不料没有攻下来，于是带领部队守在这里。朱元璋带领着四千人对他发起了进攻。

这是朱元璋第一次领导以少对多的战斗。

朱元璋很聪明地避开了白天，而选在晚上对这支武装发动了夜袭。像缪大亨这种土包子当然不是对手，他没有怎么抵抗就投降了，于是朱元璋的部队变成了两万人。

朱元璋对部队进行了改编，出人意料的是，他并没有说一些类似同生共死、有福共享之类的话，而是对这些投降的士兵进行了谴责，让他们反思为什么这么大的一支部队，如此没有战斗力，轻易地投降了，然后他说出了结论，这是因为没有纪律和训练，要想成就事业，只有加强训练，建立严格纪律。

这一番话，有理有节，大家听了都很服气。

也就是在这次之后，朱元璋的部队与那些乌合之众的农民暴动军有了本质的区别，在他的手中，有了一支精兵。

此时，两兄弟从定远来投奔了朱元璋，一个叫冯国用，另一个叫冯国胜，朱元璋觉得这两个人都是人才，就留下了他们。这个冯国胜就是后来威震天下、横扫蒙古的冯胜。

至正十三年（1353），朱元璋决定攻击滁州，也就在此时，一个人走进了他的军营。

这是一个穿着书生装的中年人，相貌温文尔雅，朱元璋开始时并未在意此人，只是看他字写得好，便让他当了文书。此人倒也不在意，依然干好自己的工作。

有一天，朱元璋在营房里烤火，似乎是自言自语地说了一句：

"天天处处打仗，何时是个头啊（四方战斗，何时定乎）？"

此人从容答道：

"秦朝乱时，汉高祖刘邦也是百姓出身，他豁达大度，知人善任，只用了五年就成就了帝王之业。现在天下已不是元的了，元帅你的户口在濠州（公濠产），离刘邦老家不远，就算没有王气所在，也多少能沾点边。"说到这里，他停了下来，然后说出了最关键的两句话：

"只要元帅能向刘邦学习，按照他的行为去做，天下就一定是你的！"

朱元璋诧异地看着眼前的这个读书人。是的，这正是自己的方向，刘邦做得到的，我为什么做不到？

于是，他摆正了自己的坐姿，向眼前的这个人行礼。

此人名叫李善长，明朝开国第一功臣。

滁州，地势险要，宋欧阳修有过"环滁皆山也"的议论，可见这确实是一块易守难攻的要害之地。

但滁州的守军却远不像地形那么难以对付，开战之初，朱元璋手下勇将花云即率领上千骑兵以中央突破战术直冲对方阵地，元军溃败，朱元璋率领全军一举攻占滁州。

在占据了滁州后，朱元璋又迎来了三个重要的人，分别是他的侄子朱文正、姐夫李贞和外甥李文忠。请大家记住这几个名字，他们都将是后来那场惊天动地的战争的主角。

此时的朱元璋手下兵精将强，谋士如云，并占据了滁州这个进可攻退可守的险要之地，他的眼界已经不是小小的濠州，也不是滁州，而是天下！

这一年，他二十六岁。

最后一个障碍

朱元璋的顺利似乎并不能给他的岳父带来好运。郭子兴此时正被整得够呛，用今天的话说就是批斗，每次开会总是四个批一个。孙德崖几次都想下手，想想朱元璋就在不远的地方，实在不好善后，于是他就把郭子兴挤出了濠州城，让他下岗，自谋出路。

此时的郭子兴才明白了人生的艰难。他没有其他选择，只能去投靠他的女婿朱元璋，但想想自己以前那样对他，他还能善待自己吗？

到了滁州，他的顾虑打消了。朱元璋不但不念旧恶，而且还把统帅的位置让给了他，更让人吃惊的是，朱元璋做出了一个谁也想不到的决定。

他决定把自己属下三万精兵的指挥权让给郭子兴。统帅的位置也就罢了，毕竟是个虚的，但兵权也交出去，就让人吃惊了，郭子兴百感交集，他其实从来没有信任过这个女婿，甚至还考虑过害他。

他也问过朱元璋，为什么要这样对自己。

朱元璋诚恳地说，如果没有您，就没有我的今天，我不能忘记您的恩德。

郭子兴终于明白，自己错了，朱元璋是对的。

当得知这个消息后，原先企图杀害朱元璋的人也对他敬佩万分，这中间包括郭子兴的儿子郭天叙。

一个人要显示自己的力量，从来不是靠暴力，挑战这一准则的人必然会被历史从强者的行列中淘汰，历来如此。

郭子兴带了自己的几万人来，滁州的粮食不够吃了，朱元璋进攻和州，攻下来后就住在那里，将滁州让给了郭子兴。

而此时濠州城中的孙德崖由于兵多粮少，强行要求到和州混饭吃。朱元璋正头疼，此时却得到了另一个消息，郭子兴得知孙德崖来了，也带了几万人来，要打孙德崖。于是小小的和州一下子挤了十几万人，而且两个对头正好碰上了，那就打吧。

可是打不起来。为什么呢？

因为人太多了，和州只是一个小县城，一下子来十几万人，城里城外水泄不通，就好像我们今天的黄金周旅游景点一样，别说打仗，想转个身都难。

既然不能打，那就谈吧。

看来孙德崖还是讲道理的。他表示，自己毕竟是外来的，还是自己走吧。朱元璋当即去为他送行，此时孙德崖在城内，他的士兵在城外由朱元璋陪同，但谁也没有想到，还有一个人在蠢蠢欲动。

这就是郭子兴。郭子兴是不讲道理的，他只记得孙德崖多次羞辱过他，也管不了什么信义了，看到城内的孙德崖身边没有什么士兵，就命令手下人将孙德崖抓起来。这就害了还在城外的朱元璋。

孙德崖的士兵听说主帅被抓，就认定是朱元璋指使的，而此时朱元璋也得到了这个消息，场面极其紧张，朱元璋一看势头不妙，拨马就往回走，士兵早就有准备，铁索往朱元璋的头上一套，下来吧您哪。孙德崖的士兵抓住了朱元璋，就去找郭子兴谈判。

郭子兴正在一边喝酒一边欣赏着孙德崖的表情，突然消息传来，说朱元璋被抓住了，他一下子蒙了，孙德崖固然不想放，可是朱元璋也是不能少的，于是他只好决定放人。

可谁先放，就又成了问题。此时，徐达站了出来，他愿意用自己去换朱元璋，朱元璋回去后，再放孙德崖，孙德崖回去后再放徐达。这简直成了顺口溜，麻烦啊。

总算解决了这个问题，可是郭子兴临到手的敌人跑了，一时咽不下这口气，得了心病，过了一个月居然死掉了。可见心胸不宽广的人实在不能做大事。

但这对朱元璋来说并不是个坏消息，他仁至义尽，现在终于可以放开手干了，真正的事业在等待着他。

第六章

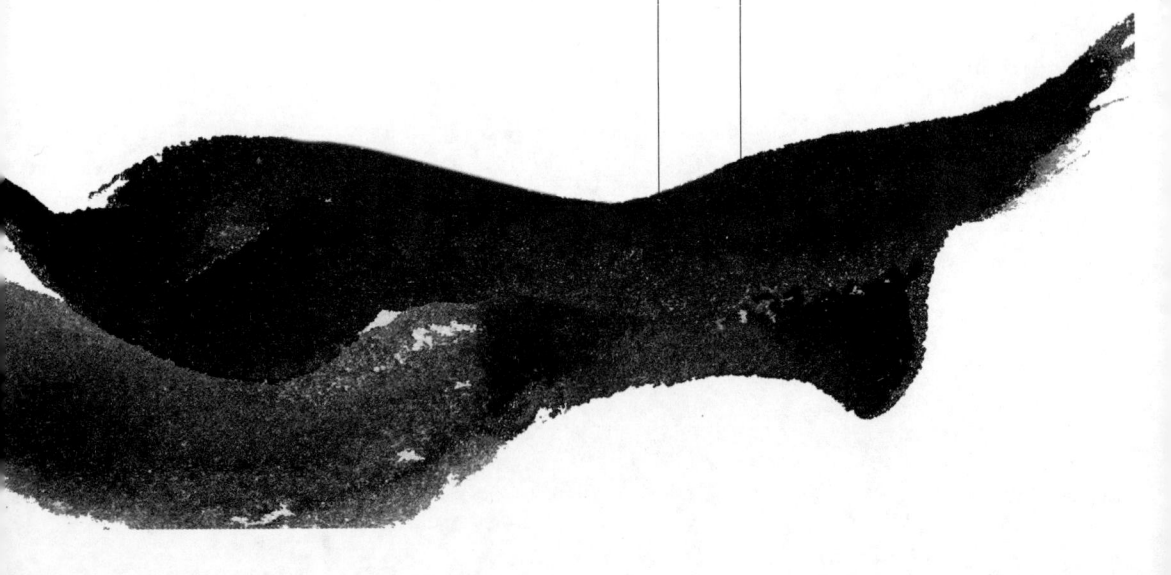

霸业的开始

朱元璋来到了这地方，通信要想占据天下必须要占据王气之地。南京就是这么一个地方，紫金山纵横南北，恰似巨龙潜伏，而石头山则临江陡峭，如虎盘踞，这就是南京龙蟠虎踞的来历。此外，在南京的前方还有一条长江，皇帝和我们一样，买房子前都要看风水，南京背山面水，实在风水好得爆棚。在明之前，已经有

和州太小了。

朱元璋迫切地感受到了这一点，在这个小县城不可能有大的发展，他的眼睛转向了集庆（南京）。

迷信是封建时代人们的通病，要想占有天下，必须要占据王气之地。南京就是这么一个地方，紫金山纵横南北，恰似巨龙潜伏，而石头山则临江陡峭，如虎盘踞，这就是南京龙蟠虎踞的来历。此外，在南京的前方还有一条长江，皇帝和我们一样，买房子前都要看风水，南京背山面水，实在风水好得爆棚。在明之前，已经有六朝定都于此。到了元朝，这个地方叫集庆路，不但地势险要，而且很富。

附近不但是重要的粮食产区，还兼着商业中心的作用，最重要的是，这里有运河之利，在那个从北京走到南京要几个月的年代，水路实在是太重要了。

冯国胜（冯胜）不但作战勇敢，而且极有远见，他向朱元璋建议，应立即渡过长江，占领集庆。

这个建议深深打动了朱元璋，他决心发动攻击。

可是船呢？朱元璋的这班人马不是骑兵就是步兵，唯独少了水军，他正急得不行，一个人的到来带给了他解决的方法。

此人名叫俞通海，《明史》上说他是水军头目，其实这人就是沿江打劫的强盗，经常干的就是类似《水浒传》里"到得江心，且问你要吃板刀面还是吃馄饨"的那路勾当。

但是到朱元璋那里，他就是个重要的人物，杀点人、抢点钱没关系，有用就行。

于是他召集了上千条战船先攻采石，再破太平，终于到达了最后的目的地——集庆。

这所谓的上千条战船其实只是些小渔船，朱元璋的这一重大军事缺陷——水军，也成为制约他后来军事作战方法的主要因素。

集庆就在眼前！

此时的朱元璋是义军的左副元帅，而郭天叙是都元帅，郭子兴的妻弟张天祐是右副元帅，这个职位是刘福通封的。朱元璋的地位最低，但是显而易见，这两个人根本没有与朱元璋抗衡的本钱，军队的实际统帅是朱元璋。此时元朝的统治者们已经十分头疼，到处都是起义军，没有工夫去理会小小的朱元璋，朱元璋正是抓住这个机会，向集庆发动了总攻。

由于船只太差，而且过于小看集庆的城防，朱元璋于至正十五年（1355）八月和九月连续两次攻击集庆，都被元军击败。然而失败对朱元璋来说并不一定是坏事，因为在这两次战斗中，郭天叙和张天祐都战死了，朱元璋顺理成章地成为了都元帅。

第二年（1356），朱元璋亲自带兵分三路进攻集庆，用了十天时间攻破了集庆，并改集庆为应天。

穷人朱元璋终于摆脱了凤阳，摆脱了濠州，摆脱了滁州，来到了富裕的南京，但真正的事业才刚开始，继续努力！

不好惹的邻居

朱元璋占据了应天，对他来说是件好事。但从历史大势上看，他的形势并不乐观，自古占据北方即有天时地利，中国地势由北向南倾斜，由南方起兵进攻北方而最后获得胜利，少有先例。

可是朱元璋此时占据应天，却是占了个大便宜。

我们介绍一下朱元璋的邻居们。住在他东边镇江的是元朝军队，而住东南方平江（今江苏苏州）的是张士诚，东北面的是张明鉴的起义军，南面是元将八思尔不花（名字很有特点），西面是徐寿辉。

表面上看，朱元璋的邻居们个个都比他强，家大业大，朱元璋被他们围在中间，就好像是到外地打工的民工，寄人篱下，而这些邻居虽然并不喜欢朱元璋，但也正是因为他过于弱小，谁也没把他看在眼里，他们打来打去，没空搭理他。

更关键的是，朱元璋北面的邻居是刘福通，这个是兄弟单位的部队，帮助朱元璋挡住了元朝军队的进攻。元朝的统治者倒是很重视朱元璋，可是打不着。于是就出现了这样的情形，能打的不想打，想打的不能打。

朱元璋充分利用了这一特点，对他而言，元朝虽然是他苦大仇深的报复对象，但还不到时候，他先要料理他的两个邻居。对他而言，这两个邻居才是真正可怕的对手。

下面我们要介绍他的两个邻居，他们的名字分别是张士诚和陈友谅。

第七章 可怕的对手

根据顾恺之吃甘蔗的理论,我们先介绍弱一点的:张士诚,男,1321年生人,职业是贩私盐。在这里要先说一下贩私盐这一封建时代长期存在的行业。盐是国家管制的物品,非经允许不能贩卖,但海水就在那里放着,不晒白不晒,不卖白不卖,所以很

这两个人都是当世之豪杰，如果他们分别出现在不同的朝代，应该都能成就大业，可惜，历史注定要让这个时代热闹一点。

这是一场淘汰赛，只有坚持到最后的人才能获得胜利。

根据顾恺之吃甘蔗的理论，我们先介绍弱一点的：

张士诚，男，1321年生人，职业是贩私盐，泰州人。在这里要先说一下贩私盐这一封建时代长期存在的行业。盐是国家管制的物品，非经允许不能贩卖，但海水就在那里放着，不晒白不晒，不卖白不卖，所以很多人都看上了这条发财之道。

根据经济学的理论，垄断必然造成行业的退化和官僚化，古代盐业也不例外，老百姓只要花三分之一的价钱就可以买到比官盐好得多的私盐。为了严格控制这一行业利益，历代封建政府，无论是汉、魏、南北朝、隋唐、五代十国、宋、元，也不管他们治国的方法是道家、儒家还是法家，在对这一问题的处理上，他们都无一例外遵照了韩非子的理论。

这一理论认为：老百姓明知去河里捞金要处死刑还要去干，是因为存在着侥幸心理，所以要加大处罚力度。

对贩卖私盐的处罚也是不断地加重，到了隋唐时期，贩卖一石（约一百斤）私盐就要处死刑。大家知道，程咬金就是私盐贩子，看他的个头儿，应该不止卖一百斤私盐，居然还能通过大赦出狱，确实让人费解。

那么张士诚的性格应该就清楚了。首先，他应该是一个不怕死的人，怕死就不能干这个；其次，他应该是一个比较有钱的人，有钱就能交到很多朋友；最后，他对元朝统治应该有着刻骨的仇恨，因为这个政府不让他卖私盐，还处死了他的很多朋友。

至正十三年，张士诚在泰州起义。他是私盐贩子，所以他的起义兄弟也大都是干这行的，他不属于以贫苦农民为主的红巾军序列，这就为他和朱元璋的长期矛盾埋下了伏笔。

作为当时众多起义者中的一个，张士诚是通过一场艰苦卓绝的战役决定他的历史地位的。

最艰苦的战役——高邮之战

至正十三年，张士诚起兵后，连续攻占泰州、兴化等地，在高邮建都，称诚王，国号大周，以天祐为纪年。

现在看来，这个天祐的名字实在是取得好。

张士诚的王位还没有坐多久，元朝就派兵打来了。其实元朝的官员们也是认死理的，谁称王就去打谁，要是碰到个埋头造反不称王的，他反倒是不理的，朱元璋就是占了这个便宜。

我们上文提到过的元朝名臣脱脱率领百万大军（注意，这个是实数）攻击高邮，所谓"出师之盛，未有过之者"（《元史》），此时私盐贩子张士诚表现了他的勇气和决心。

当时很多人都建议放弃高邮，张士诚考虑良久，说出了一句话："我们还能去哪里呢？"

是啊，还能去哪里呢？

死也要死在这里！

元军用各种武器攻城，包括多种火炮，张士诚和他的两个弟弟张士义、张士德就在城楼上坚守，所有的将士都可以看到他们的身影。更重要的是，这些起义者的心中有着这样一个信念：

投降也是死，抵抗也是死，不如抵抗而死！至少死得悲壮！

于是，看似柔弱的小城高邮就在这种精神的支持下抵抗了百万元军三个月，这就是敢于拼命的力量。

正在高邮即将被攻下时，元朝政府内部出现了问题。

在以往的史书中，我们总是看到很多奸臣，这些人只顾自己不顾国家，是大家痛恨的对象，比如秦桧，比如贾似道，总是在关键时刻来那么一下，坏了国家大事。事实证明，少数民族政权也有奸臣，也会来这么一手。

之后的内容就是俗套了，小人向皇帝进谗言，皇帝担心外面的将军造反，限令立刻回来，于是脱脱撤离了高邮，他挽救元王朝的努力也就这么付诸东流。

关键时候有天祐，名字固然取得好，但如果不能坚持那三个月，也不会有最后的胜利，所以决定张士诚命运的不是好的年号，而是他的勇气。

此战之后，张士诚名扬天下，他再接再厉，连续攻克江苏、浙江的富饶地区，成为占地不是最大，却最富有的人（不愧是做私盐生意的）。

然而从此之后，张士诚就变了，从来都是做小本生意的他，突然间有了全国最富的地盘，再也不用贩私盐了，有钱了，有房子了，拿着馒头，想蘸白糖蘸白糖，想蘸红糖蘸红糖。

朱元璋对他有一个精准的评价：器小。

这个人确实没有大志向，但他的的确确是个好人，还是个大好人。他生来就沉默寡言，待人宽大，免除了江浙一带的赋税，江浙一带的百姓受了他的恩惠，纷纷为他修建祠堂。但他的过于宽大和无主见也使得他无法成为枭雄，而只能做一个豪杰。

下面我们要介绍的陈友谅是一个真正的枭雄。

但在介绍他之前，我们必须介绍他原来的老板徐寿辉。

徐寿辉，出生年月不详（死期倒是很精确），湖北罗田人，是个布贩。据说小伙子长得很精神，而且为人正直，是罗田第一美男子，由于经常被元朝的官吏勒索，所以对元朝心怀不满。至正十一年，刘福通起义经过他的家乡，徐寿辉长期积累的怒火终于压抑不住，准备造反，他的手段还是宣传封建迷信，这次是明教。

为了搞宣传，他还找了两个帮手，一个是在麻城打铁的邹普胜（强人），另一个是江西和尚彭莹玉（大家应该熟悉）。在宣传明教几个月后，他在大别山区发动起义，一举攻克罗田。他是红巾军的支流，所以也戴红巾，起义军连续作战，先后攻克黄州和浠水，并最终定都浠水县城。

他的国号很值得一提，堪称自古以来最为奇特，叫天完（不是年号）。这国号是怎么来的呢？请大家和我一起做一个拆字游戏，把"天完"两个字的上面去掉，就可以发现是大元，这位布贩子唯恐自己的国号不能压制元朝，就想了这么个馊主意，在字上面讨个便宜。我每次看到这个国号总觉得是过几天就完蛋的意思。

当时徐寿辉的地盘很小，只有黄州和浠水这一片地方，但他的排场却很大，元朝有的机构他都有，才那么几千人，就设置了统军元帅府、中书省、枢密院、中央六部，真不知道他手下还有没有兵，估计是都去当干部了。邹普胜为太师，倪文俊为领军元帅，此时一个浠水人参加了他的队伍，此人相貌不凡，写得一手好字，正是陈友谅。

厉害的陈友谅

在那些元朝末年的起义军中，很多的领袖没有抵挡住元朝糖衣炮弹的攻击而被招安，即使是朱元璋也曾经与元朝暗通消息，只有这个人从头到尾反抗元朝外族统治，敢作敢当，不屈不挠，坚持到底，端的是一条好汉！

陈友谅，男，1320年生人，原姓谢，工作是渔民，沔阳（今湖北仙桃）人。在县里干过文书，当徐寿辉起义军来到他的家乡后，他参加了徐寿辉的部队。由于他很有文化，外加有计谋，很快得到了徐寿辉和当时的丞相倪文俊的信任。

至正十三年，由于当时徐寿辉已经称帝（不识时务），元统治者调集几省军队，围剿徐寿辉，攻破国都，彭莹玉战死。徐寿辉这才清醒过来，他率领部队退到湖北黄梅一带打游击，同时对军队进行了整顿。然后红巾军大举反攻，重新夺取江西、湖南，并于汉阳县城（今武汉汉阳）重新建都，改年号为太平。

当时的徐寿辉整编部队的手法实在厉害，他在每个士兵的背后写下了一个"佛"字，并说这样可以刀枪不入。这个谎话似乎容易被揭穿，因为士兵到了战场上就会发现不是真的（不信扎你一枪试试），这个谎话还有下半部分，如果你不幸阵亡，那并不是这个字不灵，而是因为你的心不诚。也就是说没有死就是因为我写了字，死了怪自己，谁让你心不诚！

这种类似"第二十二条军规"的荒唐逻辑在当时倒是很有市场，所以他的士兵在上战场前都要念经，搞得很多元朝政府军也莫名其妙，还以为是碰上了和尚。

与之相对的是他的将领们，这些人可不是吃素的，都是一等一的名将。在徐寿辉手下有所谓四大金刚之称，分别是邹普胜（总司令）、丁普郎（狂人，原因后来会说到）、赵普胜（双刀无敌）、傅友德（从来没有打过败仗）。此四人带领部队横扫元朝军队，创立了天完政权。

在徐寿辉的部队里，兄弟义气是为人看重的，如果有谁背叛了兄弟，是要受到大家的鄙视和惩罚的，这种组织体系很容易让我们想起著名的洪兴帮。可是有讲义气的就一定会有不讲义气的，自古以来从无例外。

丞相倪文俊就是这样一个人。他一直在徐寿辉身边，深知此人除了长得帅，并没有什么突出的才能，而自己是博学多才、文武双全，凭什么在徐寿辉手下干活，于是他企图暗杀徐寿辉，篡夺帝位，却被人捅破，没有办法，只能自汉阳逃往黄州，因为黄州是陈友谅的老巢。

倪文俊一直很相信陈友谅，他不但是陈友谅的领导，还提拔了陈友谅，让他成了军队中的高级干部，可以算是他的师父。

可他忘记了一句中国人的古话：有什么样的老师，就有什么样的学生。

陈友谅是一个什么样的人呢？用八个字可以形容他：心黑手狠，胆大妄为。从他后来的行为看，确实没有什么是他不敢干的，别人把义气看得比什么都重要，他却把义气当成狗屎。

别人不敢杀上司、杀兄弟，他干起来毫不犹豫，干完后还大大咧咧地承认，就是我干的，你能怎么的？

要分析这个人物，需要从他的童年说起。他本是渔民，而且还是那种最低等的渔民，这种渔民在元代一般不上岸，吃住都在船上，村民都不和他们打交道，因为他们身上总是有着挥之不去的鱼腥味。陈友谅就在这样的环境中长大。

从小就饱受别人的歧视、唾骂，以及那种看见他就躲得远远的行动和眼神，使得他心中有着深厚的自卑感。对他而言，要改变自己的命运只有靠自己！

他努力读书，终于在当地县衙找到了一份写作文书的工作，但这个工作并没有给他带来尊严，那些瞧不起他的人依旧瞧不起他，时常听见的低语声和议论声让他发疯。

原来读书也无法改变自己的身份，在长时间的思考后，陈友谅似乎终于找到了一条可以让别人敬重自己的方法。

往上爬，不断地往上爬，直到那最高的顶点，那些瞧不起我的人最终要在我的面前低下头来。

于是，当徐寿辉的起义军来到家乡时，本是元朝政府公务员的陈友谅参加了起义，将矛头对准了发工资给他的元朝。他参加起义的动机明显与那些贫苦农民不同，这动机是一个信号，代表着在陈友谅的心中，信义和忠诚不存在。

在他的心中，唯一重要的就是权力和地位，是当他高高在上的时候，无人再敢藐视他！

在陈友谅所学习的东西中，四书五经和经史子集都是不重要的，他掌握得最好的是"杀人灭口""斩草除根""无毒不丈夫"之类的人生哲学，厚黑学应该也是他的专长。倪文俊欣赏的也就是他这一点，但他想不到的是，有一天，陈友谅会把这一招用在自己身上。

倪文俊鼻子不是鼻子、脸不是脸地跑到陈友谅处时，陈友谅仍然友善地接待了他，为他准备了房间和换洗的衣服，陪他谈话。倪文俊顿感自己没有看错人，便把内幕和盘托出，越说越气愤，流下了眼泪。陈友谅平静地看着他，问出了关键的一句话：

"赵普胜他们怎么样了？"

听到这话，倪文俊更是悲从心中起："他们那几个人，你还不知道，都是徐寿辉的死党，不过，我们联手，一定可以打败他们。"

好了，这就够了，我不用再问了。

一天之后，汉阳的徐寿辉收到了倪文俊的头颅。

第八章

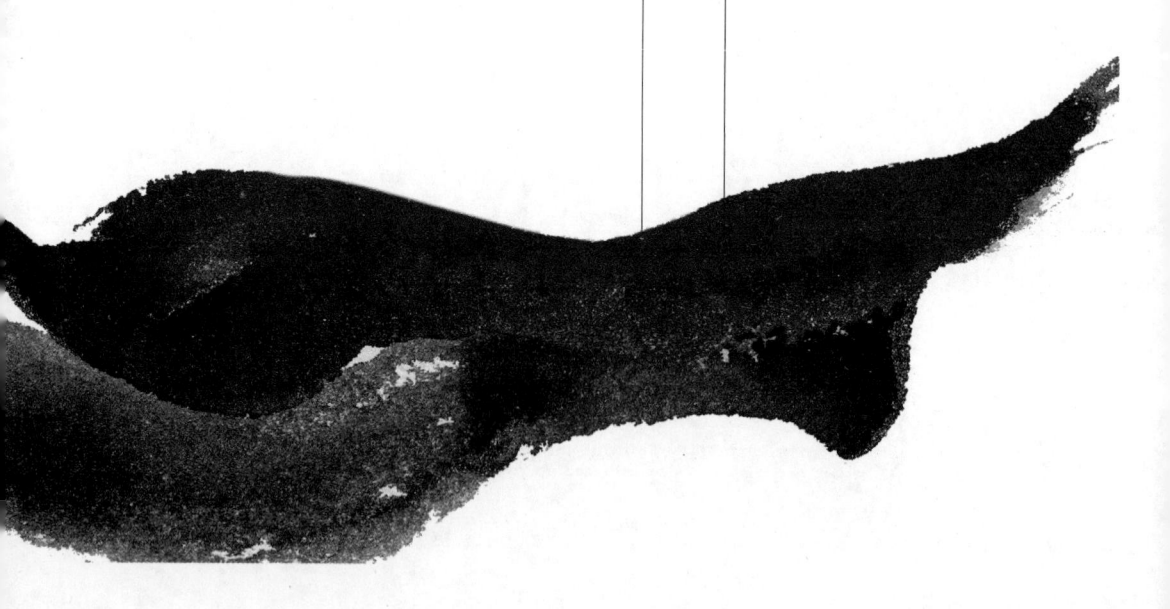

可怕的陈友谅

陈友谅在带兵才能的人很有带兵才能的人多少兵,韩信告诉他只有十万,这件事充分说明了兵不是越多越好,关键看在谁的手里,怎么使用,而陈友谅的能力远远不是十万兵可以包容的,与他相比,徐寿辉就差得太远了。这个人确实是个好人,但除了是好人,他什么也不是。陈友谅每天看见徐寿辉高高在上地坐在宝座上就来气,这不废物为什么坐在上面,

陈友谅在杀掉倪文俊后，以所谓匡扶之功成为了天完国的第一重臣，他的能力也充分表现了出来，他知人善任，有很强的组织能力，更为难得的是，他是一个很有带兵才能的人。

汉高祖刘邦问过韩信，自己能带多少兵，韩信告诉他只有十万，这件事充分说明了兵不是越多越好，关键看在谁的手里，怎么使用，而陈友谅的能力远远不是十万兵可以包容的。

与他相比，徐寿辉就差得太远了，这个人确实是个好人，但除了是好人，他什么也不是。陈友谅每天看见徐寿辉高高在上地坐在宝座上就来气，这个废物为什么坐在上面，我还要向他请示？当这个念头出现的频率越来越高、越来越频繁时，思想中的图谋就将变成行动。

要除掉徐寿辉很容易，但之前一定要先解决他的那些明教兄弟，第一个就是赵普胜。

于是，不久后赵普胜以图谋不轨的名义被杀掉，丁普郎和傅友德不是白痴，看情形不对，就溜了，跑到朱元璋处继续当差。

此时的徐寿辉真正成了光杆司令，是陈友谅手中的棋子，于是在几乎所有的历史书中都出现了这么一段奇怪的描述：至正二十年（1360），徐寿辉在陈友谅的挟持下进攻朱元璋。

进攻，还是被人挟持的，做皇帝做到了这个地步，还不如死了好。

徐寿辉并不想死,他把权力交给了陈友谅,只是希望活下去。

陈友谅是属于那种"卧榻之侧岂容他人酣睡"的人,他绝不会放过徐寿辉。

这一天终于来到了。至正二十年六月十六日(够精确),陈友谅率领十万军队顺江而下攻克朱元璋的采石,他邀请徐寿辉去采石城的五通庙拜神,徐寿辉一向对这些活动很是热衷,于是他应邀来到了庙里。

当他来到庙里时,陈友谅正站在窗前,身边站着两个卫士,外面下着很大的雨。

陈友谅没有理他,徐寿辉多少有些尴尬,他走到陈友谅身边,以一种近乎讨好的语气说道:"我们就要打下应天了,这都是你的功劳啊。"

陈友谅没有回头,只是淡淡地说:

"可惜你看不到那一天了。"

徐寿辉蒙了,他不是没有想过这一天的到来,但当它到来时,还是那么残酷。

两个人都不说话了。

死一般的沉默。

徐寿辉的汗和眼泪都下来了,他心中的恐惧就像一只大手将他拖入无底深渊。

"我把皇位让给你,我做平章,你看这样行吗?"

陈友谅终于回头了,他用一种难以置信的眼神看着徐寿辉,说出了徐一生中听到的最后一句话:

"你是怎么在这个乱世上生存下来的?"

卫士上前,用预先准备好的铁锤打碎了徐寿辉的脑袋。

徐寿辉倒下时最后看到的是陈友谅那冰冷的目光。

卫士们洗干净了前任老板的血迹,布置好大殿,因为这里马上就要举行新皇帝的登基大典。

至正二十年六月十六日,陈友谅在暴风雨中,于五通庙登基为帝,定国号为汉。

这就是乱世的生存法则，徐寿辉，你不懂。

陈友谅虽然算是个不折不扣的不讲道义的人，但他却是一个敢作敢当的人，他的大汉国的年号是"大义"。

真是够狠，弑君夺位的人居然敢把自己的年号取为大义，这件事告诉我们，陈友谅是一个不遵守游戏规则的人，在他眼里，什么仁义道德都是狗屁，你们不是不齿于弑君的行为吗？道学先生们，我就做给你们看看，我的年号就叫大义！

诚然，这样的一个人是难以对付的，要对付这样的人，君子的做法是不行的，守规矩是不行的。

谁能够对抗这样一个可怕的人？

只有朱元璋了。

在朱元璋攻占应天后，陈友谅和张士诚都感觉到了这个对手的潜力。他们都是非常厉害的人，谁对他们威胁最大，他们的心里很清楚。虽然朱元璋还很弱小，但绝不能小看他。

但是陈友谅当时并未掌控天完国的政权，所以最先与朱元璋发生冲突的是张士诚。双方从至正十六年朱元璋攻克应天后，就没消停过，大大小小打了上百仗。朱元璋对张士诚极为头疼，自己只是占了点地盘，干吗总和自己过不去，本来兵力已经不敷使用，但屋漏偏逢连夜雨，同年六月，朱元璋的一个部将投降了张士诚。此时朱元璋做出了一个重要的决定。

他要和张士诚谈判，并写信给张士诚，大致内容是：我是贫苦农民，你是私盐贩子，大家都是苦人啊，干吗非要打我呢？咱们两家和平相处吧，时不时去串个门不是很好吗？

朱元璋这样做是因为他已经和徐寿辉开战，两线作战非常不利于他，可张士诚也不是等闲之辈，看出了朱元璋的计谋，他回信给朱元璋，大意是：你是从哪里来的就滚回哪里去，我已经和徐寿辉约好，非灭了你不可。

谈不拢，那就打吧。

同年七月，张士诚大举进攻朱元璋控制的镇江，朱元璋早有准备，命令当时手下的王牌将领徐达和常遇春应战，大败张军于龙潭。然后猛将常遇春一路打过去，到第二年（1357）攻克了常州，之后在攻克宁国的战斗中，常遇春充分继承了夏侯惇受伤不下火线的精神，身中三箭（贯通伤）仍然坚持作战，又攻下了宁国。张士诚一败涂地。

其实张士诚的军队战斗力并不差，人数也多于朱元璋军，但却惨败，从以上情况我们可以得出千军易得、一将难求的结论。

常遇春

常遇春跟随朱元璋的时间并不长，他于至正十五年朱元璋攻克和州的时候才来投奔。虽然晚来，他却一点也不客气，开口就说，我到这里来就是当先锋的，把先锋印给我吧。

朱元璋见过的狂人不少，但从来没有见过这么狂的，他很生气地说："你小子不过是个吃不饱饭的难民，到我这里来混饭吃的，我怎么可能给你这样的官位呢？"（《明史纪事本末》）

常遇春却笑着说："你等着看吧。"

他用行动证明了自己的实力。

在朱元璋攻克采石的战役中，元朝军队在岸边列阵，朱元璋的水军无法靠近，看着干着急。

正在此时，常遇春的船只经过，朱元璋顿时想起了他的话，对常遇春大喝道：

"小子，你不是要当先锋吗？现在是时候了！"

常遇春应声奋勇向前，单枪匹马持长戈向岸边元军刺去，元军接住了他的长戈（遇春应声，奋戈直前，敌接其矛），却没有想到常遇春的目的正是在此，他手握长戈顺势跳上了岸边（这似乎是个撑杆跳的动作），连杀数人开辟了滩头阵地，后面士兵一拥而上，占领了采石。

此战后，朱元璋重新认识了这个叫常遇春的年轻人，并亲自授予他总督府先锋的官位。

常遇春是个天生的先锋材料，他善于使用骑兵进行突破，选择进攻位置准确，能冷静判断战场形势。除此之外，他还是一个武林高手，个人武艺也甚是了得，这一优点在后来起了极大的作用。

但他也有个致命的弱点，他嗜好杀戮，而且是最不道德的那种——杀降。

古语有云，杀降不祥，从道义上说，对方已经投降，再动手似乎就不那么光彩，可他偏偏嗜好这个，这个嗜好也为朱元璋惹来了大祸。

第九章

决战不可避免

朱元璋做出的两个决策使得他成为了最终的战争胜利者。第一个决策是高筑墙、广积粮、缓称王。正是这个决定让他避开了天下人的注意,当其他农民起义领袖帝王思想膨胀、扯虎皮做大旗、锅里没几两米就敢开几千人的饭时,朱元璋充分利用了时间,不断发展自己的实力。另一个决策是在陈友谅和张士诚两个人中间拿谁开

朱元璋击败了张士诚后，便把主要精力放在对付徐寿辉身上，但他明白，自己真正的对手并不是那个虚有其表的徐寿辉，而是他背后那巨大阴影——陈友谅。

在这段时间里，朱元璋做出的两个决策使得他成为了最终的战争胜利者。第一个决策是高筑墙、广积粮、缓称王。正是这个决定让他避开了天下人的注意，当其他农民起义领袖帝王思想膨胀、扯张虎皮做大旗、锅里没几两米就敢开几千人的饭时，朱元璋充分利用了时间，不断发展自己的实力。

另一个决策是在陈友谅和张士诚两个人中间拿谁开刀。当时大家普遍认为张士诚比较弱，希望先对付他，并利用占据的江浙一带土地扩张自己的势力，从而与陈友谅决战。应该说这个决策无论从哪个角度看都是正确的，但朱元璋在此时体现了他天才的战略眼光。

在实际决策中，不受他人、特别是多数人意见的影响是很困难的，当许多人众口一词时，很多人都会从大流，甚至改变自己原来的看法，而朱元璋用他的智慧告诉人们，真理往往是站在少数人一边的。

朱元璋对他的谋士们说，你们的看法是有道理的，但你们没有看到问题的关键：张士诚的特点是器小，陈友谅的特点是志骄；器小无远见，志骄好生事。如果我进攻陈友谅，张士诚必然不会救他；而进攻张士诚，陈友谅就一定会动员全国兵力来救，我就要两线作战，到时就很难说了。

精彩！真精彩！

如此之见识，此人不取天下，何人可取！

大战的序幕

无论怎么躲避，决战这一天终究会到来，这是朱元璋和陈友谅的共识。

至正十九年（1359），陈友谅已经完全控制了天完国，他的兵比朱元璋多，训练水平也比朱元璋的士兵高，更要命的是，他的长处正是朱元璋的短处——水军。

陈友谅占据了湖北和江西，也就是说，他占据了长江上游，而朱元璋占据的应天是下游，必须仰首而战，由于他们正好在一条水路上，水战就成为不可避免的战争方式。朱元璋一再避免决战的原因也就在于此。

虽然朱元璋不懂物理，但他也知道拿渔船去和战船决战于水上，无异于自杀。

恰在此时，一件事情的发生使决战提前爆发了。这是朱元璋万万没有想到的。

至正十九年十一月，常遇春率部攻克池州。陈友谅大为吃惊，准备安排部队夺回，但事情泄露，朱元璋有了准备，命令徐达与常遇春采用伏击方式作战，常遇春与徐达在九华山下设伏，打败了陈友谅的军队，并俘获了三千人。

此时，常遇春的老毛病犯了，他对徐达说，我要杀掉这三千人，徐达坚决不同意，并表示要上报朱元璋，但他没有想到常遇春胆子大到惊人的程度，竟敢不经过请示，连夜将三千人全部活埋了！

常遇春杀降是有目的的，他留下了几个人没有活埋，让他们回去给陈友谅带了一句话：

我是常遇春，是我打败了你！

麻烦大了。

陈友谅的愤怒

陈友谅真的愤怒了，自他从军以来，没有人敢再欺负他，在他面前总是畏畏缩缩的，常遇春何许人也，居然敢向自己挑衅！

他终于动手了，这次不再是小打小闹了，而是打到应天，把朱元璋赶回去种田！

当然这是朱元璋所不愿意看到的。

这次常遇春是真的把狼招来了。

至正二十年，陈友谅率领他全中国最强大的舰队向应天进发，他的战船名字十分威风，在此要详细说说，分别是混江龙、塞断江、撞倒山、江海鳌等，就差取名为惊破天了。

船名威风，那么战船呢？应该说战船也很厉害，这些战船大都有三层楼高，各种火炮齐备，用这样的船来与朱元璋的渔船打仗是不用攻击的，只要用撞就可以了。

陈友谅在攻击前通知了张士诚，让他夹攻朱元璋，然后他以迅雷不及掩耳之势命令他的无敌舰队向应天出发。

陈友谅指挥作战有个很大的特点，这个人似乎从来不去仔细研究作战计划，而是率意而为，打到哪儿算哪儿，这个特点也一直让他为军事专家所诟病，但客观看来，这正是他的作战特点，也是他指挥艺术的精华之处。

连他自己都不知道要攻击什么地方，敌人能知道吗？碰到这种不按常理出牌的人，谁能顶得住？朱元璋就吃了他的亏。

当朱元璋得知陈友谅率领大军攻击时，陈友谅的舰队已经攻占了军事要地采石，速度之快，让朱元璋咋舌。而应天最重要的屏障太平现在就孤零零地屹立在陈友谅的十万大军面前。由于没有想到陈的汉军攻击如此迅速，城内只有三千士兵，由花云任统帅。

陈友谅在攻击太平的战役中充分显示了他舰队的可怕实力。他并没有让士兵去攻城，只是让士兵将船只开到太平城靠江的城墙边，用短梯从容地爬上了城头，一举歼灭了三千守军。

当陈友谅的汉军从城墙上爬下来时，很多守军还没反应过来，呆呆地看着汉军。他们无论如何也想不通，这么高的城墙，还有长江天险，难道这些人是飞过来的？！

太平被攻破了，应天就像一个赤裸的孩子，暴露在陈友谅的利剑下。陈友谅已经杀了徐寿辉，成为了皇帝，现在他的目标只有朱元璋，仅有一万水军、看似不堪一击的朱元璋。

天下已经在我手里！

看来上天要抛弃朱元璋了，无论从哪个角度来看，他都没有赢的希望，每次当他到玄武湖看到那些破烂的渔船时，总有想一把火把这些垃圾烧掉的冲动。

但事情总是有转机的，就在陈友谅大军南下之前不久，上天送了一份大礼给朱元璋。这份大礼是一个人。

天文学很重要

至正二十年四月，朱元璋的部下胡大海攻下了处州。胡大海是一个爱惜人才的将领，他听说附近有几个隐士很有才能，便派人去请。

所谓隐士，是指神龙见首不见尾，别人已经吃完午饭，他还在洗脸的那种人，未必真有本事，但不管如何，多拉一个人下水总是好的。

这几位隐士的名字分别是叶琛、章溢、刘基。

前两个人接到邀请，立刻就来了，可是最后的这个刘基是怎么请都不来。

胡大海觉得此人架子太大，不想再去请了，可有人对他说，叶琛和章溢请不请无所谓，这个刘基一定要请，因为这个人懂天文。

今天的人们对天文学的兴趣有限，可在当时，这可是一项了不起的本事，不是什么人都能学的，属于帝王之学的一种。地上的君主们觉得辽阔的土地已经不能满足自己的欲望和虚荣，便把自己的命运和天上的星星联系在一起，出生的时候是天星下凡（一般要刮风下雨），即位的时候是紫微星闪耀，被人夺位是异星夺宫，死的时候是流星落地。

总而言之，都和星星有关，懂这门学问的何止是人才，简直是奇才。

于是胡大海就上报朱元璋，朱元璋甚是感兴趣，便派了一个叫孙炎的人来召刘基。但刘基就是不给面子，逼急了就回赠了一把宝剑给孙炎，这是一个不友好的举动，而孙炎眼见使命不能完成，也急了，撕下了温情的面具，对刘基说了一句意味深长的话：你这把剑应该献给天子，天子用剑专门斩杀那些不听话的人（剑当献天子，斩不顺命者）。

刘基明白了，这个眼前亏吃不得，乖乖地去朱元璋的手下干活。但当时的朱元璋对他的真实能力并不了解，把他看成算命先生之类的角色。

金子总会发光的。

决断

当太平失守的消息传到应天后，朱元璋召集他的谋士们商量对策，在会议上出现了不同的意见，大部分（注意这个词）主张逃跑，另外一部分主张退守紫金山，但这两部分人在一个问题上是一致的，那就是放弃应天。

这些平日自吹神机妙算的谋士在此时露出了他们的真面目，除了痛骂常遇春外，他们做的事情也只是吹嘘汉军的强大，议论太平如何失守、自己的军队如何差等。

总而言之，言而总之，绝不能战，战则必亡。

朱元璋失望地看着这些人。他相信他们中的大部分人都打好了包裹，给老婆孩子准备了逃跑的车辆，随时准备投靠新的老板，然后在他摔跤倒地的时候再踩上一脚。落井下石、趁火打劫从来都是这些人的特长。

此时，他看到了脸色阴晴不定的刘基，似乎有话要说，他开口问道："刘基，你有话说？说吧。"

刘基的那些同僚停止了议论，看着刘基。自从这个人到了朱元璋手下担任谋士后，沉默寡言，也没有出过什么主意，大家不怎么瞧得起他，只是因为此人脾气很好，从不发火，人缘倒还不差。

刘基站了起来，长时间的等待和倾听已经消磨了他所有的耐心，他露出了自己的真面目，不再是一个好好先生，而是上知天文、下知地理、运筹帷幄、决胜千里的刘伯温！

他用轻蔑的眼光俯视着这些平日自视甚高的所谓才子，用一种几乎歇斯底里的语气大声说道：

"那些说要投降和逃跑的人应该立刻杀掉！你们就这么胆怯吗？！现在敌人虽然强大，但却骄横，只要我们诱敌深入，使用伏兵攻击，打败陈友谅是很容易的！一味想着逃跑的人，难道也有脸自称为臣吗？！"

他训斥了那些懦弱的人，并详细分析了局势，告诉所有的人，陈友谅并不是不可战胜的，周围的人被他惊呆了，愣愣地看着他。

"如果我们失去了应天，还能去哪里呢？我虽力薄，也能拼命！要走你们走，我决不走！"

"我哪里也不去，誓与应天共存亡！"

他的声音如同狂风暴雨，扫荡着大殿的每一个角落。

朱元璋很感慨，看着这么多的所谓从龙之臣只为自己打算，而这个刚刚到自己手下干活的人却能以自己的勇气说出与城共存亡这样的话。他不是没有畏惧感，他很明白，如果陈友谅攻下了应天，自己多年奋斗的心血会毁于一旦，他也会像徐寿辉一样成为陈友谅皇位的垫脚石，不可能做和尚，不可能做农民，等待他的只有死亡。

他当然想一战歼灭陈友谅，让这个讨厌的人从世界上消失，可是陈友谅太强大了，强大到似乎无法战胜，那庞大的战船就像可怕的怪兽，会将他和他那弱小的水军吞没。

那就躲躲吧，可是又能躲到哪里去呢？滁州？濠州？像狗一样被人追来追去，最后又像狗一样被人杀死？

刘基的话给了他勇气，一个弱不禁风的书生尚有如此决心，我又畏惧什么？！我本一无所有，经过多少的艰难险阻才走到今天，难道就不能放手一搏吗？！

他站了起来，用威严的目光扫视着每一个人，斩钉截铁地吐出了四个字："此地决战！"

在确定了战略方向后，他召集谋士谈论如何对敌。大凡这个时候，狗头军师们会提出一大堆建议，好的坏的都有，就看拿主意的人识不识货。这是个一本万利的工作，如果建议对了，而且被使用了，自己就会成为大功臣；如果没有被使用，事后也可以证明自己有先见之明；如果出的是坏主意，那也没关系，老婆不好找，老板还是好找的，换一个就是了。

有谋士说，应该先攻下太平，然后以太平为屏障与陈友谅决战。

又有谋士说，应趁陈友谅立足未稳，马上出击与他决战，击敌半渡，可收全功。

我们客观地来看，这两种主意似乎都不错，提出谋略的人也是很有见识的，但真的行得通吗？

朱元璋再度表现出了他的军事天才，这种天分将在今后的军事生涯中不断地帮助他。

他分析道，先攻太平是不行的，因为太平城坚固，不能保证一定能攻下来，即使攻下来后，也无法在短时间内守住，陈友谅就会一鼓作气攻克太平继而攻击应天，而那时主力部队已经极为疲劳，根本守不住应天。主动出击决战也是不可取的，因为舍弃坚城不守，贸然出击，一旦未能与敌军进行决战或是战败，整个战局就会陷入被动。

最后，他说出了自己的见解，用手指向了应天城外的龙湾：

"就在这里。"

计划与阴谋

朱元璋的计划是这样的，考虑到自己的水军不如陈友谅，他决定把陈友谅诱上岸来，引他进入预定地点，设伏打他。他分析了陈友谅水军的进攻方向，认为陈友谅的水军一定会经过长江，进入秦淮河并直抵南京城墙之下，在这条水路上，战船唯一的阻碍是长江到南京西城墙的三岔江上的一座木制桥，这座桥的名字叫江东桥。

如果陈友谅走这条路，朱元璋的军队将直接面对汉军的可怕舰队，所以不能让陈友谅走这条路。

朱元璋为陈友谅的汉军选定的墓地是龙湾。龙湾有一大片的开阔地，汉军到此地只能上岸，而自己的军队能利用当地的石灰山做屏蔽，随时可以在后面突袭汉军。这里是最好的伏击地点。

朱元璋召集了他的高级将领们，这些人和他一起从濠州打到应天，个个身经百战，朱元璋充分地信任他们。在这些将领面前，朱元璋一扫之前的犹豫和踌躇，带着自信的表情宣布了他的计划。

首先，他指示驻守城正北方的邵荣放弃阵地，因为他镇守的正是那个关键的地方——龙湾。

其次，他命令杨靖、赵德胜、常遇春、徐达带领部队埋伏在龙湾和南城，一旦汉军进入伏击圈就进行攻击。

最后，他本人带着预备队驻扎在西北面的狮子山，作为最后的决战力量。

"此次攻击，我为总指挥，当我挥舞红色旗帜时，即代表敌军已经到达，当我挥舞黄色旗帜时，你们就要全力进攻，决战只在此时！"

然而徐达提出了疑问：如果陈友谅军不攻占龙湾，而直接从秦淮河攻击应天，这个计划是无法执行的。

是的，说得有道理，陈友谅带领的是水军，必定会走水路，他又凭什么放弃自己的优势去和朱元璋打陆地战呢？

朱元璋的脸上浮现出了一丝狡黠的微笑，他指着将领中的一个人说道："这就要靠你了。"

这个人叫康茂才。

这是一个战略意义上的阴谋。康茂才原先是陈友谅手下大将，后来投奔朱元璋，但他仍在朱元璋的指示下与陈友谅有着秘密接触，用今天的话说，他是一个双面间谍，是朱元璋埋在陈友谅身边的一颗棋子。

康茂才早已派人送信给陈友谅，说他将倒戈，建议陈友谅采取水路进攻，他将会在江东桥与陈友谅会合，并将这座唯一阻挡水军前进的桥梁挪开，让陈友谅的水军经过秦淮河直抵南京城墙之下。陈友谅大喜过望，并表示一定会在胜利后重赏康茂才。在得到陈友谅的回音后，朱元璋命令李善长连夜重造了一座石桥。

这座石桥将给予陈友谅最为沉重的精神打击。

朱元璋宣布了他的全部作战计划，以坚定的目光看着他的将领们："我们自濠州出发以来，经历了无数困苦，打败了无数敌人，才取得今天的一方土地，虽然陈友谅比我们强大，但只要我们敢于迎战，胜利一定属于我们！"

"我相信我是对的。"

朱元璋是一个了不起的人。

在通往胜利之门的路上，你会捡到很多钥匙，这些钥匙有的古色古香，有的金光闪闪，但只有一把能打开那扇门。

在进行决策时，会有很多人在你耳边提出他们自己的意见，将他们手中的钥匙交给你，让你去选择，但这个游戏最残酷的地方在于：

你只有一次尝试的机会。

如果失败了，你将失去一切。

在战役实施中，只有一个时机是最适合的，能抓住这个时机的，即是天才。

——拿破仑

朱元璋在那纷繁复杂的环境中，在无数的建议中，坚持了自己的看法，牢牢地抓住了那把开启胜利之门的钥匙。

他的成功不是侥幸的，他当之无愧。

他正等待着陈友谅的到来。

陈友谅此时正沉浸在巨大的喜悦中。他已经成为了皇帝，现在所有的文武百官都在他面前低着头，聆听他的训示，他的舰队已经兵临城下，应天指日可克，朱元璋将永远在世界上消失，这片大地上的百姓将在他的管理下，成为他的臣民。

我不是渔民的后代，从来都不是！

好消息一个接着一个，安插在朱元璋军中的康茂才已经成为我的内线，他将在明天为我打开通往应天的道路，我的舰队将一往无前，征服这个富庶的地方，然后就是张士诚，他不过是个软弱的家伙，绝不会是我的对手，我将是最后的胜利者！

龙湾的圈套

至正二十年六月二十三日，也就是徐寿辉被杀后的第七天，陈友谅率领他的舰队沿秦淮河一路进攻，到达了江东桥。陈友谅难掩激动的心情，亲自登岸，在夜色中轻声叫出了联络的暗号：

老康！

无人应答。

第二声：

老康！

仍旧无人回答。

陈友谅借着皎洁的月光仔细观察了江东桥，他惊奇地发现这并不是康茂才所说的木桥，而是石桥！

陈友谅感觉血液凝固了,他喊出了之前无数人喊过、之后还会有无数人喊的名言:

中计!

按照他的估计,此时应该是"火把丛生,杀声遍地,伏兵杀出",可是在他惊慌一阵后,却发现什么也没有发生。这是怎么回事?一向精明的陈友谅现在也是丈二和尚摸不着头脑,康茂才莫非是有事来不了了?

无论如何,这里很危险,不能久留。

正在此时,他得到了消息,自己的弟弟陈友仁已经统率一万人马在新河口之北的龙湾登陆,并击败了驻守在那里的军队,正等待大军的到来。

那就去龙湾登陆吧。

陈友谅命令船队加快速度,于当日下午到达了龙湾,之后他组织士兵上岸,一切都很顺利,但他不知道的是,一双眼睛正在不远处的狮子山上看着他。

那是朱元璋的眼睛。

他的预料没有错,陈友谅果然放弃了在江东桥进攻的企图,他是一个疑心重的人,必然选择稳妥的进攻方法。

在确定所有的士兵都进入了伏击圈后,朱元璋摇动了红旗。

此时,隐藏在石灰山后、应天南城、大胜关的五路军队从不同的地方出现,但他们并没有摇旗呐喊,而是静静地看着汉军,因为他们没有接到进攻的命令。

汉军的士兵们终于发现自己掉进了一个大大的麻袋里,敌人就在眼前,甚至可以看见他们盔甲上的反光,而这些敌人却纹丝不动,正用一种奇怪的眼神看着他们,那种眼神好似家乡过年时屠户看着圈里的猪羊。

战场上出现了可怕的宁静。

比死亡更可怕的宁静。

这是令人毛骨悚然的一幕。

他们并没有在这种可怕的沉默中等待多久,狮子山上的朱元璋挥动了黄旗。

五路军队在徐达、常遇春、冯胜的率领下对汉军展开了轮番冲击,骑兵来往纵横,所向披靡!早已经惊慌失措的汉军无法抵抗,他们纷纷奔向自己的船只,然而此时正是退潮之时，船只搁浅，大多数汉军只能跳入长江逃生。陈友谅挤进能够开动的小船上逃命，一路逃到九江，胜利的梦想就此破灭。

此战汉军在战场上留下了两万具尸体、七千名俘虏，而朱元璋的军队几乎没有受到什么损失，还俘获了一百艘大船和数百条小船，朱元璋借助这些船只为即将到来的最后决战做好了准备。

陈友谅打了败仗，逃回了江西，而张士诚正如朱元璋所说的那样"器小"，眼睁睁地看着陈友谅被痛打一顿，只派了几千兵马在江浙与朱元璋接壤一带武装游行了一番，就打道回府了。这个人确实如陈友谅所说，刀架在脖子上才会着急。

不速之客

龙湾之战胜利后的一天，紫金山上的禅寺迎来了一位香客。当时的应天虽然已经为朱元璋所管辖，但治安情况仍然不好，所以寺中僧众一到晚上就会紧闭寺门。这天黄昏时分，这个香客走进了寺庙的大门，口称天晚无法赶路，希望留宿一夜，看门的小僧看此人相貌不俗（很丑）且十分凶恶，竟然不敢阻拦，让他进了内寺。

禅寺的住持闻听此事，慌忙出来看。当他初见此人，也不禁吃了一惊，但他毕竟是见惯大场面的人，细看之下顿觉此人身上自有一股豪迈之气，且带一把宝剑在身，他暗自揣测这人极有可能是出外打劫的强盗，像这种人一定不能得罪，如果激怒了他，一把火烧了禅寺，自己和老婆孩子怎么办，于是做主留他一晚。

应天的镇守者朱元璋已经开始微服私访了，这也成为他之后几十年的习惯，这天他到紫金山下，看见了禅寺，回忆起自己当年做和尚的情景，便到寺中一游。

这天夜里，住持左思右想睡不着，他怕那个强盗嫌疑极重的人晚上会出来搞事，可这话也不能直说，他思虑良久，终于想出了个好主意。他决定邀请这个人去大殿讲禅。

所谓讲禅和魏晋时期的清谈差不多，一群人吃饱了饭，坐在一起吹牛，反正吹牛也不上税。

朱元璋深更半夜被吵醒，得知居然是让他去讲禅，哭笑不得。他是何等精明的人，自然明白住持的意思。住的是人家的地方，礼貌起见，他随住持来到了大殿。

此时，空旷的大殿里，只有他们两个人，分东西坐定后，住持开始打量朱元璋。

作为一名优秀的农民军领袖，衣着必定是朴素的，面相必定是凶恶的，看上去比较土，也是肯定的。

做强盗做到这个地步，连件好点的衣服都没有，说他是强盗都抬举他了，顶多是个乡巴佬。

但既然是讲禅，还是要说点什么的，于是住持开口了：

"施主何方人氏？"

朱元璋答：

"敢烦禅师下问，在下祖籍淮右。"

"所持何业？"

"目下无业，唯四处游侠而已。"

住持认定，自己的判断是对的，他准备教训一下这个乡巴佬：

"我观施主面相，似有杀气，目下天下大乱，望施主早择良业，安分守己，闲来无事探研佛道，可悟人生之理。"

朱元璋不动声色：

"不知何谓人生之理？"

"人生之理即'心境'二字，我送施主两句真言，望好自揣摩。"

"敢请赐教。"

"先祖有云：境忘心自灭，心灭境无侵。人生无非虚幻，得此境界即可安享太平。"

朱元璋看着眼前这个面露轻蔑之色的和尚，沉默良久，突然大笑！

笑声在空旷的大殿里回荡，久久不去。

住持大惊失色，朱元璋站起身来，缓步走向住持，突然抽出腰间宝剑，将剑架在他的脖子上！

住持再也掩饰不住，惊慌失措，颤声说道：

"你想干什么？如要钱财，可以给你。"

朱元璋：

"禅师心境如此了得，为何也会害怕？！方今天下，所以大乱，唯因民不聊生；兵荒马乱，只由隔岸观火！如天下太平，谁愿游侠？如尔等人，饱食终日，娶妻生子，只是妄谈心境，苟且偷生，可耻！"

然后，他归剑回鞘，朝自己的禅房走去。

住持终于发现，这是个深不可测的人。

于是，他对着朱元璋的背影大声喊道：

"贫僧有眼不识泰山，敢问施主高姓大名？！"

背影没有停留，越走越远。

住持归房一夜未眠，他的直觉告诉他，这个人是个了不起的人物，他决定第二天要问个明白。

第二天，他起身来到朱元璋的禅房，但已是人去房空，在大殿的墙壁上，却留着用朱砂写就的几行大字：

　　杀尽江南百万兵，腰间宝剑血犹腥！

　　老僧不识英雄汉，只管唠唠问姓名。

第十章
等待最好的时机

陈友谅,失败是他所不能承受的,他都是成功者,但这次他是失败是成功之母,但这次他更加用他认为上次战败的教训在自己的水军,所以他更加用心。

他制造了一种秘密武器,这是一种非常可怕的战船,高数丈,上下居然有三层,每层都可以骑马来往,下层只管划船,上下层相隔,这种设计非常科学,上面打得天翻地覆,下面还能保持动力,更为可怕的是,每条船外面还用铁皮裹着,这应该是当时名副其实的

对于陈友谅来说，失败是他所不能承受的，毕竟一直以来，他都是成功者，但这次他是彻彻底底地输了。

他认为上次战败的教训在于没有充分利用自己的水军，所以他更加用心调教自己的舰队。应该说陈友谅为我国的造船事业做出了贡献，后来伟大的郑和船队使用的航船技术和造船技巧就是从陈友谅那里继承过来的，当然，也算是抢过来的。

这次，他制造了一种秘密武器。这是一种非常可怕的战船，高数丈，上下居然有三层，每层都可以骑马来往，下层只管划船，上下层相隔。这种设计非常科学，上面打得天翻地覆，下面还能保持动力。更为可怕的是，每条船外面还用铁皮裹着，这应该是当时名副其实的航空母舰。

另一个设计就很能体现陈友谅的性格了，这种战船上下之间的隔音效果非常好，下面只隔一层木板，就是听不见上面说话，看来陈友谅还是中国隔音技术的开创人之一。这种设计最大的好处是，能够把人隔绝开，即使上面吃了败仗，下面还是照样会拼命，还能防止泄密。反正要跟着我陈友谅一条路走到黑。

狠毒至此，不能不服。

此时在他下游的朱元璋也不轻松，他知道上次的失败损失对于财大气粗的陈友谅来说只是九牛一毛，大户人家，家里有的是粮，碰到灾荒什么的不用怕，挺一挺就过去了，可是自己还是名副其实的贫农，手里有的只是那一点从陈友谅手中缴获来的家伙，万一出点什么事，这个秋风向谁去打？

更让他烦恼的是，陈友谅在上游，他在下游，让他很不舒服。这种心理其实我们很容易理解，好比你住在山坡下面，他住山坡上面，每次都要抬头看人家，很难受。

陈友谅在江里洗脸，朱元璋就要喝他的洗脸水。

陈友谅在江里洗脚，朱元璋就要喝他的洗脚水。

陈友谅在江里撒尿，朱元璋……

这个挥之不去的人就像达摩克利斯之剑，总是高悬在朱元璋的头上，哪有一夜得好眠。

一定要打败他。

陈友谅自信又高兴，因为从至正二十一年（1361）开始，他不断和朱元璋打水战，结果是胜多败少，于是他更加迷信武器的威力。

陈友谅之所以失败，只是因为一个很简单的道理：最强大的武器，不是军队的人数，不是强大的舰队，而是人心。

转变

赵普胜是一个优秀的将领，每次进攻他总是手持双刀带头向对方发起进攻，从来不是叫着"弟兄们上"的那种人，威信非常高。他对陈友谅也不错，由于自己是个大老粗，他很敬佩会读书写字的陈友谅，每次都叫他陈秀才，把他当自己的兄弟看。而陈友谅为了能够控制天完国，杀害了他，赵普胜临死也没有想到平日笑面迎人的陈秀才会杀他。

陈友谅达到了自己的目的，可是他不知道的是，自己失去的远比得到的多。从士兵的窃窃私语和议论中，从部下那异样的眼神中，他似乎感觉到了什么，但他并不在乎，自己控制了最强大的战争机器，自己就是最强大的人。

变化就在人们的心里。这是一个背信弃义的人，人们对陈友谅的评价大抵如此，从此天完的士兵们不再为了建立自己那理想的天完国打仗，他们打仗只是要拿饷银，活下去。

而一支没有理想、只是为吃饭打仗的军队是没有战斗力的，而且很不稳定。

陈友谅很快就会尝到恶果了。

当陈友谅的水军不断取得胜利时，他的部下向他报告了一个不好的消息，镇守洪都的将领叛变了，投降了朱元璋。这个消息让陈友谅惊呆了。

所谓洪都就是今天的江西南昌，王勃的《滕王阁序》中就有洪都新府之言。这个地方对陈友谅太重要了，因为他的汉国首都在江州（今江西九江），这两个地方有多近，去过江西的朋友应该知道，这相当于是在自己眼皮底下安了个钉子。他绝不允许这种情况的发生。

但出乎意料的是，这次陈友谅没有匆忙进攻，从他一贯的军事风格来看，他是属于那种想了就干、干了再想的人。

可是这次的情况不同，他吸取了教训，要准备好一切再去作战。他不是一个有耐心的人，和朱元璋从至正二十一年打到至正二十二年，都是小打小闹，他没有这个心情和贫农朱元璋闹下去。

他在等待一个最佳的时机，在此之前，必须忍耐，朱元璋，你终究会露出破绽的。

他确实等到了这个机会。

至正二十三年（1363）二月，张士诚突然向朱元璋北边邻居韩林儿和刘福通发动了进攻，他攻击的是韩系红巾军的重要据点——安丰（今安徽寿县）；更为致命的是，韩林儿和刘福通都在城中，一旦城破，他们就完了。

张士诚攻击韩林儿的原因很简单，他已经于至正十七年投降了元朝，现在他是正规的元朝政府军了。和坏事做尽、做绝还敢扬扬得意的陈友谅相比，他是个软骨头；更具有讽刺意味的是，之后不久，他又恢复了自己的国号吴，不愧为私盐贩子。

刘福通正在绝望之中。徐寿辉是红巾军系统的，可是他不在了，还能指望谁呢，自己打了一辈子仗，就是这样的下场？

只能靠朱元璋了，虽然自己没有把都元帅的位置封给他，但相信他还是能念在同是红巾军的面子上来救我的。

他向朱元璋送出了求救信，朱元璋收到了，他找来了刘基商量这件事，刘基不说话，先问朱元璋的意见。朱元璋认为一定要救，原因有二：其一，自己也是红巾军，而且韩林儿从名义上说还是自己的皇帝；其二，最关键的是，安丰是南京的门户，如果安丰失守，南京也会受到威胁，唇亡齿寒。

这又是一个看似无懈可击的理由，而且做出这个决定的还是朱元璋本人，但刘基反对。

他能用什么理由反对呢？

致命的错误

刘基与朱元璋针锋相对，对朱元璋的两点理由逐条做了批驳。

首先，韩林儿已经没有利用价值，去救韩林儿，不救出来还好，救出来了怎么处理呢？

其次，安丰失守是小事，如果陈友谅趁机打来，该怎么办？

真是难以抉择啊，朱元璋经过苦苦思考，决定还是采取自己的意见，出兵安丰。

刘基十分少有地坚持自己的意见，他拉住朱元璋的衣袖，不让他走，一定要他放弃进攻安丰的计划。

朱元璋是一个很顽固的人，长久以来，他的感觉都是对的，这次他仍然相信自己的感觉。

从这件事情上看刘基，就会发现此人确是奇才，不但懂得天文地理，厚黑学水平也丝毫不低于陈友谅。他明白，要想避免弑君的恶名，最好的方法就是让君主自己死掉。

刘伯温的名声并不是白白得来的。

而朱元璋当时（注意这个词）在这方面的水平明显不如刘基。

朱元璋终于率领他的大军出发了。

大错就此铸成。

与三年前他站在狮子山上看着陈友谅一样，此时陈友谅也在江州看着他。

一股强烈的喜悦感冲击着陈友谅。

机会终于到来！

朱元璋去了安丰，陈友谅对他的行动了如指掌，但令人费解的是，他居然没有采取任何行动！

他为什么不珍惜这个机会，是一个难解之谜。

后来的军事分析家们往往以他反应迟钝、判断错误来解释，然而事实上可能并非如此。

作为陈友谅的忠实同盟，张士诚在此时攻击安丰本来就带着威胁应天的意味。在之后的战争进程中，他还会给朱元璋设计一个圈套，一个大大的圈套。

至正二十三年三月初一，朱元璋出发救援安丰，他此行的战果可能是：

一、安丰解围成功，韩林儿和刘福通得救，他将获得巨大的威望，韩林儿从此成为他的傀儡。

二、安丰失守，韩林儿和刘福通死去，他将不受任何人管辖。

三月十三日，朱元璋到达了安丰，并且得到了他最后的战果。

安丰失守，刘福通战死，韩林儿却于乱军中被他救了出来。

这是一个让朱元璋哭笑不得的结果，不但没有守住门户，反而多了个累赘。

而他不知道的是，一张更大的罗网已经向他张开。

陈友谅正在饶有兴趣地看着朱元璋的表演，并准备着自己的下一步计划。

是的，安丰还不够，远远不够，这里不是一个理想的地点，必须找一个地方让朱元璋耗尽他的全部力量，然后再与他决战。

洪都背弃了我，我却没有攻击洪都，不是我不想，只是时候未到，在此之前，我只能忍耐。当你被那张罗网困住的时候，就是我出击的时候。

朱元璋，我改变了主意，我不赶你走，我要杀了你！

敢于与我为敌的人，只有灭亡一途！

朱元璋带着失望的情绪踏上了回应天的路，看着身边的这个韩林儿，不知该如何是好。

与此同时，张士诚的军队并未就此罢手，在朱元璋撤退的路上，他们组成小股武装对朱元璋的数万大军不停地进行骚扰。这个让人厌烦的私盐贩子！这种不打不逃的游击战术让朱元璋很是恼火，于是他做出了他军事生涯中最错误的一个决定：

进攻庐州！

朱元璋终于钻入了圈套。

出征！

庐州就是今天的安徽合肥，此城非常坚固，而且有张士诚的重兵把守，朱元璋的打算很明显，攻下了庐州，就打开了通往张士诚老巢江浙一带的道路，这也可以算是此来徒劳无功的一种补偿。

但徐达坚决反对他的主张。

在朱元璋的营帐中，徐达反复陈述着他的主张，救援安丰已经是失策，而现在进攻庐州，坚城之下，必然难克，如陈友谅此时出兵，必有不测之祸。

朱元璋却不以为然，自己出军安丰，陈友谅毫无动静，此人见识不过如此，有何可惧？

徐达仍然坚持自己的观点。

朱元璋突然大喝一声，打断了徐达，他的眼中燃烧着怒火，此行不但毫无建树，还给自己弄来个不清不楚的领导。如此狼狈，回去有何面目见刘基。他下定了决心：

"你不用再说了，我决心已下，必取庐州！"

"出征！"

与此同时，被朱元璋认为毫无见识的陈友谅正在他的行宫里，最后一次打量着他的王宫，在他身后，站着汉军的所有高级将领。

他一刻也没有闲着，在这里的几十个日夜里，他已经动员了这个最强大战争机器里所有的潜力，组成了六十万大军，将乘着无敌的战舰，对朱元璋发起最后的攻击！

再也不用忍耐了，朱元璋，你的末日到了！

他端起了酒碗，对着他的将领们说出了最后的话：

"此次出征，我军空国而攻，是取不留后路、破釜沉舟之意！此战有进无退，有生无死！荡平朱逆，只在一役，天下必为我大汉所有！"

他一饮而尽，将酒碗碎之于地。

"出征！"

两支军队，从不同起点、向着不同的目标出征了，但他们终将到达那宿命中的战场，迎接最后的决战！

第十一章 洪都的奇迹

此时此刻,朱元璋正在头疼一件事,他占领了江西很多地方,却苦于没有人镇守,这个人叫朱文正,此人是朱元璋的亲侄子。由于洪都的位置很重要,不容有失,很多人都没有想到朱元璋会把镇守洪都如此重要的工作交给这个嘴上还没有长毛的家伙,他不过是个纨绔子弟。这是朱文正还未上任前人们对他的评价。从实际情况来看,这位朱文正同志一到洪都就至正二十三年四月，陈友谅率领他的军队开始了自己最后的征程。

也就是在此之前不久，一个人来到了洪都，他是受朱元璋委派来此地镇守的。

这个人叫朱文正。

此人是朱元璋的亲侄子。由于洪都的位置很重要，不容有失，很多人都没有想到朱元璋会把镇守洪都如此重要的工作交给这个嘴上还没有长毛的家伙。

他不过是个纨绔子弟。这是朱文正还未上任前人们对他的评价。

从实际情况来看，这个评价并没有错。

这位朱文正同志一到洪都就流连于烟花之所，整日饮酒作乐，还谱了曲，让侍女们日夜排演。而军事布防等重要工作则交给下属去操办，自己并不打理。

他的所作所为十分符合花花公子、败家子、浪荡子弟等不良形象的典型特征。

每次看到朱文正喝得醉醺醺、不省人事，属下只能摇头叹气，这真是个大爷，什么也指望不上他了。洪都危矣。

陈友谅的第一个进攻目标正是洪都。

后人一直为陈友谅的这个决定不解，为什么不直接进攻应天呢？那样朱元璋将腹背受敌，不堪一击，陈友谅为什么现成的便宜不捡呢？

这似乎是个很难解释的问题，但我相信，在陈友谅那里，这个问题很好解释。

陈友谅的性格弱点注定了他一定会进攻洪都。

他是一个心黑手狠的人，一直都在背叛和欺骗中生活，对这些东西并不陌生，洪都的投敌对他而言应该并不是什么意想不到的事。

但从心理学上来说，像他这样的人最忌讳的就是被人背叛，对一个人而言，他最厌恶的往往就是自己所擅长的。

属于我的东西，一定要拿回来！

攻下洪都，就可以教训那些背叛我的人，让他们懂得，对我陈友谅要绝对忠诚！

只许我负天下人，不许天下人负我，是这类人的通病。

当然了，攻下洪都还有很多好处，此处可以作为进攻应天的基地，进可攻，退可守，如果攻击不利，也可以控制下游，徐图再战。

纨绔子弟朱文正的各种逸事自然也传到了陈友谅的耳朵里，这对他而言又是一个极大的鼓励。

攻下洪都，易如反掌！

但他似乎少考虑了一点：

以朱元璋之精明，不可能不知道朱文正的言行，怎么会把如此重要的一个位置交给这样的人？

就在陈友谅向洪都进军的当天，收到这一消息的朱文正收起了他那套饮酒取乐的行头，对陈友谅露出了狰狞面目。

天下第五名将

人们的传统观念中，往往以是否热衷于吃喝嫖赌作为标准来衡量人的好坏，如果按照这个标准，朱文正同志就一定是个坏人了。

但人们往往忽视了这样一个事实，这个世界上还存在着有用的坏人和无用的好人。

朱文正是一个不折不扣的坏人，这也导致了他后来的悲剧，但毫无疑问的是，他是一个有用的人。

在朱元璋手下，有着很多天才将领，他们的军事才能和功绩不逊色于历史上任何名将。在这众多的将星中，朱文正是耀眼的一颗。

按照军事天赋和功劳，朱文正大致可以排在将领中的第五位，这并不是因为他不够优秀，而是因为他前面的四个人都是无法超越的。后面将讲述他们几位的故事。

与朱文正共同守卫洪都的还有一个人：邓愈。这也是个关键人物，如果要排名的话，他应该排在第六。因为他就是后来的开国六公爵之一。

朱文正在大敌当前之下，显示了自己的能力。洪都是一个坚固的城池，但有一个缺点——门太多，我统计了一下，共有抚州、宫步、土步、桥步、章江、新城、琉璃、澹台八个门，此外还有水道门。

多门是大城市繁华的象征，但当这座城市面对六十万大军的时候，这种繁华就变成了噩梦。由于人多，攻城的军队大可以同时攻打各门，防守方却会顾此失彼。

但朱文正确实是一个不世出的军事天才，城里可用来防守的兵实在是捉襟见肘，但他却能调配得井井有条。

他应该感到幸运，在城中驻守的都是身经百战的将领。他根据这些将领的特点做出了调配：最重要的抚州门由邓愈防守；赵德胜防守宫步、土步、桥步三门（这个比较累，任务最重）；薛显（猛人）守章江、新城两门；牛海龙、赵国旺守琉璃、澹台两门。

朱文正可能是学会计出身的，他在安排好防守兵力后，居然还能剩下两千人（怎么挤出来的），用来随时支援各门。

万事俱备，只等陈友谅了。

洪都之战将成为陈友谅的噩梦。

最后的动员

陈友谅率领大军向洪都前进。关于他军队的实际人数，历来有争论，我根据其战船的规模估计出了一个大概数字，他的战船最大的可以装两三千人，小的也能装一千余人，而他此次出征的战船有两百多艘，那么人数在四十万到六十万之间，是名副其实的大军团。所谓"投鞭断流"并不夸张。

至正二十三年四月二十三日，陈友谅的大军到达了洪都。朱文正和他的将领们看到了最恐怖的景象：几十万人将城池围得水泄不通，江面上停满了巨大的战船，士兵的铠甲和兵器闪耀出的光芒比阳光更刺眼，飘扬的旌旗几十里连成一片，如同一件大大的斗篷笼罩着洪都。

黑云压城城欲摧。

朱文正在都督府召开了最后一次全体军事会议，他一反以往那种玩世不恭的态度，庄严肃穆地站立着，这让以往背后议论他无武将之容的将领们非常吃惊，他那肃杀的表情和严厉的语气令人喘不过气，他们都低着头听他训话。

"我知道你们不喜欢我，在背后议论我，没有关系，我也并不喜欢你们，但此时陈友谅六十万大军已在城下，诸位如要投降，可即出行，我并不阻拦，但若不走，唯有同我一途，战至城破人亡，一死方休！"

他看着眼前的这些将领，心中突然涌起了一股巨大的悲凉感：在这场战争中，有多少人可以活下来呢？还能看见他们吗？自己呢？

他用可能是一生中最温和的口吻结束了这次训话：

"诸位珍重，望来日以富贵相见。"

将领们听到了这句话，都抬起头来，他们惊奇地发现，朱文正的眼中竟似含着泪水。

什么都不用说了，对于这些在刀口上度日的人来说，他们很明白目前的形势，他们不喜欢朱文正，不喜欢他的放荡不羁，但他们明白，现在他们是真正意义上的战友。

他们分别向自己驻守的城门走去，对于他们中间的很多人来说，那里就是生命的终点。

所谓战友，就是同生共死的伙伴。

四月二十四日，陈友谅发动了进攻。洪都战役开始。

意志的较量

陈友谅的军队首先选择的进攻目标正是邓愈守护的抚州门，此门四面开阔，十分适合进攻，陈友谅决定，就从这里进城！

拂晓时分，汉军向抚州门进攻。战况十分激烈，城内的士兵不断把准备好的大石头、大木头向城楼下的士兵砸去，陈友谅的士兵使用的是竹盾，对于从天而降的大家伙显然没有什么抵抗力，死伤惨重。

这种情况持续了三天，汉军的尸体在抚州门前堆成了山，却没有能够前进一步。

陈友谅这才感觉到，问题不像他想的那么简单。

他严令士兵，如果不能拿下抚州门，军法从事！

二十七日，对抚州门最猛烈的进攻开始了。

陈友谅的士兵们在后退必斩的威逼下，向抚州门发动了冲击。由于城楼上的箭弩和木石太猛，攻城木无法使用，士兵像发了疯一样，用手中兵器猛砍城墙，居然把城墙冲出一个十余丈的大口子（豆腐渣工程）。大凡到了这个时候，城门的指挥官会下令后撤，进行巷战，但名将邓愈用他自己的方法告诉了我们城墙是怎样炼成的。

邓愈得知城墙被突破后，并未惊慌，他早有预料，准备了后招。

当陈友谅的士兵们越过城墙破口准备进入城中时，发现城里的士兵用一种奇怪的东西对准了他们。

然后，他们听见了枪声。

邓愈的后招就是火铳。元末的火枪经过宋代和元代的改造，已经非常先进，可以大规模投入使用，但由于这种东西操作麻烦，很多人（如陈友谅）不愿意装备，虽然他们也偶尔使用，但真正将火枪作为一个单独兵种使用的只有朱元璋，后来的明军三大营中的神机营就是火枪营。

这种火枪给陈友谅的士兵造成了极大的心理震慑，一时不敢进攻。邓愈不愧为名将，他知道汉军很快就会卷土重来，没有呆板地去修理城墙，而是迅速地用树木修建了临时城墙——木栏。

这种随机应变的细节最能反映将领的水平。

果然，不久后，汉军重来，与邓愈军争夺木栏，守军用弓箭和火枪还击，但由于敌军太多，渐渐不支。此时，闲着没事干的琉璃、澹台两门守卫牛海龙、赵国旺带领士兵前来助战，朱文正正确分析了战场形势，带领主力亲自赶来增援，守军士气大振，与汉军死战。朱文正考虑到城墙如果不修好，迟早抵挡不住对方的进攻，便命令一边作战，一边修城墙。

说实话，我现在还无法想象那是个什么景象，前面的士兵在拿刀拼杀，他们后边的人用水泥刀砌墙。

陈友谅也认识到抚州门的城墙是一个绝好的突破机会，他亲自督战，务求必克。

陈友谅和朱文正就在不远的地方对望，当他看到守军的勇猛，才感觉到自己可能错误地估计了朱文正的能力。

这场惨烈的战斗，从早上打到晚上，双方似乎都没有回去休息的愿望。为鼓舞士气，双方将领都亲自上阵，洪都总管李继先，跑来帮忙的牛海龙、赵国旺全部战死，一直打到第二天早上，朱文正的施工队修好了城墙，汉军见攻城无望，终于退去。

此战是开战以来最为艰苦的一战，双方以命相搏，最后的胜利属于朱文正，但他的损失也极为惨重，自己也负了伤。

回去一定要宰了那个承包抚州门城墙工程的家伙。我相信这是朱文正最想做的事情。

此战的惨烈让陈友谅心有余悸，在之后的几天内没有发动大规模的进攻，而是分兵占领了吉安作为后盾。城内的士兵在经历了残酷的战斗考验后，逐渐成长和适应了战争。事实证明，陈友谅此时的松懈是一个巨大的失误，不久之后，他将面对更为顽强的防守。

在经历了一个星期的小规模进攻后，陈友谅重新发动了大规模的进攻。

五月初七，陈友谅在实地勘查城防后，决定攻打新城门。

这不是一个好的抉择，因为守卫新城门的是薛显。

薛显此人，用今天的话说，应该算是个亡命之徒，一向以彪悍无礼闻名，在洪都城内也是一霸，无人敢惹，陈友谅很快就会吃亏了。

五月初八，陈友谅命令大军攻击新城门，新一轮的攻击开始。

然而当陈友谅的士兵们穿着铠甲、拿着竹盾小心翼翼地向城门接近时，却意外地发现城上的箭石并不猛烈，不禁大喜，陈友谅随即决定，使用吕公车！

吕公车是一种巨型攻城车，但由于拆卸复杂、不易活动，所以在激烈的战斗中很少使用，此时不用，更待何时？

城内的薛显等待的就是这个时刻。

此时，他打开了城门，汉军士兵们顿时激动起来，他们死活进不去的城门居然打开了。

出来的是薛显和他率领的骑兵。

正在准备攻城机器的士兵没有想到，城内的人如此大胆，居然还敢冲出来，大乱，薛显带着骑兵耀武扬威般地冲杀了一阵后，退了回去。

之后，汉军再也没敢猛烈进攻新城门。

此可谓我是流氓我怕谁。

从五月打到六月，陈友谅一直在望城兴叹，难道洪都是攻不下的？

他决定攻击水路。

六月十四日，他出其不意地从洪都的水关进攻，然而等待他的是早已守候在那里的长矛队。汉军士兵刚接近水关，守军就用特制的长矛穿过铁栅攻击他们，刺死刺伤不计其数，汉军拼死用手抓住刺出的长矛，才算暂时稳定住了局势。此时里面守军的长矛刺击停顿了下来，汉军大喜，以为守军已经逃跑，谁知过了一会儿，里面又开始用长矛向外刺，汉军习以为常，仍旧用手去抓，谁知一抓便惨叫起来，细看才发现，守军将长矛和铁钩在火上烤红后，再用来刺击汉军。

刚才去加热了。

陈友谅狼狈不堪，他用尽一切方法攻城，但洪都近在眼前，就是进不去。

无计可施之下，他又去攻击赵德胜守卫的土步门，此战倒不是没有收获，守城大将赵德胜被汉军的冷箭射死，但立刻有人接替了他的指挥位置，仍然牢牢地控制着城门。

陈友谅陷入绝望。

这是个什么样的地方啊？什么时候才能进去？

其实，城内的朱文正也有着同样的痛苦。

什么时候能出去啊？

围城，真正的围城。

钢铁战士朱文正

朱文正已经有一个多月没有睡好觉了，他在陈友谅大军到来前做好了部署，八个门来回转，督促将领做好准备工作。作战之时，他总是穿着盔甲睡觉，一有危险，他要立刻起身，带领自己手下那点少得可怜的兵力去增援，是名副其实的救火队队员。

当领导很不容易。

但他确实坚持下来了，他用他顽强的意志抵抗了六十万大军的进攻，把他们阻挡在城下，完全无法动弹。

顽强的意志是可以战胜强大敌人的，朱文正证明了这一点。

大家可能也发现了一个问题，为什么援兵还不到呢？

如此大的战役，朱元璋一定已经得到了消息，为何他还不增援朱文正？

这并不能怪朱元璋。

因为朱文正根本就没有向他求援！

大凡这种敌众我寡的防御战，守将都会在第一时间向主帅求援，写上诸如你再不来、大家就一起完蛋之类的话，交给送信人，并且还会反复交代：让他快点来，不然老子就没命了！

朱文正是个奇人。

他似乎把陈友谅当成了到洪都露营的游客。

洪都战役打了一个多月，朱文正以豆腐渣工程的城墙和有限的士兵与陈友谅的无敌舰队反复较量，靠着他的军事天才一直支撑了下来，他似乎认为自己还有力量去对抗陈友谅，更大地消耗对方的实力，为决战做好准备。

但他也小看了陈友谅，一个能够统管六十万大军的指挥者，怎么会被小小的洪都难住。

洪都，只不过是个时间问题。

六月，陈友谅发动了更大规模的进攻，朱文正敏锐的军事嗅觉告诉他自己，洪都的抵抗已经接近了极限。再也不能拖延了，他派了一个人去找朱元璋。

这是一个值得一提的人，他的名字叫张子明。

张子明从洪都出发，去找朱元璋，为了保险起见，他白天不赶路，而是找地方睡觉，晚上趁人少才出发（有点类似倒时差）。这种没有效率的走路方法，使得他走了半个月才到应天找到朱元璋。

此时的朱元璋也是一头包。他派徐达去攻打庐州，所受到的待遇和陈友谅差不多，始终无法攻破城池。

朱元璋问张子明朱文正的情况，张子明是个聪明人，他没有说朱文正撑不住了之类的话，而是说：陈友谅来了很多人，但死伤已经十分惨重，而且出师时间过长，粮食不多了，如果你出兵的话，一定能击败他（师久粮乏，援兵至，必可破）。

朱元璋听了这话后，十分高兴，马上派人去庐州让徐达班师（早干什么去了），准备决战！

然后他告诉张子明：你先回去吧，我准备准备，不久就去洪都。

不久是多久呢？

朱元璋接着说：让朱文正再坚持一个月，一个月后我就到了！

一个月？到时朱文正的骨头可能已经拿去敲鼓了！

张子明的勇气

话虽如此，张子明还是上路了，这次为了赶时间，他日夜兼程，谁知到达湖口时，被陈友谅的士兵擒获，陈友谅亲自接见了张子明。

张子明给陈友谅的第一印象，是一个"呆"字，站在那里，手都不知往哪里放。

这个人容易对付。

陈友谅开始给张子明做思想工作，从拉家常开始，到天下一统、民族大义，等等。张子明只是不断地点头，到最后他也说烦了，表达了自己的真实想法。

和我合作，诱降洪都，你就能活；不合作，就死。

张子明连忙说，我合作，我合作。

于是，陈友谅派人押着张子明到了洪都城下，让他对城内喊话，让城里的人投降。

张子明连声答应，走到城下，大声喊道：

"请大家坚守下去，我们的大军马上就到了！"

陈友谅傻眼了，他没有想到这个柔弱的读书人有这样的胆量，气急败坏，拿刀杀了张子明。

他这才明白，这个书生并不怕死，只是他的使命没有完成，他还不能死。

他还一直记得张子明临死前那嘲弄的眼神。

更让他不安的是，从他的将领们的眼神中，看到的是对这个读书人的敬佩。

这些杀人不眨眼的家伙居然会佩服这个人？

不对，事情不应该是这个样子的，拥有最强力量的人就可以决定一切，不是吗？

当我弱小的时候，那些比我强大的人肆无忌惮地欺辱我，现在我拥有最强大的军队和力量，这个世界上的所有人都应该怕我、畏惧我、尊敬我！

那么为什么这个微不足道的读书人不怕死、不怕我呢？

陈友谅第一次对自己的行为方式产生了怀疑。

这个世界上有很多事情是用暴力和权威解决不了的，陈友谅不明白这个道理，就如同徐寿辉不懂得陈友谅的生存方式一样。

赌局的开始

至正二十三年六月，在确定了与陈友谅决战的方针后，朱元璋从庐州调回了徐达的部队，并召集了他所有的精锐力量，包括二十万士兵和他手下的优秀将领徐达、常遇春、冯胜、郭兴等人，连刘基这样的文人谋士也随军出征，与陈友谅一样，朱元璋这次也算是空国而来。

迟早有这一仗，躲也躲不过，那就打吧。

陈友谅和朱元璋就像两个赌徒，一个带了六十万，另一个带了二十万，去进行一场危险的赌局。他们使用的筹码是无数人的生命，赌注是自己的生命、财富和所有的一切。

但这个赌局最吸引人的地方在于，赢的人将获得这片大地的统治权。这个奖励太让人动心了，没有人能够拒绝。

至正二十三年七月六日，朱元璋带着他的全部赌注从应天出发，去参加这场赌局。

朱元璋不会真的让朱文正守一个月，他的军队急行军向洪都前进，不分昼夜，不停地走，向着他们宿命中的战场前进。

朱元璋在行军的路上。

这是一个晴朗的白天，江上不时刮起阵风，却让人感觉相当温和舒爽。

朱元璋却没有欣赏景色的心情，他的旗舰正向洪都前进，当他回头时，看到的是他的众多战船，以及统率战船的文臣武将，这是二十万的大军。朱元璋每当想到这里，心里就止不住地激动。

从一个一无所有的放牛娃，到今天千军万马的统率者，终于走到了这一步。

艰难与困苦、悲凉与绝望，都已过去，现在我要去争夺天下！

陈友谅是如此强大，无敌的战船、勇猛的士兵，他一直都比我强，一直都是。

已经不是三年前了，已经没有伏击这样的便宜可捡了。这一次我要面对的是他真正的力量，只能硬碰硬！

朱元璋颤抖了，因为畏惧，以及期望。

当面对强大的敌人时，人们的第一反应往往是初生牛犊不怕虎，先上去拼一拼，不行再说。这个行为的错误之处在于，牛犊并非不怕虎，而是因为它不知道虎的可怕。

当朱元璋弱小时，他专注于扩大自己的地盘，占据滁州！占据和州！陈友谅、张士诚算什么东西！

然而随着他自己的不断强大，他才意识到自己面前的是怎样的一个庞然大物，是怎样的可怕与不可战胜。他终于开始畏惧。

越接近对方的水平，就越了解对方的强大，就会越来越畏惧。当他的畏惧达到极点的时候，也就是他能与对手匹敌的时候！

朱元璋不断地追赶陈友谅，不断地了解陈友谅的可怕，也不断地增强着自己的实力，只为那最后的决战，战胜了他，天下再无可惧！

以颤抖之身追赶，以敬畏之心挑战。

战胜陈友谅，即为天下之主！

马渡江头苜蓿香，片云片雨渡潇湘。

东风吹醒英雄梦，不是咸阳是洛阳。

胜利已不再遥不可及。

陈友谅，我来了！

七月十六日，朱元璋大军到达湖口，为了达到与陈友谅决战的目的，他分兵两路，分别占领了泾江口和南湖口，同时还封锁了陈友谅唯一可以退却的武阳渡口，堵塞了陈友谅的退路。

朱元璋经过反复考虑，正确地认识到，要彻底战胜陈友谅，唯一的方法是彻底摧毁他的水军，他决心与陈友谅在水上决出胜负。

七月十九日，陈友谅在得知朱元璋来援并且封锁自己退路的情况后，主动从洪都撤退，前往鄱阳湖寻求与朱元璋决战。

他彻底腻烦了和这个人打交道，也不想再等了。他没有寻求突围，回到江州，虽然这对他来说很容易，朱元璋封锁江口的那些破船根本不放在他的眼里。

我已经没有耐心了，既然你要水战，那就来吧，就在水上决一雌雄！

七月二十日，朱元璋水军与陈友谅水军分别来到了鄱阳湖，在康郎山相遇，两支军队经过无数的波折，终于走到了最后决战的地点。

大战就在明日！

鄱阳湖，又称彭泽，北起湖口，南达三阳，西起关城，东达波阳，南北相望三百余里，对当时的朱元璋和陈友谅来说，可谓浩瀚无边。它上承赣、抚、信、饶、修五江之水，下通长江，由于南宽北窄，形状像一个巨大的葫芦。

毫无疑问，就地形而言这是一个理想的战场。

公元675年，不世出的天才王勃前往交趾看望自己的父亲，路过滕王阁，为壮美的山色湖光所感，一挥而就了流芳千古的《滕王阁序》。

就在滕王阁上，远眺碧波万顷、水天相连的鄱阳湖，他写下了为后人传诵的名句："落霞与孤鹜齐飞，秋水共长天一色。"

现在，这个映照着无上光芒的地方，将成为一个更为光彩的舞台，在这个舞台上，将上演这场战争中最为精彩的一幕。

决战前夜

朱元璋的舰队停靠在南鄱阳湖的康郎山，与陈友谅的舰队对望，可以清晰地看到敌方船上的灯火。

明天就要决战了，这是朱元璋畏惧的，也是他所盼望的，输掉战争就将一无所有，赢得战争就获得一切。

朱元璋的思绪又回到了二十年前，他接到汤和来信的时候。

如果那时我不选择投军，现在我的人生会是如何呢？也许在某一个地方平静地生活着，过完自己的一生。

事实证明，这条路是最为艰难的，从郭子兴到韩林儿，从滁州到应天，在阴谋和背叛、流血和杀戮中生存下来，就是我的宿命。

已经不能回头了，和尚不能做了，农民不能做了，甚至乞丐也不行，要么成为九五之尊，要么战败身死！

我经历了常人不能忍受的磨难，忍受了常人不能忍受的痛苦，这是我应得的！我所等待的就是这一天！

一定要胜！

胜利必定属于我！

陈友谅，以性命相搏吧！

对岸的陈友谅也在沉思，但他考虑的却是另一个问题。

从自己参加起义开始，脑海中似乎就没有"信义"这两个字，为了走到现在的位置，我杀了很多人。

倪文俊赏识我，提拔了我，对我有知遇之恩，我杀了他；

赵普胜是个老实人，对我很尊重，把我当兄弟看待，我杀了他；

徐寿辉把权力让给我，只想活下去，我杀了他。

这个世界就是这样的，不是吗？心黑手狠才能取得胜利，因为在你弱小的时候没有人会可怜你！

我相信我所做的没有错。

为了今天的权势和地位，我不稀罕什么名声，让那些道学先生骂好了，手中的权力和武力才是最重要的。我背叛了很多人，他们不再信任我，随时可能背叛我，但只要我拥有最强的力量，我就能控制一切！

终于走到今天这一步了。

一定不能输，如果我输了，一切就全完了！

我不想再被人唾弃、被人看不起，我要属于我的尊严！

朱元璋，来吧，我在这里等着你！

这是一场真正意义上的决战，决定的不仅是朱元璋和陈友谅的命运，也决定着天下人的命运。

在这场决战中，没有正义与邪恶的区分，胜利的人拥有一切，失败的人失去一切。

这场决战没有规则，没有裁判，这些东西在胜负面前显得苍白无力。对决战双方而言，胜利就是阿弥陀佛，胜利就是元始天尊，胜利就是四书五经，胜利就是仁义道德！

决一死战吧！

成王！

败寇！

第十二章

鄱阳湖！决死战！

七月二十一日，鄱阳湖战役正式开始。

双方在湖上布阵，此时朱元璋的士兵们才发现一个严重的问题：他们的战船太小，在陈友谅的巨舰前就像玩具。陈友谅的战船中，最大的长十五丈，宽两丈，高三丈——大家可以自己去换算一下这船有多大。船只分三层，船面上居然有士兵骑马来回巡视。从船的前面看不到船尾（首尾不相望），朱元璋的士兵们站在自己的战船上只能仰视敌船（仰不能攻）。

而朱元璋的战船居然还是以至正二十年龙湾之战中缴获陈友谅的船只为主力的，还有若干渔船在内。虽然朱元璋的士兵们早已听说陈友谅的战船厉害，但只有近距离观察，才发现这是多么可怕的舰队。

这仗怎么打？

这一场景应该给朱元璋留下了很深的印象，之后明朝的船只制造一直都以巨舰为目标，郑和下西洋时，最大的"宝船"居然有一百二十七米长，似乎是在向几十年前的陈友谅示威。

但在这个情况下，退却也是不可能了，只能打了。

先攻！徐达的猛击！

朱元璋在一片哀叹声中说出了他破敌的方法，他认为敌人的船只虽然大，但机动性不好，利用自己船只的灵活性，是可以击破敌人的（不利进退，可破也）。

话是这么说，可谁去打呢？

此时，徐达站了出来：

"我做先锋！"

徐达并非匹夫之勇，他仔细分析了敌方船只的弱点，命令他的船只列为小队，带上火枪和箭弩，临敌时先发射火枪和弩箭，在靠近对方船只后，便攀上敌船，与敌人短兵相接。

在经过仔细考虑后，徐达与常遇春、廖永忠等人制订了详细的作战计划，准备给陈友谅沉重的一击。

第二天，徐达率领他的舰队开始了突击。

他身先士卒，带领前军前进，在靠近陈友谅军后，出其不意地带领自己的部队向陈友谅的前军发动了突然袭击。

陈友谅军大为慌乱，万不料朱元璋军竟然主动发起进攻，急忙派出舰队迎击，此时，徐达的舰队突然分成十一队，从不同角度围攻巨舰（类似群狼战术）。由于巨舰行动不便，顾此失彼，无法打退徐达的攻击，而徐达军乘势攀上其中一条巨舰，杀敌一千余人，并俘获该舰，陈友谅前军被打败。

陈友谅军发现了徐达攻击的特点，便集中几十艘巨舰发动集群攻击。徐达急忙将舰队后撤，陈友谅军顺势发动攻击，然而他们没有想到，这是一个圈套。

陈友谅军尾随追击徐达，此时，风向突然转为逆风，在中军舰队里等候多时的俞通海立刻集中大量火炮，向进入射程的陈友谅军猛烈轰击，陈友谅前锋舰队几乎全军覆没，二十余条战船被焚毁。

朱元璋军旗开得胜。

但陈友谅毕竟是陈友谅，在初期的失败后，他及时整顿了舰队，发挥自己巨舰的优势，利用船只上的火炮对徐达军发动猛攻。

在这次攻击中，徐达的战舰被击中，他不得不放弃旗舰，转移到其他船只上，暂时失去了对舰队的指挥能力。陈友谅军趁机发动反攻，连续击沉朱元璋军几十条战船，朱元璋军损失惨重，溺水死亡者不计其数。

双方回到了僵持状态。

然而，朱元璋军的噩梦才刚刚开始，陈友谅军即将发起一次出人意料的攻击，这次攻击是陈友谅也没有预料到的，对朱元璋而言，却是致命的。

第一猛将张定边的冲锋

元末是一个名将辈出的时代，在各路诸侯手下都有一大批勇猛的将领，这之中又以朱元璋的将领为最强，这些人各有专长，如徐达善谋略、李文忠善奔袭、常遇春善突击、冯胜善侧击、朱文正善防守。但要说到勇猛，天下无出张定边之右！

张定边，1318年生人，原籍湖北沔阳，与陈友谅一样，他也出身渔家。此人不但勇猛善战，而且知天文识地理，甚至还懂得算卦，是陈友谅的儿时伙伴，也是他的死党，早在湖北时就与陈友谅、张必先结拜为兄弟，发誓生死与共。陈友谅一生多疑，唯对此人极为信任。

在战局出现僵持状态后，张定边决定实施他的行动，这一行动事先并不为陈友谅所知，相信如果他知道的话，也是绝对不会同意实施的。

张定边率领他的旗舰和两艘副舰从陈友谅水军阵营中驶出，陈、朱两军都以为他是出来巡航的，并未在意，谁知意想不到的事情发生了。

张定边率领他的三条舰船一刻不停，直接冲向朱元璋旗舰！

百万军中取元璋首级！

张定边勇不可当，以孤军冲进朱元璋水军前阵，此时作战双方都被他惊呆了。陈友谅军也不知为何出现这一情况，而朱元璋军更是没有提防，前锋纷纷败退，张定边也不理睬，直奔朱元璋而去。

一直冲到中军，朱元璋水军才反应过来，他的目标是全军主帅朱元璋！

被惊呆的将领们纷纷缓过神来，立刻指挥自己的战舰前去阻挡。张定边冲到中军，已经被三十余条战舰围住，前无去路，后有追兵，在这些将领看来，张定边的表演已经结束了。

可更让他们目瞪口呆的事情还在后面。

张定边简直堪称一身都是胆，身陷重围，孤军奋战，却越战越勇，锐不可当！

他虽然孤军深入，实在勇猛无比，为鼓舞士气，亲自持剑站立在船头，以示绝不后退之心。士兵为其勇气所感，无不尽力而战，舰船竟然从重围中杀出，一路击败朱元璋各路将领，先后斩杀大将韩成、陈兆先、宋贵等人，冲出一条血路，把朱元璋水军冲成两半，一路直奔朱元璋而来。

此时在后军的朱元璋眼见张定边战船一路冲过来，也慌了手脚，连忙命令船只躲避，谁知屋漏偏逢连夜雨，由于转舵太急，船只竟然搁浅！

朱元璋已经是束手无策，已无战船前来相救，眼看就要当俘虏。

在武侠小说中，大凡遇到类似情形，都是美女受难，武林高手前来相救。事实告诉我们，在真实的历史中，危急时刻，也会有武林高手出面的，此时的朱元璋就是例子。

虽然不是英雄救美（形象差得远了点），但也颇具传奇色彩。

射击冠军常遇春

此时，常遇春的战船就在离朱元璋不远处，在众人都急得团团转的时候，他手持一弓，来到瞭望军士身边，沉稳地对他说："不要慌乱，告诉我，哪个是张定边？"

军士用手指向前方战船舰艏一人，常遇春拉弓搭箭，军士手还未放下，箭已离弦，一箭正中张定边（射的还是移动靶）！

张定边被射中后，无力指挥战斗，就此退出朱元璋水军，竟无人阻挡。

张定边算是结结实实地当了一回赵子龙。可惜朱元璋不是曹操，没有规定不能放箭。

第二天的战役就此结束，这实在是惊心动魄的一天。

当天夜里，陈友谅召开作战会议，总结了当天作战的经验，他认为要发挥自己战船的长处，就必须保证集群突击，而船只的行进速度不同，无法保证统一，于是他创造性（自认为）地想出了一个主意：把船只用铁索连起来（眼熟吧）！

这实在是不应该的，据说陈友谅和施耐庵的关系很好，如此说来，他应该也认识罗贯中，那就实在不应该犯这个错误。不知何故，陈友谅竟然会采用当年曹操用过的昏招，看来罗贯中可能当时并未完成《三国演义》，或是写完《三国演义》出版后忘记送他一本。

第三天。

朱元璋先攻，他亲自吹响号角，召集众军前来布阵进行决战，此时，陈友谅的铁索连环舰队发挥了巨大的威力，相连在一起，绵延竟有十里之远，望之如山。

朱元璋连续派出三支舰队轮番进攻，都被打败，而陈友谅敏锐地察觉到朱元璋的右翼薄弱，便指挥大军猛攻朱元璋军队右翼。这一招十分厉害，朱元璋军队抵挡不住，眼见形势不妙，朱元璋亲自仗剑守在船前，以旗舰为底线，退后者亲手立斩！

但他连杀十余名后退的千户后，仍然阻挡不住败势，眼看就要全军崩溃，谁知此时，他的军中也出了一个类似张定边的猛将。

丁普郎是赵普胜的结拜兄弟，也是当年徐军四大金刚之一，他投奔朱元璋并非出于自愿，而是不得已，所以作战一向并不积极，但此时的对手却让他露出了自己的狂人本色。

对他而言，什么都在其次，只有兄弟义气是最重要的，陈友谅这个卑鄙小人杀了赵普胜，今天一定要他偿命！

据说他在自己的船头竖起七尺白布，上书八个大字"旁人不问，唯诛九四"，因为传言陈友谅小名为陈九四，这意思就是说，老子只找陈友谅算账，无关人等都闪一边去。

陈九四、朱重八，就名字来看，还都是苦命人。

在张定边上演好戏后，丁普郎演了续集，他也率领自己的战舰冲向敌阵。此时正是朱元璋败退的时候，所以他的攻击带动了军队的士气，使得朱元璋能够撑到决战的时候。

不过他的冲锋方向并不理想，与张定边不同，他是哪里人多就向哪里冲击。勇则勇矣，却无效果，自己还吃了不少亏（身被十余创）。这就是名将之勇与匹夫之勇的区别。

百万军中如何取上将首级

这里分析一下战争中的这种奇特现象，百万军中如何取上将首级，如果经过仔细研究就会发现，这是个技术活。

在日本的横版过关游戏里（比如《三国志》），要想打倒后面的大将夏侯惇、曹操等人，你必须先打倒一大批小兵诸如赵熊、胖胖等，我技术太差，每次见不到大将，就已经死在无名之辈手中。

实际战争也差不多，要想越过万军杀大将，谈何容易！

我们以三国大将关羽为例，他斩杀颜良（此为史实）的过程就很值得研究。首先，颜良站在阵前，并不知道关羽要来杀他；其次，关羽依靠快速的交通工具（马），"大喝一声，冲将下来"，颜良还不知怎么回事，就没了脑袋。

可见这种杀法有几个特征，用简单语言表达就是找个空子、乘你不备、给你一刀，很有些捅黑刀的意思。

综合来说，要实现这一目标，任重道远。

首先，要具备突然性。你不能对对方军队喊话：我要来杀你们上将，准备好。这样是不行的。就要专打没准备的。

其次，你要看得准，不能往人堆里冲。要学习羽毛球选手，专朝人缝里打，也就是所谓的接合部。比如今天的黄金周旅游点，千万不能往人堆里冲锋，那样的话，你不被打死，也会被挤死。

最后，你要速度够快，有先进的交通工具（快马、快船），此外还要使用一定的配音（如大喝）迷惑对方，让对方丈二和尚摸不着头脑，再来一刀，头就没了。

大功告成，可以看到，这种军事行动是有很高的技术含量的。

张定边就是具备这些条件的人，他深知兵法，能掌握时间和机会，所以可以给朱元璋猛烈的打击。而丁普郎却只是匹夫而已，他左冲右杀，不但无法接近陈友谅，自己还被团团围住。性命不保，却也相当悲壮，《明史》记载，他身受重伤，头已经掉了，人还拿着兵器稳稳站立，陈友谅的士兵以为天神下凡（首脱犹直立，持兵作斗狀，敌惊为神）。但我看到的其他史料上记载，他是在被包围后，不愿做俘虏，自杀的，按说自杀不会如此生猛，连自己的头都能砍掉，说不明白，就这么着吧。

无论如何，丁普郎是个够义气的人，他没有和兄弟同死，却也求仁得仁、死得其所了。

丁普郎的攻击给了朱元璋军支持下去的勇气，让他们等到了下午那个决定胜负的时刻。

大风！大风！

在不断的败退中，朱元璋意识到，这样下去就会全军覆没。此时，他的部将郭兴向他建议：现在敌情严重，并非士兵们不卖力，实在是没有办法，敌人的船只太大，我们无法打败他们，只能用火攻！

朱元璋深以为然，他立即布置，命令七条船装载火药，并把稻草人穿上盔甲，摆出动作，组织敢死队操纵船只，并派人接应。

一切布置好了，却无法实行。

因为朱元璋遇到了和周瑜一样的问题：

没风。

朱元璋再有本事，也拿老天爷没办法，他看着郭兴，那意思是你还有什么主意。这次郭兴也没办法了，他对朱元璋说：那就等吧。

这风是说来就来的吗？只能死等了。

就这样苦苦支撑，到了下午三点，奇迹发生了。

东北风起！

朱元璋随即命令，火船出发！

这七条船在点火后靠近陈友谅战舰，火借风势，风助火威！陈友谅的战船由于铁索连江，无法脱离，顿时陷入一片火海。

朱元璋趁机命令军队发动总攻，一时间，杀声震天。

此时的陈友谅正在中军休息，还在做着歼灭朱元璋的美梦，突然士兵慌乱地跑进来，大喊道：大事不好！

陈友谅心知不妙，不等士兵说完，立刻出舱察看。

他最先看到的是战船上士兵的眼睛。

恐怖的红色。

耀眼的火光将每个士兵的眼睛都映成了红色。

无力回天了。

此时，已是黄昏时刻，天上残阳如血，地上血流成河，被杀死的士兵们的血水染红了湖水，壮阔的鄱阳湖变成了血湖。

晴日浮光跃金，舟发鸟翔，雨时云水茫茫，风急浪高，这是平日鄱阳湖的美丽景色，而此时的鄱阳湖却是喊杀声一片，火光映天，血水横流。

陈友谅的数十条战船全部被焚毁，船只火光冲天，不时传出被烧死和杀死的士兵的惨叫声。陈友谅明白，他已经完了。

火光、鲜血与天空映成令人恐惧的红色，这是真正的秋水共长天一色。

在这片可怕的红色中，数十万人手持刀剑，拼死厮杀。他们彼此并不认识，也谈不上有多大仇恨，但此刻，他们就是不共戴天的仇人，死神牢牢抓住了每一个人，士兵的惨叫声和哀号声让人闻之胆寒。

这是真正的人间地狱。

烈火初张照云海，赤壁楼船一扫空！

陈友谅是真的一败涂地了，他收拾了自己的军队，原先的舰队如今只剩下一半，但他也绝对不能回江州了。

这场赌局一旦开始，无论你是赢或是输，都不能走，赌局会继续进行，直到其中一个人输掉一切，才会结束。

陈友谅的最后一击！白色旗舰

陈友谅召集了他的将领们，用发红的眼睛看着他们，他已经不能再输了。出人意料的是，他并没有责怪他的将领们，因为他明白，到了这个地步，只能同舟共济了。

"虽然我们今天战败，但胜利仍然属于我们！"

将领们惊奇地看着他，难道还有什么取胜的方法不成？

"是的，我们还有办法。"

与此同时，朱元璋的旗舰上，将领们十分兴奋，有的甚至已经开始准备庆祝胜利。朱元璋也不例外，他对将领们说，陈友谅已经兵败，他的灭亡只在旦夕之间，我们一定能够消灭他（兵败气沮，亡在旦夕，今将全力灭之）！

徐达却保持了难得的冷静，他提醒朱元璋，陈友谅还有相当的实力，一旦他狗急跳墙，我们也要小心对付，千万不可大意。

朱元璋转过他那张兴奋的脸，看着徐达，露出了一丝狡黠的微笑。

"我知道。"

第四天。

陈友谅的自信来自他的情报，在目前的情况下，要想全歼朱元璋的舰队已经不可能了，只能采用最后的方法，杀掉朱元璋！

他已经通过情报得知，朱元璋的旗舰被刷成了白色，只要集中所有的兵力攻打白色战舰，杀了朱元璋，就能获胜！

但当他一到达战场，顿时目瞪口呆，一夜之间，朱元璋军队的很多战舰都被刷成了白色，再也认不出哪个是旗舰。

还没等他愣完神，朱元璋已经命令军队发动了总攻，在前两天战果的鼓励下，朱元璋军异常勇猛，大量使用分船战术，利用陈友谅巨舰运动不灵活的特点，连续击沉陈友谅军多艘战舰。此战从清晨打到晚上，陈友谅的军队终于不支，全面退却。

鄱阳湖大战到此结束了第一阶段，陈友谅惨败，被迫退守鄱阳湖西岸的渚溪。

陈友谅的失败

陈友谅陷入了绝望，不但是军事上的绝望，也是人生的绝望。一直以来的行为模式告诉他，只要心黑手狠就能获得一切，但事实就摆在眼前，看上去不堪一击的洪都守了三个月，看上去柔弱不堪的张子明居然不怕死。

难道我错了？

不，不可能，这只是意外，我不会错的。

但是之后的事情，却让他不得不承认自己的错误。

他手下的左、右金吾将军带领自己的军队投降了朱元璋。

陈友谅听到这个消息后，愤怒掩盖了他所有的理智，他下令凡是抓到朱元璋的士兵和将领，就地处决！

而朱元璋得知此命令后，却下了一道相反的命令，凡是抓到陈友谅军的俘虏，一律好好对待，然后放走。

这两道命令的发布彻底断送了陈友谅的军心。士兵们对陈友谅极其不满，纷纷逃亡。

陈友谅在西岸等待了很久，与朱元璋大战三十余天，也没有等到任何机会，相反，他的士兵却是不断地减少，将领们也不再为他效忠。

八月二十六日，他终于做出了决定：逃跑！

他最后看了一眼这片宽阔的湖面，一统天下的梦想和雄心壮志就这样破灭，来时的庞大舰队和六十万军队，如今只剩下败卒残兵。这对于枭雄陈友谅而言，其实并不算什么。兵没有可以再招，舰船可以再造，让他不理解的是，自己为什么会失败？

我不缺乏驾驭手下的谋略，没有妇人之仁；我敢于杀掉所有阻挡我前进的人，而不畏惧人言，这是常人无法做到的；我比所有的人都心黑手狠，为什么会失败？我已经拥有了最强的军队和战争机器，我的部下为什么还会背叛我？

陈友谅是永远找不到答案的，因为答案就在他的行为模式中，从他杀害自己的兄弟和首领的那一刻开始，他的将领们已经充分理解了他的准则，那就是：谁有力量，谁更狠毒，谁就能控制一切！仁义、道德、诚信都是不存在的。当这些行为被他的将领们当成人生的信条后，他的军队就成为了千万个狠毒的陈友谅的集合体。这样的集合体就类似金庸小说里的星宿派，一旦陈友谅倒霉，每个人都不会继续效忠于他，而是上去狠狠地踩上一脚，落井下石。

当然，失败后的陈友谅对他们而言也不是毫无价值，至少他的脑袋还是很值钱的。

陈友谅阴险毒辣，他的将领们比他还要阴险毒辣。陈友谅迷信暴力统治一切，他的将领们比他更迷信暴力。

当他的生存基础——暴力——被人掀翻后，他也就没有任何底牌了，等待他的只有灭亡。

饱经风霜的张学良曾经用他一生的经历对日本的年轻人说：不要相信暴力，历史已经证明，暴力不能解决问题。

我相信，这就是陈友谅失败的根本原因。

陈友谅率领军队希望能够撤退，他选择的突破口是湖口，但此时的陈友谅不是原来的陈友谅了，他拼死作战，损失惨重，才勉强打开湖口通道。

此时他才松了一口气。但朱元璋不会放过他。

朱元璋被陈友谅敲打多年，对他早已深恶痛绝，必置之于死地而后快，故亲自率领十余万大军追来。

陈友谅闻讯，亲自出来站在船头指挥作战，也就在此时，一支冷箭射来，穿透了他的头颅。

一切就此结束了。

不对，事情不应该是这样的，我做错了吗？

陈友谅死后，张定边尽到了自己的责任，他将陈友谅的儿子陈理和陈友谅的尸体抢回，并带回了武昌。

至此，历时三十六天的鄱阳湖之战，以朱元璋的全面胜利、陈友谅的全面失败而告终。

这一战奠定了朱元璋问鼎天下的基础。鄱阳湖之战也作为中国历史上最著名的战役之一而载入史册。

对于朱元璋的胜利，生活在周围的老百姓自然也有自己的一套解释，由于决战的地点在康郎山，老百姓认为陈友谅失败的根本原因在于地点选得不好："猪（朱）见糠（康），喜洋洋。"所以陈友谅才失败。如果陈友谅泉下有知，只怕会气活过来。

朱元璋并没有放过陈友谅的后代陈理，即使他根本不可能给朱元璋带来任何威胁。斩草固然是重要的，顺便除个根也是必须的。

至正二十四年（1364）二月，朱元璋亲自赶往陈理所在地、陈友谅的最后地盘武昌督战。主帅张定边不愧是抓时机的老手，眼看形势不妙，就带着陈理投降了。

朱元璋终于战胜了这个中国大地上他最头疼的敌人——陈友谅。

"天下足定矣！"

值得一提的是张定边，他把对陈友谅的忠诚保留到了最后，部分履行了他当年结拜的诺言，他拒绝了朱元璋的任用，去干了朱元璋原先干过的工作，出家当了和尚。

具有讽刺意味的是，他似乎要和朱元璋斗气，一口气活到永乐十五年（1417）才死，年一百岁。朱元璋死后，他还活了二十年，也算是给陈友谅报了仇。诸位可以借鉴，遇到恨透一个人、想要拿刀去砍人的时候，用张定边的事迹勉励一下自己，不要生气，修身养性，活得比他长就是了。

我们回头来看陈友谅的一生，给他一个公正的评价。

毫无疑问，陈友谅是一个传统意义上的坏人，但在那个乱世里，他的行为法则却是当时通用的选择。如果要生存下去，这似乎又是必然的选择，他的错误在于将这种法则发展到了极致，直到走火入魔的地步。迷信暴力，不讲基本的信义，使他丧失了人心。

但他又是一个真正的枭雄，他坏事做尽，却又敢作敢当（后来的朱元璋也没有能够做到），具有极强的军事和政治才能，反抗元朝统治，能够自始至终，从来没有向元朝妥协，坚持到了最后。

从这个角度看，他也是条好汉。

可惜，在这个乱世里，他只是个枭雄，真正的英雄是朱元璋。

地主是怎样炼成的

此时的朱元璋已经不再是那个贫农乞丐，他已经成为了地主。他是怎样变成地主的，其中牵涉到一个封建社会的历史规律问题，我们有必要探讨一下。

轻松之余，我希望能将明朝的事情和一些制度规律讲述给大家，所以这些有一定深度的问题，谈一谈也好，说到底，能明白明朝到底是怎么回事。

当然了，还是用我的叙述方式，我相信再深刻、抽象的规律和制度分析都可以用通俗的语言表达出来，让地球人都明白。

在封建社会中，农民起义成功后，那些以平分土地为目标的农民领袖都变成了大地主。几千年来，历史无非是姓刘的地主赶走姓项的地主，姓李的地主取代姓杨的地主，从无例外。这似乎是个魔咒。

要解释这个问题，完全可以写一篇论文，文章的名字应当是《论农民起义后土地生产关系的变更与土地契约从属的再分割》，当然了，这样的文章有无人看，那是要打个问号的，所以我会用另一种方式来解释。

比如一个农民领袖张三，起义后召集了三万人，占据了一块地盘，他有一件事情是必须做的，就是吃饭。因为农民起义军也是军队，也是人，是人就要吃饭，怎么养活三万人呢？这个时候张三最直接的解决方法应该是去抢地主家的粮食，但问题在于，地主家也不是银行的提款机，想取多少就有多少，把地主抢光了，吃什么呢？

地主家也没余粮啊。

这个时候，张三手中有的只是土地，而所有的粮食都被吃光了，他就必须召集农民，将地分给他们，然后向他们收租，于是农民领袖张三就变成了地主张三。

而封建社会的中国，不存在其他的选择，不是做农民，就是做地主。商人固然可以成为另一个选择，但当时商人没有形成一股独立的政治力量。他们不可能提出自己的政治主张，你也不可能到一群饥饿的农民面前要求他们为商人争取权利。封建社会的农民也不可能要求实施资本主义。

这就告诉我们，每一种主张的背后，都隐藏着某种势力或者利益的群体。如房地产商一定说房价会不停地涨、电信公司一定会说自己的收费很便宜一样。而农民的主张只可能是种地或者收租。

一位著名的历史学家说过，农民两千年的起义只是为了一块土地。

不是农民就是地主！别无选择！

第十三章

下一个目标，张士诚！

解决了陈友谅的问题后，朱元璋更有底气戴上了皇冠。可是他又想不通了，他怎么就把自己当成最大的敌人呢？现在陈友谅已其实证明朱元璋想对方，他搞掉了陈友谅。

主要是靠他的几个兄弟：张士义、张士德、张士信。他的小名也叫小名在史书中有着明确的记载，他打仗和统治地方除了张士信之外，另两个人都很厉害，但都已战死了，现在的吴在花花公子张士信的带领下，已经走了下坡路。看来这次再没有天祐了。至正二十四年正月，朱元璋即吴王位，他终于完成了从农民向王侯的转变过程(之前他一直没有称王)。事实证明，在解决了陈友谅的问题后，朱地主向比他更有钱的张地主发动了进攻。

朱元璋和张士诚可谓不共戴天，尤其让朱元璋想不通的是，自己并没怎么招惹对方，他怎么就把自己当成最大的敌人呢？

现在陈友谅已经完了，是时候收拾张士诚这个私盐贩子了。

张士诚本不是容易欺负的，说来也巧，他的小名也叫九四，与陈友谅的名是传言中来的不同，他的这个小名在正史中有着明确的记载。他打仗和统治地方主要是靠他的几个兄弟：张士义、张士德、张士信。除了张士信之外，另两个人都很厉害，但都已经战死了，现在的吴在花花公子张士信的带领下，已经走了下坡路。

看来这次再没有天祐了。

至正二十四年正月，朱元璋即吴王位，他终于完成了从农民向王侯的转变过程（之前他一直没有称王）。事实证明，艰苦的道路走下去，得到的成果也会更多。历史上为了将他与张士诚的吴区分开来，称这个政权为西吴，张士诚为东吴。

然而有的史料上记载着"朱元璋自立为吴王"的字样，大家仔细研究一下就会发现，这句话里"自立"二字很值得推敲。因为韩林儿此时还是名义上的皇帝，想成为吴王要经过他的批准，批准后就是合法的，如果朱元璋是自立，明显就是一种犯上的行为，并没有得到韩林儿的诏书。韩林儿是否心怀不满，不肯下诏书任命朱元璋呢？这也难说。

至正二十五年（1365），朱元璋在经过周密准备后，发兵进攻东吴。

八月出兵，不到半年，便攻占了江苏一带的大片地区，如徐州、盐城、泰州等，甚至还包括张士诚原先的根据地高邮。

眼看朱元璋就要踢开他前进路上最后一块拦路石，与元朝政府决战，此时，一个意想不到的消息让他惊呆了。

意想不到的背叛

正在他征战江苏的时候，密探告诉他，他的亲侄子、战功卓著的朱文正已经勾结了张士诚，准备出兵讨伐他。

朱元璋之前也被人背叛过。至正二十二年（1362），大将绍荣和赵继祖密谋杀害他，被告发，朱元璋将二人处死。至正二十三年，正在与陈友谅决战的关键时刻，大将谢再兴叛变，朱元璋处理及时，将叛乱镇压。

然而，朱文正的叛变，却让他真正陷入了痛苦中，连自己最信任的亲侄子、得力大将都要背叛自己，到底是为了什么？

其实原因很简单，只是为了官位。

在朱元璋打败陈友谅后，他论功行赏，由于朱文正是他的侄子，立功又最大，所以他先问朱文正有什么要求，要封什么官。朱文正颇有些大将风度，对朱元璋说，咱俩是亲戚啊，你先封别人吧，我对这些没什么兴趣。

朱元璋听了大喜过望，觉得自己的这个侄子真是个人才，识大体，顾大局，于是就把好的位置封给了别人，仍旧让朱文正来守江西。

他哪里知道，朱文正是跟他客气客气的，就如同拍卖行里的叫价，他是等着朱元璋提高价钱，挽留他一下，说出如你一定不能推辞这类的话，没有想到朱元璋居然不抬价，直接敲了榔头。

成交！

朱文正的不满终于爆发了！守洪都是我功劳最大，论功行赏却没有我！他怎么想也想不通，整日借酒消愁，还公然出外强抢民女，卖官赚钱。但这仍然不能让他达到心理平衡，每当他看到那些手下在应天这些富庶的地方耀武扬威，而自己只能守着江西，就会从心底里对朱元璋表示不满。当这种不满到达顶点，他就必然走向极端。

天下谁还可以和朱元璋抗衡？

只有张士诚了。

就在他紧锣密鼓地准备时，朱元璋知道了这个消息。

他丢下了手中的工作，亲自来到洪都。

他要清理门户。

朱文正和朱元璋的见面很有戏剧性。看到朱元璋时，朱文正就蒙了。朱元璋却一点也不蒙，他充分表现了自己质朴的本性，没有讲诸如今天天气很好啊、你好像长胖了之类的寒暄话，一点也不玩虚的，直接用鞭子去抽朱文正，一边打还一边说：小子，你想干什么？

朱元璋本来想处死朱文正，但由于马皇后的劝阻，他没有这样做，而是将他关了起来。客观地讲，朱元璋对朱文正还是不错的，他在之后的洪武三年（1370）封朱文正年仅八岁的儿子为王，并就藩桂林。

无论怎么说，错误在朱文正一边。

这个战功卓著，颇具天才的将领就这么结束了他的光辉一生，最后在囚禁中死去。他的悲剧源自他的性格，这个有着军事天才的人，却不懂得怎么为人，他性格乖张，心胸狭窄，品行不佳，即使不坏在这件事上，总有一天，也会因为其他事情惹祸。从这个角度看，他的悲剧是注定的。

性格决定命运。

这件事情给朱元璋造成了极大的心理阴影。他从此不敢相信任何人，连自己最放心、最得力的侄子都背叛自己，还有何人可以相信？

对于朱元璋来说，火药已经埋藏在他的心里，就看何时爆发了。

解决这件事情后，朱元璋接着对付他的老对头张士诚。

至正二十五年的战争已经把张士诚赶出了长江以北，东吴军缩在江杭一带，也就是今天的苏州和杭州。张士诚似乎还不明白自己的处境，他还想占据所谓的江南半壁，当他的富地主。

可是朱地主用行动告诉了他，天下只能有一个最大的地主，而这个人绝对不会是你张士诚。

至正二十六年（1366），朱元璋率领他的全部精英，以徐达、常遇春为主帅讨伐张士诚。

在讨论作战计划时，发生了争执。常遇春认为应该直接攻取东吴的老巢平江（今江苏苏州），徐达也赞成他的这一意见，他们都认为，只要取得了平江，张士诚的所有地盘都将不战而降。

朱元璋不同意。

朱元璋又一次展现了他的天才战略眼光。他认为如果直接攻击平江，张士诚在杭州的兵力一定来救，那么平江就会极难攻克，而先攻击杭州和其他地区，就能够剪除张士诚的羽翼，平江自然也会成为囊中之物。

事实证明，朱元璋确实是一个天才的军事家，他这次又对了。

在临出发前，朱元璋反复强调了一件事，那就是在攻克城池之后不可以随便杀戮，因为杀完了人，得到空地，有什么用呢（克城无多杀，苟得地，无民何益）？

这话不是说给徐达听的，是说给常遇春听的。

这位老兄，自九华山后，恶习一直不改，攻城之后必行杀戮，朱元璋多次严重警告他，才有所收敛。

大军出发了，朱元璋坐在营帐里，有着一种说不出的兴奋感。

天下就要到手了！

这次朱元璋又集合了二十万大军，交给徐达和常遇春指挥，这两位名将没有让朱元璋失望，他们相约分兵进攻杭州和湖州，并很快攻下。

现在只剩下平江了。

平江攻击战

　　平江号称第一坚城，张士诚这几年窝在家里，看着陈友谅被打垮，看着自己的地盘被朱元璋一点点蚕食，只干了一件事情，那就是修城。

　　平江城共有八个门，分别是葑门、虎丘门、娄门、胥门、阊门、盘门、西门、北门。每个门的城墙都极其坚固，是用大块条石混合糯米筑成，城上设置有固定的弓弩位，有靠近城墙者瞬间就会被射成刺猬。城内还有大量的粮食，足够守备数年。

　　张士诚虽然是一个不思进取的人，但他却是一个意志坚强的人，当年元召集百万士兵进攻小小的高邮，历时三月不能攻克，就充分说明了他的意志力。

　　而此时，张士诚更加明白，如果平江失守，他就无处可去了。

　　他决定拼死一搏。

　　对这样的一个城池采取攻击行动，是需要周密的计划的，可是当朱元璋的部下来询问主攻哪个门时，朱元璋却对他们大喊道：几十万军队，还要分哪个门主攻吗？都给我往死里打！

　　看来几百年后的李云龙并不是这一招唯一的使用者。

　　朱元璋做出了军事部署，他将自己的名将们充分调动起来，分配了任务，具体如下：

　　徐达攻葑门，常遇春攻虎丘门，郭兴攻娄门，华云龙攻胥门，汤和攻阊门，王弼攻盘门，张温攻西门，康茂才攻北门。

　　眼花了，还有。

　　他嫌这些人不够，另外安排耿炳文攻城东北、仇成攻城西南、何文辉攻城西北。

　　统计了一下，他在平江城外布置了十一支军队，从不同的角度方位攻打，别说是人，神仙也受不了。其实不用打，这么多人只要挤进城去，也能把张士诚挤死。

朱元璋尚觉得做得不够绝，在城外构筑长围，把平江城团团围住，岂止是人，兔子也跑不出来。

为了解决平江城过高、士兵仰攻不方便的问题，他在城外动工兴建新式房地产——木塔，共分三层，站在塔上可以俯视城内的所有情况，并在每层配备弓弩、火铳和襄阳炮（新式火炮），真正做到了指哪儿打哪儿。

按说这么几套行头摆出来，张士诚要是识时务，就该投降了。

可这个私盐贩子硬是认死理，一定要抵抗到底。

至正二十七年（1367）元月，攻击开始。

朱元璋的步兵、弓箭兵、炮兵协同作战，日夜不停地攻击城池，步兵从城下进攻，炮兵从木塔上不停往下射箭、开枪、开炮。

张士诚的士兵在承受城楼下士兵进攻的同时，还要注意防空，而且木塔日夜都派人坚守，这些木塔上的士兵一旦碰上了值夜班，就不能下塔，吃喝拉撒都在塔上，吐个痰、小个便之类的行为，理所当然地往城楼上的东吴士兵身上招呼。

此即所谓胯下之辱。

就是在这样艰苦的环境中，张士诚和他的士兵们以惊人的毅力坚持了八个月，直到至正二十七年九月，平江才被攻陷。

张士诚的结局

张士诚是很有几分骨气的，他在城破之时还在城中坚持巷战。即使朱元璋反复宣传，只要张士诚投降，不但不会杀他，还会善待他和他的亲属，但张士诚抱定了决死的信念，他杀死了自己的所有亲属后，准备上吊自杀，被部将解救下来，后被俘押往应天。

在押往应天的船上，他闭口不言，也不吃饭，表示自己绝不屈服的决心。

朱元璋派重臣李善长审问张士诚，李善长厉言呵斥张士诚，却得不到对方的任何回应。

自始至终，张士诚都用蔑视的眼光看着李善长。

李善长被他看得发毛，又见他不说话，气得暴跳如雷。

张士诚看完了李善长的表演，说出了他在这次审讯中唯一的供词。

"你不过是条狗而已，让你的主人出来吧！"

没办法了，朱元璋出场。

他看着这个打了十年仗的老对手，打败他是不够的，要彻底地征服他！

于是他用少有的和蔼语气劝降张士诚，希望自己能感动他，而他得到的答复也只是一句话：

"你并不比我强，我之所以失败，只是上天照顾你、不照顾我而已（天日照尔不照我而已）。"

朱元璋终于被激怒了，他杀死了张士诚，并把张士诚的尸体烧成灰，所谓挫骨扬灰是也。

张士诚是一个有着坚强意志的人，他白手起家，最终成就一方霸业。但他的缺点和他的优点一样突出，作为乱世群雄中的一个，他有着小富即安的心理，却并不明白，在这样的环境中进行的，只能是淘汰赛，胜利者只有一个。

但他是值得敬佩的，他意志坚强，反抗元的暴虐统治，虽曾投降过，但毕竟只是权宜之计。在死亡面前毫不畏惧，把自己的信念坚持到了最后一刻。

不怕死的人是值得尊敬的。

朱元璋终于扫清了前进路上的两大障碍，即将面对自己的最后一个对手。

对他而言，这个对手才是真正的敌人和仇人。

第十四章

复仇

陈友谅和张士诚确实是他的对手,陈友谅和张士诚确实是他的对手,从个人感情上而言,他对这两个人还有惺惺相惜之感。但元就不一样了,正是在这个残暴王朝的统治之下,朱元璋失去了他的父母,家破人亡,自己流离失所,乞讨度日,不得已才去造反。在朱元璋的心里,埋藏着对元的刻骨仇恨,不但有家仇,还有国恨。在朱元璋扫平陈友谅、张士诚的战争中,平心而论，陈友谅和张士诚确实是他最强的对手，但从个人感情上而言，他与此二人并无仇恨，甚至还有惺惺相惜之感。

但元就不一样了，正是在这个残暴王朝的统治之下，朱元璋失去了他的父母，家破人亡，自己流离失所，乞讨度日，不得已才去造反。

在朱元璋的心里，埋藏着对元的刻骨仇恨。

不但有家仇，还有国恨。

在朱元璋扫平陈友谅、张士诚的战争中，为了麻痹元朝，朱元璋不称王、不称帝，并暗中表示不与元朝为敌。他还给当时的元朝大将察罕帖木儿送去了厚礼。

这么看来，他确实是个搞关系的能手。

在元朝看来，这是一个只想在战争中捞点好处的乡巴佬，给点好处就行了。

如果他们去调查一下朱元璋童年时候的悲惨经历，再思考一下是谁造成了朱元璋的痛苦，就会发现自己的这个想法是多么荒谬。

朱元璋的策略获得了巨大的成功。

当他解决了陈友谅，即将扫平江南的时候，元朝政府连忙派户部尚书张昶来封他为官，他们总觉得这个人是可以为他们所利用的，给点钱就是了。

朱元璋的反应却大大出乎他们的意料，他把官辞了，却把张昶留下了。朱元璋挖了元的墙脚，还对刘基说：元朝送了个贤人给我，你们没事可以和他多

第十四章 复仇

谈谈。

如果这一行为还不能让元朝明白朱元璋的真正用意，那他们就太蠢了。

在朱元璋与陈友谅、张士诚作战，打得你死我活的时候，元朝政府曾经非常高兴地做了一回拳击比赛的旁观者，对于他们来说，最好的结果是三个人都倒下，然后自己上去宣布胜利。

元朝政府最愚蠢之处就在于，他们不知道这场比赛是一场淘汰赛，而最后胜利的奖品是与自己决战的资格！

当朱元璋历尽艰难，从尸山血海中走出，从陈友谅和张士诚的尸体上爬起来时，元朝政府才畏惧地发现，这个胜利者比以往任何一个对手都可怕。

他有着精良的军队、善断的谋臣、勇猛的武将，他率领的不再是那种一攻即破的农民起义军，而是一支战斗力绝不逊于自己的强悍之师。

元朝政府为了挽救自己的命运，想尽了各种办法，他们送了大量的金银财宝给朱元璋，希望他能接受招抚，继续做他们的奴隶。

可是他们慢慢发现，眼前的这个朱元璋不但想要自己的钱，更想要自己的命。

比赛就要开始了。

参赛选手背景介绍

在比赛开始前，我们还要介绍一下朱元璋的对手——元。

元是蒙古建立的政权。蒙古强大开始于十二世纪，1206年，蒙古族首领铁木真统一漠北，代表着蒙古进入全盛时期。

要说明一下的是，很多人都认为蒙古的强大是自铁木真之后才开始，这个观点是值得商榷的。实际上蒙古人的战斗力一直相当的强，他们是天生的战士。

这个强悍的民族之所以一直没有登上历史舞台，只是因为自身的分裂。而当铁木真解决了这个问题后，其可怕的破坏力和战争能力就如狂风暴雨般宣泄到世界各地。

文化先进的民族被相对落后的民族征服，在历史上并不少见，如西晋和北宋的灭亡等。但其中存在着一个误区，那就是人们一直认为这些落后民族能够成为征服者，是因为他们的士兵英勇善战，并不是他们的军事机构先进。

在那些人看来，这些连字都不认识的野蛮人，只是凭借着所谓的勇猛作战，怎么可能在军事谋略上胜过长期受到系统军事理论训练的文化先进民族的军官们？

事实证明，他们可能是错的。

军事和经济的发展往往是脱离的，这句话已经被历史多次证明。

蒙古的军事制度虽然简单，却很实用，他们没有南宋那些无用的官僚机构，作战时采用小股骑兵试探，然后采取突然袭击的方法对敌方薄弱部位实施冲击。一旦攻击受挫，立刻撤走，然后寻机从侧面突破。

机动，这是蒙古军队的最大优点。

更让人难以相信的是，蒙古军队的武器也比南宋更先进，他们天才地发明了当时最为可怕的弓，其射程可达三百米，无论多厚的铠甲都难以抵挡。只有最精锐的南宋军队装备的神臂弓才能与之相比。但战争中，武器从来都不是最重要的，作战的士兵才是决定胜负的关键。

和蒙古人打仗是一件很痛苦的事，因为他们并不与对方直接用刀剑厮杀，其最重要的武器就是弓箭。

当你碰到蒙古骑兵时，你的噩梦就开始了。进攻前射箭，进攻的过程中射箭，甚至在他逃跑时，还在射箭。你追也追不上，打也打不着，这种类似无赖的打法足以把人逼疯！

这也是为什么后来的蒙古军队进攻东欧时，那些体格远远比他们健壮的欧洲人被打得落花流水的原因。

他们基本上都不是被刀剑砍死的，而是被箭射死的。

而蒙古人的另一个特点是大家都比较熟悉的，那就是屠城。

蒙古人从东亚打到西亚，再打到欧洲，一直都来这一套，他们的屠城是比较有特点的，值得一说。

从各方面资料来看（《多桑蒙古史》《元史》），蒙古人的屠城并不是放纵军纪造成的，他们的屠城带有明显的政治色彩（注意这一特点）。

屠城是为了让对手屈服。

在攻城前他们一般会打好招呼，投降就不屠城，不投降后果你们自己去想。

但他们的缺德之处在于，不投降他们必然会屠城，但是投降的他们也并不放过。这是为什么呢？

这是为了保障后方的需要，他们认为，有人留在自己的身后是不安全的，一定要杀光才安心（盖蒙古兵不欲后路有居民，而使其有后顾之忧也）。

蒙古的狂潮席卷全球，不过欧洲人似乎更有自律精神，他们认为无端出来这么些恐怖的家伙，是因为自己犯的错太多，上帝用鞭子来教训自己，所以他们称呼蒙古人为"上帝之鞭"。

这一荣誉称号的授予在欧洲历史上是第二次，第一次是给了匈奴王阿提拉。

历史学家们给了蒙古军队的这种屠杀行为一个非常确切的定义——国家恐怖主义。

蒙古军队中似乎也有某些人相当爱好行为艺术，其具体表现为西亚战役中，将被杀死的人脑袋砍下来，堆成一座三角形山。

此外他们也是颇有些黑色幽默感的，比如在攻克巴格达后，他们将最高领袖哈里发关在一座装满金银珠宝的房子里，让他活活饿死。

他们在全世界范围内解决了几千万人吃饭的问题，却是用最残酷的方式——屠杀。

这是一个可怕的敌人，他们的破坏力是极其惊人的。此处我们要列举几个数字。这些数字让人看了不寒而栗。

蒙古攻灭金国时留存人口的数字如下：

金全盛时（1207）有户768万，蒙古灭金时（1234）剩下87万户，下降89%。

蒙古灭南宋时留存人口的数字如下：

南宋嘉定十六年（1223）有户1267万，蒙古灭宋时剩下937万，下降26%。

这么看来，蒙古对南宋还是相当宽大的，当然这其中是有原因的，我们后来会说到。

蒙古军队对中原诸国的攻击确实厉害，灭掉西夏国用了二十二年（1205—1227），灭掉曾横扫天下的金国用了二十三年（1211—1234）。

此时的蒙古认识到了自己的可怕实力，他们将下一个矛头指向了南宋。

在他们看来，与他们同样健壮勇敢的金国人也不堪一击，何况是整天只会吟诗作画、体格瘦弱的南人？

南宋端平元年（1234），蒙古人做好了一切准备，进攻南宋。

他们认为，十年之内必然灭宋。

可他们没有想到，这一仗打了近五十年，还搭上了一个大汗的命。

在屠城的威胁下，这些柔弱的南人似乎并不害怕，从两淮到襄阳再到四川，他们无不遇到激烈的抵抗。

他们在合州遭受到了最大的挫折。

南宋开庆元年（1259）二月，大汗蒙哥亲自带领军队攻击四川合州，这一仗打了五个月。守将王坚坚守合州钓鱼城，不但打退了蒙古军队的进攻，还在战斗中击伤了大汗蒙哥。

发生的这一切，让蒙古贵族们很不理解，是什么样的力量支持着这些柔弱的人，让他们如此坚强呢？

他们决心找出答案。

虽然南宋进行了激烈的抵抗，但最终还是无法挡住蒙古军队的铁骑。

1279年，在经历了激烈抵抗后，南宋最后一个战时丞相陆秀夫在海上向幼年的皇帝赵昺行礼，说出了最后的话：

"国家到了这个地步，陛下也只好以身许国了。"

然后他背着皇帝，跳入了大海中。

南宋灭亡了，但蒙古贵族们心中的谜团始终没有解开。

此时，他们发现自己有可能从一个人身上找到答案。

这个人叫文天祥。

道 义

此时的文天祥已经在元的监狱里待了很久，他是在南宋最危急的时刻起兵的，组织义兵抗元，战败后被俘。

这样一个明知不可为而为之的人，正是元朝统治者们理想的研究对象。是什么支持着他去做这样一件根本没有可能达成的事呢？

于是，从投降的宋朝丞相到皇帝，再到元朝的丞相、皇帝，个个都来劝降，但他们得到的回答都是一样的。

绝不投降。

在一次又一次的交锋中，蒙古贵族们认识到，这个人心中有一样东西在支持着他。

这样东西叫作道义。

道义是个什么玩意儿？

看不见也摸不着，但蒙古贵族们还是把握住了一点，那就是只要降伏了这个人，就能树立一个典型，道义是可以被打败的。

于是他们换着法子折磨文天祥，从舒适的暖房到臭气熏天的黑牢，从软到硬，无所不用。

但文天祥软硬不吃。

文天祥在艰苦的环境下，坚持了自己的信念，写下了千古名篇——《正气歌》。

其中有两句话，是他内心的写照：

　　时穷节乃见，一一垂丹青。

一个人的气节和尊严，正是在最困难的时候体现出来的。

蒙古贵族们没有办法了，只好让忽必烈出场。

忽必烈是一个接受过长时间汉化教育的人，他深知，杀掉文天祥很简单，但要征服他心中的信念是困难的。

他以一种近乎哀求的语气，对文天祥说，你是真正的人才，留在我这里做个宰相吧。

文天祥拒绝了他。

忽必烈反复劝说，都没有效果，他实在没办法了，只好对文天祥说：你想干什么，自己说吧。

文天祥昂头说道：只求一死！

好好地活着不好吗？为什么一定要死呢？那个道义就那么重要？

他佩服这个人，但也不理解他。

成全了你吧。

1283年，文天祥被押往大都（今北京）的刑场，他到达刑场时，周围围着无数百姓，他们将看着这个英勇不屈的人被处死。

文天祥提出了他人生的最后一个问题，南是哪个方向，立刻有百姓指给了他。

他向南方跪拜行礼，然后坐下，从容不迫地对行刑的人说：

我的事结束了。

这一天，文天祥是真正的胜利者。

他以自己的勇气和决心告诉了所有的人，在这场以个人对抗整个国家机器的战争中，他才是不折不扣的胜利者。

他至死也没有放弃自己的信念。

元朝的统治者们最终还是没有找到答案。

其实答案就藏在文天祥的衣带中，这也是他的遗书——

孔曰成仁，孟曰取义。惟其义尽，所以仁至。

读圣贤书，所学何事？而今而后，庶几无愧。

肉体可以被征服，道义是不会被征服的。

道之所在，虽千万人，吾往矣！

元朝就这样开始了自己的统治。他们不了解自己统治下的这些人在想些什么，也不想了解，而文天祥却作为一个楷模，成为了被统治者的精神偶像。

这样的统治是不会牢固的。

蒙古贵族们很注意保持自己的民族特点，他们不接受汉化，不与汉人通婚（梦想娶赵敏的人就放弃吧），他们与被统治者之间的差距越来越大，无法达成共识。时不时又出来几个贵族叫嚣着把汉人都赶走，拿农田去养牛羊，幸好当时的丞相脱脱阻止，这个愚蠢的主意才没有得以实现。

这里要说明一下，这个脱脱不是后来的那个脱脱。这个元初的脱脱是个不折不扣的好人，就是因为他的建议，元朝军队在攻陷很多城市后，没有大肆屠杀当地居民，而是不断向农耕文明发展，此人实在是功不可没。

在元朝的大家庭里，家长对家庭成员似乎没有什么感情，看中了什么就抢什么，仿佛这个家根本就不是他自己的。这种情况持续了几十年，双方越看对方越不顺眼，既然过不拢，就分家吧。

可问题是这个家里干活的都是家庭成员，离开了他们，这些蒙古贵族是无法生存下去的，一方要分，另一方不让分，就只好使用家庭暴力了。

可是这些曾经纵横天下的蒙古骑兵已经在享乐的生活中沉沦了，有的连马都不会骑了，他们除了欺负家里那些手无寸铁的下人外，并无其他本事。

而等到这些下人拿起了平时干活的菜刀和锄头反抗时，曾经的统治者就将手足无措。

比如蒙古军队中最精锐的部队阿速军，这支部队即使在强悍的蒙古军队中也是出类拔萃的，曾立下大功。当起义爆发时，他们被派去镇压，这支部队接到命令后，立刻出发，日夜兼程，以迅雷不及掩耳之势——先去抢了一把老百姓。

但是运气不好，在抢劫回来后，正好碰到了起义军，刚看到对方的旗帜，领队的首领便大叫"阿卜，阿卜"（快跑），这支最为精锐的部队就是这样败退的，退回去后还反复强调自己是遭遇数倍于自己的起义军才败退的。

就是这样的军队素质，才使得元朝军队在起义初期显得不堪一击。

但随着起义的扩大，元朝统治者们意识到了问题的严重性，成吉思汗的血液在他们的血管里复苏过来，他们重新整编了部队，恢复了战斗力，四处镇压起义。

跨上马，就是成吉思汗的子孙。

这些子孙中最优秀的一个，叫作扩廓帖木儿。

他还有个为人所熟知的名字：王保保。

扩廓帖木儿这个名字太拗口了，就叫王保保吧。

王保保是元朝名将察罕帖木儿的外甥，也是他的养子，在察罕被杀后，他承担起了守护元朝的使命，并成为了明朝的主要敌人。

这个名字将在很长一段时间里出现在我们的视野中。

目标，元！

朱元璋终于可以做他想做的事了，消灭元，为自己的父母报仇，而他提出的口号更能引起人们的共鸣。

"驱除胡虏，恢复中华，立纲振纪，救济斯民。"这也是当时很多人的想法。

我们引用著名史学家吴晗先生的话来形容当时的局势："在这样的情况下，战争的性质改变了，不再是红巾军原来的阶级斗争的性质，而是一个汉族和蒙古族的民族战争。"

今天的蒙古族是中华民族的一部分，但以历史唯物主义的观点来看，当时的人们是不大可能和蒙古骑兵一同联欢的。

事实上，他们等待这一天的到来已经很久了。

是的，当时就是这样。

北伐的开始

至正二十七年十月，朱元璋派遣大将徐达、常遇春挥师北伐。这次北伐是有着特殊历史意义的。公元十世纪初，石敬瑭为了自己的荣华富贵，将北边险要之地燕云十六州割让给了契丹。

此人堪称中国历史上最大的罪人之一。其人格之无耻、行为之卑劣、脸皮之厚度，后人难以匹敌。

他的这一行为使得从此中原王朝在与游牧民族的军事斗争中处于无险可守的被动地位。由于中原以步兵为主，而游牧民族以骑兵为主，割让十六州以后，中原步兵们就要在千里平原上直接面对骑兵的冲击。

从某种程度上说，整个宋朝就毁在了石敬瑭的手中，中原的士兵们不得不用自己的血肉之躯去抵抗游牧民族的侵略，直到整个大宋王朝的崩溃。

在燕云失陷四百年后，朱元璋开始了他的北伐，开始了中国历史上少有的由南而北的统一战争。

朱元璋此时又面临新的选择——该怎么进攻呢？

当时朱元璋已经占据了江浙和湖广一带，但元仍然占据着北方的大部分地区。要实现推翻元朝的目的，必须有一个明确的作战计划。

朱元璋并没有选择直接进攻元首都大都的策略，他认为要想彻底击败元朝统治者，必须先攻取山东和河南，然后再图大都。

这个策略被证明是正确的，因为此时的元朝实力还很强。

为了鼓舞军队的士气，朱元璋在出征前对他的士兵和将领们说了一句话：

"天道好还，中国有必伸之理；人心效顺，匹夫无不报之仇。"

我相信，这句话是咬牙切齿说出来的。

北伐正式开始，主将是堪称明帝国双璧的徐达和常遇春。他们没有让朱元璋失望，经过残酷战争考验的吴军连续攻破元的防线，仅仅用了三个月的时间就占领了山东。

这一过程实在是无甚可写，因为元军实在是不堪一击。

在王保保的心中，并没有把朱元璋和徐达当回事，在他看来，徐达军和被他打垮的那些纪律松散、战斗力差的农民起义军没有什么区别。他把自己的主力拿去对付与他争权的李思齐，而只是将防守的任务交给了他的弟弟脱因帖木儿。这位脱因帖木儿倒也是一位不错的将领，但和超一流的徐达、常遇春相比，他还差得很远。

徐达和常遇春用自己的军事行动给他上了一堂军事理论课，他在济南还没回过味来，就发现自己驻守的山东已经遍插吴军的旗帜。

徐达、常遇春一刻不停，从山东出发，分兵两路，进攻河南，在这里，他们遇到了北伐途中最顽强的抵抗。

驻守在这里的是元梁王阿鲁温。他是一个比较有能力的将领，危急时刻，他正确认清了形势，集中了五万军队，在洛水北岸布阵，等待敌军到来。

应该说，他占据了一个很好的位置，这个有利地形带给他两个优势：如果敌军敢于强攻，他就会召集军队击其半渡，打一个措手不及；而且即使作战不利，也方便撤退逃跑。

事实证明，他还是充分利用了地形的其中一个优势，当然，不是前者。

当徐达军到达洛水时，他们并没有蒙古军队想象中的踌躇，而是在第一时间就发动了进攻，而组织进攻者正是永远当先锋的常遇春。

他带领军队飞一样地渡过了洛水，目瞪口呆的元军连部队都还没来得及组织起来，常遇春的钢刀已经架在了他们的脖子上。于是，"敌大溃，追奔五十余里"。梁王阿鲁温做了俘虏。

此时王保保才意识到自己面前对手的可怕。

但已经太晚了。

明朝建立

就在徐达与常遇春出征山东、大破元军时，一个新的王朝在应天宣布了它的诞生。

1368年正月初四，朱元璋在应天宣布即皇帝位，定年号为洪武，国号为明。

当然，在此之前，必然有一大批大臣劝朱元璋登基，而朱元璋的反应自然也是十分惊讶，然后连连推辞。

大臣们肯定不会甘休，于是磕头的磕头，寻死的寻死（当然只是说说），好像朱元璋不当皇帝他们就活不下去。

朱元璋为了不让大臣们难过，并挽救那些想寻死的大臣，只好勉为其难地登基了。

当然了，最后还要再说两句比如我是被迫的、都是你们逼我之类的话。注意说这几句话的时候脸上一定要露出十分痛苦的表情，就好像马上要被拉去杀头一样难受。

历史上的这套把戏大家应该也看惯了，历来都是如此。但这一套不演也是不行的，大家各有所需，大臣演完后可以升官发财，朱元璋演完后可以做皇帝，可以说是双赢。

1368年正月初四，这个日子将永远被历史所铭记，在这一天，一个伟大的王朝建立了。

放牛娃朱元璋坐在他的宝座上，看着跪在下面的文武百官，心中百感交集。

他没有想到，这个位置会属于自己，其实他原先所要求的只是一碗饱饭、一个家、一个妻子，如果运气好，能有一头牛帮他耕地。

然而现实的残酷逼迫他选择了这一艰苦的道路，在这条道路上没有人可以陪伴他，他所能相信和依靠的，只有他自己。

如果再选择一次，如果当时能吃饱饭、能活下去，还会走这条路吗？

已经没意义了。

走上了这条路，就不能再回头。

在这里，还要介绍一下韩林儿，这位原先朱元璋的皇上现在在哪里呢？

答：在江底沉了一年了。

1367年，韩林儿坐船到应天，由朱元璋手下将领廖永忠迎接，结果在路上出了交通事故，船沉了。事后廖永忠承认是自己干的，但问题在于，他有没有得到朱元璋的指示呢？

我认为，这种可能性是很大的，朱元璋留着韩林儿只是为了挟天子以令诸侯，但当他灭掉陈友谅和张士诚后，就出现了一个尴尬的局面。

诸侯都没了，要天子干什么？

朱元璋事后自己表白过，说他本无此意，是廖永忠自作主张，并且还公开指责他，说如果不是你小子自己干这件事情，以你的功劳，我本是要封你公爵的，现在为了惩罚你，只封侯爵。

这真是奇谈，以廖永忠的功劳，如何与徐达、李文忠等人相比，还封公爵？给你个侯爵，自己偷着乐吧。

无论如何，朱元璋得到了他想要的一切。

事情还未结束，朱元璋还有一个敌人，只有消灭了这个敌人，他才能成为真正的华夏之主！

在成功占据了山东和河南后，明军向着最后的目标大都前进。大都是元朝的首都，也是蒙古统治的中心，只要占据了大都，就可以宣告元朝的灭亡。

这无疑是极有吸引力的。

徐达和常遇春是幸运的，他们得到了这个可以名垂青史的任务。

洪武元年（1368）七月二十七日，徐达军攻克通州，直逼大都，目标就在眼前。

大都作为元的统治中心，城防十分坚固，而且城中有大量的军队和粮食，足以坚守一年以上，而更为严重的是，就在离大都不远的太原，王保保统率的十万大军正虎视眈眈，随时准备勤王。

徐达和常遇春充分估计了困难，做好了应对多种情况的准备，于八月二日才正式包围大都。

然而让他们吃惊的是，这里并没有大军驻守，也没有元朝皇帝，这位仁兄听到消息，七月二十八日就带着老婆孩子跑了。

怕死的人永远不少。

当徐达纵马奔入齐化门时，他没有意识到，自己已经在历史上留下了重重的一笔。

中原政权失去四百年的燕云地区终于收复了，盛唐之后，经历长达四百年的战乱，中原政权终于真正且完全掌握了这片大地的统治权，在这片土地上，在明王朝的保护下，农民勤劳耕作，商人来回奔波，先进的生产力不断地向前发展。

这是不朽的历史功绩。

无论朱元璋所作所为是对还是错，也无论后世对朱元璋如何评价，但属于他的光荣无人可以拿走，他的不朽功勋无人可以否认。

朱元璋，历史将证明你的伟大。

顺道说明一下，当时的元朝皇帝名叫妥懽帖睦尔，他的谥号是元惠宗。元顺帝这个称号，并不是元朝给他的，而是明朝对这位元朝亡国皇帝的一种调侃：朱元璋在这一点上颇有点幽默感，因为他放弃了坚固的大都，选择了逃走，明朝认为他"顺应天意"，所以称呼他为元顺帝。

元顺帝退出了大都后，逃到了上都（今开平，内蒙古正蓝旗境内），继续做他的皇帝，历史上称之为北元。元作为一个全国性政权的时代结束。

元这个朝代灭亡了，但对于朱元璋和他的将军们来说，挑战才刚刚开始。

真正的对决，王保保！

在统治全国的元朝灭亡之后，蒙古贵族仍然企图重新入主中原，不断组织力量反攻。当时的局势对于朱元璋来说并不乐观。

此时王保保率领十余万军队，占据山西、甘肃。丞相纳哈出带领二十余万军队驻守辽东。而云南还有十余万元军，甚至高丽（今朝鲜）也仍然听从元的统治。

这就好比朱元璋睡觉时，帮边站着一群拿着大刀和长棍的人，随时准备给他一下。

在这种情况下，徐达和常遇春又开始了进攻，这次他们的目标，正是王保保。

此时的元军终于痛定思痛，重新整合了军队，元顺帝也认识到了王保保的实力，将所有的军事指挥权交给了他。王保保终于得到了他梦寐以求的兵权，他将名正言顺地带领精锐元军与统领明军的明朝第一名将徐达决战。

徐达、常遇春在攻下大都后，分兵两路，常遇春南下保定，从北路进攻山西。

徐达的部队进军彰德，从南路进攻。他们预备在太原合击王保保，将他一举歼灭。由于第一先锋常遇春成为了北路军的统帅，徐达军的前锋由汤和担任。这位朱元璋的老朋友十分想抢头功，他在没有得到徐达许可的情况下，自行突进，攻克了泽州。在他看来，取得山西指日可待！

事实证明，他们把王保保看得太简单了。

王保保等待的正是这个时刻，他利用汤和孤军深入的机会，连夜集合大军在山西韩店偷袭汤和，汤和率领的明军惨败，死伤数千人。

徐达军陷入困境，这是他与今后的老对手王保保的第一次交锋。

此时，元顺帝突然不顺了，回到上都后，每天看到的都是草原和沙漠，还是大城市好，他有点后悔，自己为什么要逃出大都，韩店的胜利鼓舞了他，看来明军并不可怕。于是他命令王保保集合主力，北出居庸关，收复大都！

王保保经过了周密的准备和计划，带领了十万大军，向大都攻击。但在他的心中，却有着两种打算。如果徐达不去救援，他就趁机攻下大都，迎接元顺帝归位；如果徐达来援，他就以逸待劳，设下圈套，伏击徐达。

这是一个万无一失的计划，无论徐达选择哪条路，他都是胜利者。

可是徐达却选择了第三条路，一条让他哭笑不得的路。

徐达在得到王保保进攻大都的消息后，冷静地分析了局势，他看透了王保保的打算，决心给他一个意料不到的惊喜。

第十四章　复仇

你不是要攻打大都吗？我就打你的太原！

徐达认为大都有大军驻守，而且城防坚固，不足为虑；退一万步说，即使丢了，再打回来就是了，赔得起。而王保保就不同了，他倾巢而出，太原成了空城，而明军的主力离太原很近，王保保如果没有了太原，就只能去关外放羊了。于是他连夜带领骑兵直捣太原。

其实徐达的目标也不是太原，而是王保保，他相信王保保一定会回兵救援的。

果不其然，王保保得到这个消息，大为吃惊，立刻率领十万骑兵回救太原，他回击速度十分之快，在太原附近遭遇了徐达。

此时徐达的军队以骑兵为主，而步兵大队还未赶到，士兵数量只有王保保的一半。

两支骑兵部队就这样相遇了，这也是中原政权的骑兵与纵横天下的蒙古骑兵第一次大规模的交锋。

怎样战胜骑兵

自古以来，骑兵都是最具威力的兵种之一，在马的帮助下，原本柔弱的步兵成为了具有高度突击性和机动性的部队。而不幸的是，在中国历史上，除了少数几个王朝外，其军事力量都是以步兵为主的，这就使得他们在面对骑兵时吃了大亏。

但骑兵并不是不可战胜的。事实证明，古罗马的重步兵是可以用长矛阵克制骑兵的，可是中国人向来没有穿几十公斤盔甲的习惯，而且当时并没有中西交流制度。中国人有中国人的办法，他们不断研究着以步兵制骑兵的方法，其中的成功者之一是诸葛亮。

在他指挥下的蜀军，是曹魏军团的噩梦。

他发明了若干武器来克制骑兵。第一招是绊马钉。这个玩意儿设计独特，不管你怎么扔到地上，总有一面铁钉朝上。打仗前就撒在骑兵即将冲击的地带，骑兵到来时，马蹄就会被扎烂。其使用方法类似今天修自行车的小贩在路上撒图钉。当然，唯一的区别在于，马被扎后，是不会有人帮你补的。

第二招是大车。诸葛亮的军队都配备有木车，当发现骑兵时，就将木车挡在步兵前面，用来阻挡骑兵冲击，也算是机械化部队了。

最狠的是第三招，也是诸葛亮最神奇的发明——连弩。这绝对是当年的机关枪，据史料记载，这种连弩是一击十发，杀伤力极大，所以当年的魏军骑兵很畏惧与蜀军交锋。

但这种方法操作性太强，而且不适合进攻，所以使用的范围并不大。

到了宋朝，在与西夏和辽的战斗中，由于步兵长期打不过骑兵，为改变这种被动局面，不知是哪位天才一拍脑袋，想出了以几千名步兵组成大方阵的方法，还取了个学名，所谓"以步制骑"。上阵交锋，其结果是，打也打不了，跑也跑不掉。直到天才将领岳飞出现并组建了专业骑兵岳家军后，中原政权才算是扬眉吐气了一把，抵御住了金国骑兵的攻击。

到了元朝，以骑兵起家的蒙古军把骑兵战术发展到了极致，并依仗这一战术横扫天下。他们骄傲地认为，只要自己有马，就不用担心自己的统治被推翻。

然而就在蒙古骑兵威风凛凛地在官道上呼啸而过，两边的南人百姓只能俯首躲避时，那些低垂下的头所思考的并不只是往哪里躲避，他们中间的很多人都坚信，一定有办法打败这些骑兵，一定有办法的。

其实方法很简单，只是实行起来很困难。

冲击！骑兵对骑兵

综观历史上强盛的中原王朝，都有一支强悍的骑兵部队，而此时的明朝也是一样。徐达和常遇春都是非常厉害的骑兵将领，他们对骑兵调配自如，选择突破方向准确，对骑兵的使用已到了得心应手的地步。

在被元朝统治的九十余年里，中原的人们不断向他们的敌人——蒙古骑兵学习着使用骑兵以及战胜骑兵的战术。

在漫长的积累和等待后，拿起武器反抗的人们终于走到幕前，和他们的骑兵老师蒙古军队决战。而徐达和常遇春正是其中最为优秀的代表。

现在，他们正面对着蒙古军队最勇猛的将领王保保。

洪武元年十二月一日，徐达率领明军骑兵抵达太原城下，与回师救援的王保保军对峙于太原城外。但由于兵力不如王保保，徐达始终没有发动进攻。王保保不知对方葫芦里卖的什么药，自己及时赶到，徐达跑来偷袭太原的目的没有得逞，但他居然不打也不撤，实在无法理解，于是他一时间也不敢动弹。

十二月四日，常遇春经过三天的观察和思考，对徐达说出了自己的意见："我军步兵未到达，如果只以现在这些骑兵与敌人对攻，只会增加自己的伤亡，不如选择深夜偷袭敌营（我骑兵虽集，步卒未至，骤战必多杀伤，夜劫之可得志）。"

这个意见毫无疑问是正确的，常遇春实在是一代名将，眼光独到，判断准确。似乎是天助徐达，就在这个时候，太原守将豁鼻马派使者投降，并表示愿意充当内应（这应该算是个蒙奸）。

一切都预备好了，马已喂好，刀已磨亮，只等晚上动手了。

当天晚上，王保保没有睡觉（算他运气好），这个爱学习的人，此刻正坐于军营之中秉烛夜读兵书。突然听见外面喊声大作，他心知不妙，当机立断，毅然决定逃跑，逃跑时颇为狼狈，光着一只脚跑出大营，匆忙骑上一匹马，就飞奔出营。

您问那十万大军怎么办？连我的鞋都不要了，还要军队干什么？可见名将就是名将，懂得权衡利弊，毕竟自己的命最重要，所谓千军易得，一将难求嘛。

可那十万大军没有了主帅，就像没头的苍蝇，四万人被歼灭，余者全部逃散。王保保在卫队的保护下一口气逃出上百里，可是常遇春并没有放过他。

常遇春深知除恶务尽的道理，连夜出击，王保保叫苦不迭，边逃边战，等他逃往大同时，身边只剩下了十八名侍卫。而常遇春一口气追击到了忻州才撤回。

这是一场真正的歼灭战，也是中原骑兵对蒙古骑兵的第一次大胜。

月黑雁飞高，单于夜遁逃。

欲将轻骑逐，大雪满弓刀！

势如破竹

在攻克山西后，徐达带领军队继续进攻陕西。此时的陕西是由地主武装李思齐和张良弼等人镇守。中国历史上，由于地形问题，大凡从山西进攻陕西，都是极为艰苦，难以攻下。从最初的秦国据守函谷关拒六国，到后来的日本人侵略中国，拼了老命，却始终无法踏入陕西一步。

但这次情况不同。

李思齐身经百战，但他并不想打仗，他对元朝很难说有什么深厚的感情，他组织军队对抗起义军，说到底不过是怕那些泥腿子抢了自家的粮食。所以当徐达军进攻时，他一退再退，一直退到临洮，感觉戏也演够了，对元朝有了交代，就投降了。而张良弼和他的弟弟张良臣可谓不识时务，先降后叛，坚守庆阳，后被徐达讨平，终究没有掀起什么大风浪。

至此，陕西和山西平定，北方的大部分地区落入了明军之手，为后来与元的决战做好了准备。

新王朝对旧王朝都有赶尽杀绝的习惯，如南宋的残余部队逃到了崖山（今广东新会），元朝军队还不放过，硬是把他们赶到了海上全部消灭。世易时移，现在轮到朱元璋了。

元顺帝不喜欢荒凉的上都，想要回到大都，朱元璋却连上都也不想让他待了。

洪武二年（1369）六月，常遇春出兵开始了北伐，但他没有想到的是，这竟然是自己的最后一次出征。

与他一同出征的是李文忠，两人带领八万步兵、一万骑兵开始了这次远征。在常遇春那种特有的突袭攻击方式下，元军不堪一击。北伐军先攻锦州，击败元将江文清；后攻全宁，击败元丞相也速；军队丝毫不停，进攻大兴州，击败元军并擒获元朝丞相脱火赤。

在短短的一个月时间内，元精心设置、号称可防二十年的抵御防线，在常遇春面前就像豆腐一样软弱。这位明朝第一先锋在他人生的最后一战中充分显现了锐不可当的威力，他带领骑兵一路马不停蹄，逼近上都！

元顺帝此时正在上都，听说明军攻来，他充分发挥了自己的特长——逃跑，带着老婆孩子连夜遁去，一直逃到了应昌（今内蒙古达来淖尔湖），狼狈不堪。在他逃跑的途中，应该可以充分体会一百年前宋朝君主的心情。而后来的事实证明，这并不是他最后一次搬家。

常遇春一向是穷追猛打的，他追击几十里，杀掉了宗王庆生和平章鼎珠，此战还俘虏了上万蒙古兵。在打仗的同时，常遇春东西也没少拿，他把元顺帝的家当马三千匹、牛五万头全部带了回来。

此战毫无悬念，也没有什么激烈的战斗，这并不是因为元军软弱，而是由于常遇春太快。他就像一个高明的剑客，手持利剑，在对手反应过来之前，已经直插对手的心脏！这样的对手太可怕了。

常遇春胜利班师，经过柳河川时，暴病而死，年四十岁。

醉卧沙场君莫笑，古来征战几人还！

常遇春的一生，从太平之战自告奋勇，到北出沙漠，所向无敌，他用自己的行动证明了他是真正的军事天才，是真正的第一先锋。他的生命就像灿烂的流星，虽然短暂，却光耀照人。

在常遇春北伐的同时，徐达也正在关中奋战。他派遣部将张温（相当厉害）前去攻取甘肃，张温进展顺利，很快就攻下了兰州等地。就在徐达节节胜利之时，危险也正向他靠近。

王保保的计划

王保保在败退回太原后，并没有采取大的军事行动，他在观察徐达的动向。在经过前两次的交锋后，他已经很清楚地认识到，自己眼前的对手有多可怕。如果没有好的机会，他是绝对不会出击的。

高手过招，最忌心浮气躁，王保保的直觉告诉他，现在只能等待。

当他发现张温孤军深入、攻取兰州后，一直躲在家睡觉的王保保敏锐地感觉到，机会到了。

他立刻动员了十余万大军，兵分两路，先以步骑数万围攻兰州，但兰州并不是他的最终目的，只是诱饵。他把主力隐藏起来，驻兵十万在地形险要的定西。这一招在兵法上叫围点打援。

他相信自己的判断，兰州对于明军太重要了，他们一定会派兵来救的，现在要做的就是等鱼上钩了。

他的判断没有错，很快第一条鱼就来了。

在得知兰州被围后，明将于光率部前来救援。当他到达兰州附近时，发现自己已经陷入了元军的包围，在奋战之后，全军覆没，于光战死。

王保保终于取得了这次计划中的第一个胜利，但也有一件事情他没有想到，那就是兰州守将张温的能力。

当数万大军把兰州围得水泄不通的时候，张温却毫不慌张，他分析了敌情后，正确地做出了主动出击的判断，于是他亲自带领三千人突袭城外数万敌军，居然打败元军，使其后撤几十里，为后来的定西之战争取了时间。

当然除了这件事情让王保保意外，其他的一切都在计划之中，他仍然采取这种方式，等待着第二条鱼上钩。

第二条鱼确实来了，不过却是一条鲨鱼。

王保保的军事行动引起了朱元璋的注意。洪武三年（1370）正月初三，朱元璋召开军事会议，他看透了王保保的企图，制订出了一个更为复杂的计划。

计划是这样的：首先命徐达为征虏大将军，李文忠为左副将军，冯胜为右副将军，邓愈为左副副将军，汤和为右副副将军，率军出征。当时元顺帝正在应昌，而朱元璋一向是个要么不做、要么做绝的人，他准备让元顺帝再搬远一点，如果能够赶去西伯利亚当然最好，就算不行，也不能让他过得舒服。

他命令不要再救援兰州，而是让大将军徐达自潼关出西安直接攻击定西，与王保保决战；另外一路，让左副将军李文忠出居庸关入沙漠攻击应昌，去帮元顺帝搬家。

同时，为了迷惑王保保，他还命令大将金朝兴、汪兴祖分别进攻山西、河北北部元军，以吸引元军注意力，策应主力作战。

这个计划可谓天衣无缝，王保保也确实没有识穿朱元璋的计策。他仍然在定西守株待兔，可惜他的对手是朱元璋和徐达，不是兔子。

洪武三年二月，四路大军同时出发，一时之间，乱成一片。二十五日，王保保得到消息，金朝兴攻克东胜州。三月二十三日，他又得知，汪兴祖攻克朔州，而李文忠已经出居庸关。正在他手忙脚乱之时，真正的敌人已经靠近。

三月二十九日，徐达率师进抵定西。王保保已经退无可退，只能决一死战了。

定西的沈儿峪即将成为决战的战场。

王保保的应对

这一次，徐达带了将近四十万人进攻王保保，为达到突击的效果，他亲自率领十万军队连夜奔袭定西。元军已经做好了迎战的准备，然而接下来发生的事情让他们堕入云里雾里。

徐达的十万人到达后，并没有任何作战的表示，相反，他的军队第一个行动是去找木头，修房子和营寨。元军大惑不解，难道他们想在这里常住？

统帅王保保却明白徐达的用意，他不住地感叹，徐达真是深通兵法之人，王保保守住定西沈儿峪的目的就是诱敌攻坚，并伺机反攻，然而徐达不上他的当，先扎稳阵脚，再慢慢对付他。

这个人实在不容易对付。

更让他郁闷的是，明军三月二十九日到达，却不急于出战，只是用小股部队试探，让元军烦恼不已。而到了四月五日，情况出现了恶化。

从四月五日起，徐达将士兵分成三班倒，不断派士兵到王保保兵营放火、袭击，如果不搞这些，他们也没有闲着，就在元军营帐前敲锣打鼓，还有吊嗓子的，甚至有开场唱戏的苗头。元兵又累又饿，不得休息，逼急了，想要进攻，又碍于敌方营垒坚固，只能看着干着急。

王保保再也坐不住了，他明白，这样下去，军队不被打垮，也被闹垮了，他不得不出击了。

六日，王保保通过当地人的指引，找到了一条小路，可以抄明军的侧翼，他派遣了一千精兵对明军发动了突然袭击。明军万没有想到元军会突然出现，阵势大乱，左军大将惊慌失措，脱离了指挥位置，元军得以攻入内营。眼看明军就要大乱，此时徐达在中军帐内听到外面大乱，他没有像王保保一样惊慌失措，而是静听动静，并依靠他的军事直觉判断出这不过是小股部队的偷袭，于是他骑马赶往侧翼，并亲自持剑督战。士兵们看到他的身影，顿时士气大振，将元军击溃。

在危急时刻判断出敌情，并能够及时应对，是一个将领最重要的素质。

元军溃败后，王保保以为明军会收敛一点，没有想到刚收兵回营，明军又开始开台唱戏了，这下子王保保也没有办法了，他晚上也睡不着，只有苦笑着看着对面尽情表演的明军。

其实他也烦恼不了多久了，因为明军的目的已经达到了，他们即将采取行动。

王保保的崩溃

就在元军被吵得不得安宁却又无计可施时，四月七日夜里，明军突然停止了以往的喧嚣。元军大喜，纷纷开始休息，虽然他们心里也知道，明军的这次安静并不寻常，但长期不能睡觉的痛苦实在让他们无法忍受，于是个个倒头就睡。

在元军开始休息的同时，等待多时的徐达正在检阅他的士兵，这么长时间的等待，就是为了今晚！他十分清楚，今晚是最好的时机，也是唯一的机会。王保保占有地利，而且有十万之众，自己远道而来，粮草无法长期维持下去，这个机会一定要抓住，如果不能一鼓作气击败对方，最后的失败者就会是自己。为了取得胜利,他做出了一个决定。

最大程度发挥士兵的战斗力,是将领的责任。一般来说,将领们是利用自己的谋略和军事调度来达到这一目的的,然而当战斗到了最关键时刻,所有的军事智慧都无法再发挥作用时,将领们就只剩下最后一招,亲自上阵。

徐达在出征前,将他的部队放在前列,以保证所有的士兵都能看到他的帅旗,无论士兵们在何处奋战,只要看到这面旗帜,他们就会有勇气战斗下去。

这是没有办法的办法,却也是唯一的办法。

> 故知胜有五:知可以战与不可以战者胜,识众寡之用者胜,上下同欲者胜,以虞待不虞者胜,将能而君不御者胜。
>
> ——《孙子兵法》

五条全占,岂有不胜之理!

就在元兵熟睡时,徐达以中央突破战法,偷袭元军中军。元军实在过于疲倦,甚至有的士兵听到了喊声也无力起身,乖乖地做了俘虏。明军在徐达的带领下,以雷霆万钧之势,全歼元军,十万大军就此崩溃。

此时王保保正在中军营休息,事实证明,他在逃跑方面是很有点天赋的。这位仁兄在大乱之中,反应仍然十分敏捷,抢过了马,还顺道带上了自己的老婆孩子,向北方逃去。一片混乱之中,尚能如此周全,不服不行啊。

此战明军大败元军,生擒元刹王、元济王及文武大臣一千九百余人,蒙古士兵八万四千余人(可怕的数字)。王保保又一次全军覆没,这一次,他连十八个侍卫都没有,只带着老婆孩子逃到了黄河边,想起惨况,唯有抱头痛哭。

很多史书写到这里就没有了,这是不太符合逻辑的,因为王保保没有长翅膀,也没有摩托车,不可能飞过黄河,就在这里丢下王保保也是不太厚道的。其实如果考察历史中的很多细节,就会发现很多有趣的地方。

仔细分析王保保过黄河的经历,我们就会发现,平时多学几种技术是多么重要。

王保保到了黄河边后，没有渡河的船只，但名将是不会被难倒的，他不知去哪里找来了根木头，让他的老婆孩子趴在上头，全家老小就抱着这根木头过了河（保保与其妻子数人从古城北遁去，至黄河，得流木以渡）。

可以看出，王保保一定很擅长游泳，另外他应该还有一定操纵船只的能力。定西甘肃境内，是黄河上游，此地水流湍急，划船也不一定能横渡，而他抱着木头就能过黄河，实在是一种本事。这真是个多才多艺的人啊。

王保保上岸后，望着对岸的景色，悲痛欲绝。在不久之前，他还有一支庞大的军队，现在却只剩下了自己和老婆孩子。

十万大军，毁于一旦！

向对岸遥拜后，他骑上马向和林（今蒙古乌兰巴托西南）奔去，在那里他还能够东山再起。

事情还没有完，我还有机会的。

在王保保溃败的同时，李文忠部正在帮元顺帝搬家。他自出居庸关以后，五月初，连续击败阻挡他的元太尉蛮子（不是外号）、平章沙不丁朵耳只八剌（名字比较长），并再次攻克开平。五月二十一日，他到达了元顺帝的老巢应昌。

元顺帝确实是个可怜的人，自洪武二年被迫搬家后，在应昌只住了几个月，就死掉了，他这个皇帝当真是相当窝囊。可是追悼会还没来得及开，老相识李文忠又一次不请自来，此时的元朝倒是相当硬气，想要固守。可是固守也是要有实力的，何况攻城的是李文忠。

李文忠丝毫不客气，既然你不肯自己搬，那就只有帮你了。他攻城效率之高，令人惊叹，攻下应昌只用了一天。蒙古骑兵素来以速度快、机动性强闻名，但面对李文忠这样的进攻速度，他们也只有瞠目结舌了。

由于没有想到李文忠如此厉害，城里的王公贵族们都没来得及跑，元顺帝的老婆们全部被俘，王公大臣们全部被抓，其中还包括元顺帝的孙子买的里八剌。

唯一跑掉的是元顺帝的儿子爱猷识理达腊，也就是后来的元昭宗。他跑到了和林，和王保保会合，这对难兄难弟抱头痛哭，立志报仇雪恨。

说到这里，大家可能有疑问，为什么王保保如此惨败，还要称呼他为名将

第十四章　复仇

呢？这涉及一个很重要的问题，名将是什么样的人？

名将是怎样炼成的

如同前面所说，我们要对某些历史中本质性的东西进行分析，当然了，还是用我的方式。

很多人都羡慕名将的风采，也很想体会一下在战场上指挥千军万马的感觉，所以军事论坛里往往人满为患，很多人都恨自己没有出生在金戈铁马的年代。

但实际情况是，历史上的名将毕竟只是少数，大多数都是类似《三国志》游戏里面的小兵，上阵不久就被杀死。而且名将绝不是那么容易炼成的。

在下读过一些兵书，随便聊聊：

在成为名将的道路上，我们要经历六个坎坷，让我们以六个年级来标明它们，只有战胜眼前的坎坷，才能升入下一个年级。当然，有些天才同学不需要经过这六个年级，生下来就会打仗，这样的人也是有的，不过极少，我们可以忽略。

好了，名将学校开学了。第一个年级要学习的是军事理论。所有想成为名将的人，必须学习一些经典的理论知识，包括《孙子兵法》《吴子兵法》，等等。只有在积累了大量的理论知识后，你才能跨入下一个年级。但这个年级有一个很特殊的规定，因为有些同学家里穷，买不起书本，所以他们只能在实战中去学习这些理论。他们之中的优秀代表就是李云龙同学。

穷人家的孩子早当家，实在没有说错的，这些在实战中学习理论的同学将可以跳过第二个年级，直接进入第三个年级。

我们还是和大多数同学一起，来看看第二个年级要学习些什么。第二个年级学习的内容是实战。这是极为重要的，那些理论学习的优秀者如果不能过这一关，他们就将被授予一个光荣的称号——纸上谈兵。这个称号的第一个获得者是赵括同学，授予者是二年级的年级主任赵奢。

我们来解释一下为什么实战如此重要。这是因为虽然军事理论都是高年级学长们的经验总结，但由于他们写这些东西的时候，情况和现状是不完全一样的，在实战中，如果照搬是要吃大亏的。赵括同学就是没有学好，才不能毕业的。

作为一个学员，想成为名将，一般都是从小兵干起，当然高干子弟除外，比如赵括同学，由于年级主任赵奢是他父亲，所以他一开始就是大将，这是不妥当的。

因为只有战场才能让一个人成为真正的名将，他必须亲手持刀去追击敌人，见识战场的惨烈，明白人被刀砍是要死的，了解你不杀我、我就杀你这条战场上永不过时的真理，知道所谓打仗就是以性命相搏，他们才会明白什么是战场、什么是实战。

大多数学员会在这一关被淘汰，他们会改行，一生当一个军事票友，这对他们来说并不见得是一件坏事。

而留存下来的那些学员，在残酷的实战中逐渐了解了战争的规律，开始真正走上名将之路。

好了，我们带领剩下的学员来到三年级，三年级要学习的是冷酷。

成为一个名将，就必须和"仁慈""温和"之类的名词说再见。他必须心如铁石、冷酷无情，当然历史上也有很多以仁出名的儒将，但请大家注意，他们的仁是对士兵和老百姓而言的，对敌人他们比谁都冷酷。所谓仁不带兵、义不行贾，冷酷不是残忍，不是杀戮无辜的老百姓，而是坚忍。比如你的一个很好的朋友触犯了军纪，但你为了执行军纪，一定要杀了他，只有这样，你才能控制军队，即使他是你最要好的朋友，甚至是你的亲人，你也要这样做。

这才是真正的冷酷。

学员们将在战场上学会冷酷，他们可能都是善良的年轻人，平时从不与人争吵。但当他们走上战场，亲眼看到自己的同乡和战友被敌人杀死，或者身负重伤在地上痛苦地呻吟，他们会被愤怒和痛苦所鼓动，毫不留情地杀死一切与自己敌对的人，给地上的伤兵补上一刀，然后一个人在尸体旁边喃喃自语。就在这地狱一般的环境中，他们变了。

从杀鸡都怕见血到敌人的脑浆和鲜血溅到身上浑然不知，从温文尔雅到冷酷无情,他们在残酷的环境中毕业了,不合格者将被淘汰,而那些心如坚石的人将进入四年级的学习,他们离成为名将越来越近。

四年级要学习的是理智。这也是极为重要的一个环节,我们作为普通人,生活中会被许多事情左右自己的情绪,比如买彩票中个二等奖几百块,你也会高兴半天,要是炒股票赚了大钱,就更不用说了。那么如果你玩的游戏是以人命为赌注呢?你会有何反应?

当你在极度紧张的环境中与敌人僵持了很长时间,突然敌人退却了,你能遏制住心中的激动,先判断形势再去追击吗?当你抵挡不住敌人的进攻、全军即将崩溃时,你能及时冷静下来,发现敌人的弱点吗?

是的,这太难了。我们都是凡人,都有感情,容易激动,而我们的学员们就必须保持冷静和理智,在任何时候都不被感情左右,就如同赛车一样,赛车固然激情四射,车手却必须保持绝对的冷静。

这就是四年级学员要做到的,能过这一关的人,已经很少了,剩下的精英们,我们继续前进!

五年级是最重要的一个年级,在这个年级里,学员们要学习的是判断。

这是名将的重要特征,不需要理由,不需要依据,你能依靠的就是你自己的判断。你要明白的是,你所掌握的是无数士兵的生命,而所有的人都等着你拿主意。

小兵只管打仗,遇到问题,他会问伍长,伍长会问百户,百户会问千户,千户问指挥,你就是指挥,你还能去问谁?!

在士兵的眼中,你就是上帝,就是主宰世界的神!他们能否活下来就看你的了!

兵法之所以奇妙,关键在于一个"变"字。所谓善出奇者,无穷如天地,不竭如江海!战场是一个瞬息万变的世界,决断只在一线之间,是进攻还是防守,是前进还是退却,都要你拿主意。在你身边也许有一大群参谋,但他们往往并不站在真理一边,决断的还是你。如果参谋比你高明,为什么要你当主帅?!

如果你能从那变幻莫测的世界中发现其中的奥妙,并就此做出正确的决断,那么恭喜你，你已经具备了名将最主要的素质。但是还有一关是你必须通过的，只有过了这一关，你才是真正的名将。

现在我们来到最后一个年级，这个年级我们要学习的是坚强。

从某种意义上说，这是非常重要的一个学习内容。所谓胜败乃兵家常事，不过安慰自己而已，打了败仗，死几万人，你能承受这样的心理压力吗？你怎么去面对那些士兵的家人？怎么有脸去见将指挥权交给你的上级？那是几万条人命，不是几万只鸡！

然而你的选择只能是坚强，即使你屡战屡败，但必须屡败屡战！当你数次败在同一个人手下时，你就会畏惧这个人，所谓的恐某症就是这么来的，即使你有着杰出的军事才能，不能战胜自己的软弱，依然无法成为名将。

而那些最优秀的人能够从失败中爬起来，去挑战那个多次战胜自己的人，这就叫作坚强。

当你具备了以上所有条件后，你就成为了真正的名将，但还有一点，是你必须具备的，那就是运气。

说起来似乎有点滑稽，这也是很重要的一个因素，没准儿就在你万事俱备、准备大展身手时，一支冷箭射来，就此死掉，那才是比窦娥还冤，你的一切抱负和能力都无法展现了。战史上只会这样记载，某年某月某日，某某人在战场上被不知名小兵射死，其人具体情况不详。

所以名将之路是一条艰苦的道路，非大智大勇、大吉大利之人不能为。

故兵无常势，水无常形，能因敌变化而取胜者，谓之神。

在这变化无穷的战场上，要想成为真正的军神，你必须在一次次的残杀中幸存下来，看着周围的人死去，忍受无尽的痛苦，在战争中学习战争，努力获取那不为人知的奥秘和规律，经历无数次失败，有勇气从无数士兵的尸体上站立起来，去打败对手。

这才是真正的名将之路，一条痛苦、孤独、血腥的道路，在这条路上，能信任和依靠的人只有你自己。但只要你走到终点，光荣和胜利就会在那里等待着你。

无论是徐达、常遇春、王保保还是后来的戚继光、袁崇焕都是这样的名将，他们就是这样成长起来的。他们完全有理由为自己的成长经历而骄傲和自豪。

所以当不成名将的各位学员，你们完全不必为此而悲伤失望，因为这工作不是一般人能干的，甚至可以说，不是人能干的。诸位普通学员，还是回去做老百姓吧，那才是快乐的生活。

在对北元战争连续取得胜利后，元军终于明白了眼前的这个敌人已经不是当年那个容易欺负的南宋政权，而是一个可能彻底消灭自己的强大对手。

王保保明白，现在要做的就是等待。总会有机会的。

两年后，一直龟缩的元军终于慢慢向明朝伸出了触角。他们四面出击，趁明军后撤，又占领了东自吉林，西至甘肃、宁夏北部的广大地区；他们以这些要塞为根据地，不断向明军进攻，使用的还是最让人讨厌的游击战术，你打他就跑，你走他又来。

在这种情况下，朱元璋与他的将领们开始讨论采取何种方式对付北元，在应对方法上出现了分歧，包括徐达在内的大多数人赞成进攻，一次性解决北元。但也有人反对。

反对的人有两个，一个是刘基，另一个是朱元璋。

刘基认为北元还有强大的实力，而且更重要的是，王保保还活着（保保未可轻也）。至于朱元璋，他之所以反对这次进攻，更多的是靠自己的军事直觉。

如果在十年前，他可能会坚持自己的看法，拒绝出兵，以防守为主，但现在不同了。

他现在是一个伟大国家的君主，不可能再示弱于人，于是他同意了徐达等人的要求，拟订进攻计划。

从这一情况可以看出，刘伯温之名确实并不虚传，他完美地诠释了真理往往掌握在少数人手中的规律。而朱元璋也证明了他获得天下绝无半分侥幸。

领导就是有水平啊。

第十五章

远征沙漠

冯胜为右副将军,各率兵五万人,分三路出征。其中以徐达为中路,出雁门关进攻和林,并沿途宣传要把王保保和北元皇帝赶出老家,然而这只是一个诡计,他的真实目的是引诱元军出战,在野战中歼灭敌人。这个计划

朱元璋这次拟订了一个几乎完美的计划，他手下的名将们全部参与了这次行动。他召集了十五万大军，命徐达为征虏大将军、李文忠为左副将军、冯胜为右副将军，各率兵五万人，分三路出征。

其中以徐达为中路，出雁门关进攻和林，并沿途宣传要把王保保和北元皇帝赶出老家，然而这只是一个诡计，他的真实目的是引诱元军出战，在野战中歼灭敌人。这个计划可以说明两点：一、当时明军的实力已经相当厉害，可以与元军在野外决战；二、朱元璋的军事思想已经达到了很高的境界，即以歼灭敌人有生力量为主要目的，这是十分难得的。

此外，李文忠为右路，出居庸关经应昌靠近和林，在徐达军队与元军决战时出其不意发动攻击，一举切断元军后路，并与徐达合击元军。

冯胜为西路，出击甘肃，他没有固定的战略目的，只是起疑兵作用。可以说这一路基本是去观光顺便抢战利品的。

朱元璋的这一战略部署，主攻、辅攻、佯攻皆有，分路出击，待时机一到，便可以三路合击，堪称一个完美的军事计划。

但就如我们前面所说，战场上的变化实在是太快了，没有人能够完全把握，即使朱元璋和徐达这样的杰出军事家也不能。

出征的时刻到了。在三位将领中，冯胜的情绪是最低落的，因为他自认军事能力并不差，却只承担了配角，而徐达和李文忠颇为趾高气扬，作为战争的主角，此战一定要荡平北元！

冯胜，其实你完全没有必要沮丧，因为在战争中，主角和配角是经常调换的。

洪武五年（1372）正月二十二日，三路大军从不同的路线向着北元出击，等待他们的将是不同的命运。

蓝玉

在出征之前，朱元璋让主将们自己挑选先锋。出乎很多人意料，徐达选择了一名资历尚浅的将领，由于此人是常遇春的内弟，而常遇春是他的老搭档，所以很多人猜测，徐达这次是走了后门，故意让此人立功，以告慰常遇春不能出征之遗憾。由于此次出征北元兵势威武，很多人都认为是必胜之战，大家都想抢着立功，对徐达任用私人很不满意。

他们未免太小看徐达了，他之所以挑选这个人出征，只是因为此人确实是最合适的人选。

这个人就是蓝玉。

郁闷的冯胜也挑选了他的先锋，傅友德。这是一个真正的传奇人物，他之前似乎从来没有打过败仗，但由于表现的机会并不是很多，其名声远远不如郭兴等人。冯胜挑选他为先锋似乎有点破罐子破摔的意思。

这两个人的选择在很大程度上挽救了这次并不成功的出征，这只能用无心插柳来形容了。

洪武五年二月二十九日，徐达大军进入山西境内。蓝玉率领骑兵为先锋，先出雁门关，他的运气不错，在野马川（今蒙古克鲁伦河）碰到了王保保的骑兵，蓝玉奋勇当先，一举击败王保保。这是王保保的第一次退却。

三月二十日，蓝玉连夜追击，在土剌河（今蒙古乌兰巴托西）再次攻击王保保，王保保战败，向北逃去。这是王保保的第二次退却。

徐达和蓝玉都很兴奋，击败王保保只在明日！

王保保终于等来了他的机会——报仇雪恨的机会。早在一个月前,他就得到了明军出征的消息,仔细考虑了自己的军队实力后,他正确地认识到,自己的军事才能不如徐达,军队战斗力也不如明军骑兵,不能与明军正面作战,如战必败,要想击败明军,只能用伏击。

为达到这一目的,他与元将贺宗哲商定,在岭北(今内蒙古北部)设下了圈套。所以他在战役开始之初,不断出兵与明军接触,故意战败。应该说蓝玉是一个头脑冷静的将领,他并没有孤军深入,而是等待徐达大军的到来。此时的徐达却已经被胜利冲昏了头脑,他上当了。

五月六日,王保保突然出现在岭北,徐达立刻带领军队追击。当他进入岭北山区后,贺宗哲突然出现,偷袭明军,由于没有提防,明军大败,死伤万余人,此时王保保和贺宗哲合军一处,准备一举歼灭徐达的大军。

可是徐达毕竟是徐达,他在四年级学到的科目挽救了他。在极为不利的境况下,他以令人难以想象的理智和镇定稳住了局势,将军队安全撤出,并修建了堡垒,挡住了王保保的数十次进攻。蓝玉在作战中十分英勇,多次掩护军队撤退,表现了他名将的素质。

王保保看着煮熟的鸭子又飞了,只能望天兴叹,此生胜不过徐达矣!

同人不同命

就在中路徐达军失败的同时,李文忠的军事行动也充分体现了祸不单行这句俗语的准确性。六月二十九日,李文忠率领军队抵达口温(今内蒙古查干淖尔南),元军败退。李文忠似乎是受了徐达的传染,也开始轻敌冒进,他将辎重留在后方,亲自率领大军轻装追击元军。

李文忠并不是毫无战略考虑的,他的用兵特点就在一个"快"字。如果把徐达比作谋略周详的长跑选手,李文忠就是百米赛跑的能手。在应昌,他创造了一日破城的纪录。这次,他认准了元军没有防备,所以大胆追击,以图一举歼灭元军。

当他追击到阿鲁浑河（今蒙古乌兰巴托西北）时，终于找到了败退的元军，只不过似乎和他想象中有点不同。这支部队并没有逃跑的狼狈和疲态，相反个个都龙精虎猛、跃跃欲试。

似乎上当了。

统率这支军队的是元将蛮子哈剌章，这是一个很有才干的将领，他采取了和王保保相同的战略，吸引明军主力进攻，然后寻找时机决战。此时的李文忠军已经连续追击了数日，十分疲劳，而元军利用小股兵力引诱，大部队却得到了充分的休息。他们已经在此等待李文忠很久了。

到这份儿上了，啥也别说了，开打吧。

李文忠确实厉害，在极为不利的情况下，他亲自率领部队与元军交锋，激战数日，居然打垮了元军，歼敌上万人，但明军死伤也不少。按说打到这个地步，面子也有了，就该回去了，可李文忠实在不是好惹的。

他力排众议，以惊人的意志力和指挥才能率军队追到了称海（今蒙古哈腊乌斯湖），一定要把元兵赶尽杀绝。元将蛮子哈剌章自知惹了大麻烦，招惹了这个煞星，他已经命令军队后撤，以躲避李文忠，打不起还躲不起吗？

没有想到，李文忠欺人太甚，一点面子也不给，一路追过来，不要自己老命誓不罢休。俗话说狗急还跳墙，何况是人！元军随即以决战架势布阵，意欲与明军决一死战。李文忠虽然勇猛，却并不笨，看见元军要拼老命了，便收兵修建营垒，据险自守与元军对抗。元军十分惊讶，不明白这个追了他们几百里地的家伙为什么突然不打了，但这个人太可怕，他们畏惧明军设有诡计，也不敢轻举妄动。双方就此僵持下来。

不久之后，李文忠发现粮食不够了，便如同游行一般，大摇大摆地把部队撤走，元军看他如此嚣张，认定必有伏兵，不敢追击，李文忠就此班师而还。

徐达和李文忠虽然在一定程度上达到了打击元军的目的，但至多只能算是个平手，并不能算胜仗。

而事先最不为人看好的西路军，却创造了奇迹，这一奇迹的缔造者，正是傅

第十五章 远征沙漠

友德。

西路军前进的方向是兰州，到达兰州以后，冯胜做出了一个决定——分兵。

由于此次他的任务只是疑兵，没有什么作战任务，五万人在自己手下闲着也是闲着，还不如让他们去干点事。但冯胜毕竟是一流的军事将领，深知大漠之中分散兵力是大忌，所以他只给了傅友德五千人而已。更出奇的是，他也没有交给傅友德明确的战略任务，这也不能怪冯胜，因为他自己也没有具体的战略任务。

在我看来，冯胜似乎是看着手下的五万人无事可干，让他们出去逛逛的。

五千人确实不多，但要看在谁的手里，这些兵到了傅友德的手中，就逛出名堂了。

神奇的傅友德

傅友德没有因为自己的兵力少就龟缩不前，在判断当前局势后，他亲自率五千骑兵攻打西凉（今甘肃武威），击败元将失剌罕。一胜。

取胜之后，傅友德马不停蹄，进攻永昌（今属甘肃），击败元太尉朵儿只巴，杀敌数千。二胜。

此时的冯胜终于看清了傅友德的实力，他放心大胆地将主力交给了傅友德，对于傅友德来说，这无异于猛虎添翼。他亲自带兵再次攻打元军于扫林山（今甘肃酒泉北），活捉元平章管著，并杀死元军五百余人。三胜。

此时甘肃的元军陷入了极度的恐慌之中，他们从各处听说有个叫傅友德的疯子看到元军就打，而且战无不胜，非常害怕。唯有求天保佑，这个疯子不要来找自己的麻烦。

然而傅友德就像上了发条的闹钟，根本停不下来。六月三日，他继续进攻，这次倒霉的是元将上都驴，他不巧遇到了傅友德，结果全军覆没，自己也被俘投降。四胜。

六月十一日，傅友德大军攻打亦集乃路（今内蒙古额济纳旗），元军守将伯颜帖木儿听到傅友德前来，连抵抗的勇气也没有了，当即开城投降。五胜。

傅友德大军继续前进，在别笃山口遇到了元岐王朵儿只班带领的元军主力，傅友德二话不说，碰到就打，击溃元军数万人，抓获文武官员二十余人。元岐王朵儿只班孤身一人逃走。六胜。

之后，他又率兵追至瓜州（今甘肃瓜州），击败当地元军，缴获牛羊等大量战利品。七胜。

一直打到十月，由于缴获的战利品实在太多，已经严重影响了军队行进速度，而元军已经被打怕了，见到西路军就逃，也无仗可打了。二十四日，明军班师回朝。

从五月到十月的这五个月里，元军痛苦不堪，傅友德带领数万大军从甘肃打到蒙古，所向披靡，来回折腾元军，元军又怕又恨，打又打不赢，躲也躲不了，整日在恐惧中生活。

傅友德以几万军队在北元境内如入无人之境，纵横南北，竟无人可挡！实在令后人叹服，他七战七胜的不朽传奇也就此记入史册。

十一月，中路军徐达、右路军李文忠由于战况不利，也先后班师。在这次北伐中，朱元璋并没有达到他肃清北元的目的，而北元却认识到了明的强大，双方就此进入僵持状态，明朝的第一代名将们也结束了他们的传奇，即将面对未来的命运。

这一僵局在十余年后才被打破，打破它的人正是在这次北伐中成长起来的蓝玉。

第十六章

建国

新的战争,让我们看看朱元璋建立他的国家的。朱元璋的第一个任务就是给官职取一个名字,这是很重要的,就如同你给孩子们取名字一样,且还要叫上一个名字。在很多人的印象中,蒙古族是马背上的民族,文化修养有限,但他们建立的朝代取名为元,是大有来历的,这个元字是取自《易经》中"大哉乾元"之意,也

暂时结束北元战争，让我们看看朱元璋是怎样着手建立他的国家的。

朱元璋建立了国家后，第一个任务就是给它取一个名字，这是很重要的，就如同你给孩子们取名字一样，且还要叫上个几百年，马虎不得。

在很多人的印象中，蒙古族是马背上的民族，文化修养有限，但他们建立的朝代取名为元，是大有来历的，这个元字是取自《易经》中"大哉乾元"之意，也代表了其对中华文化的景仰。

而朱元璋将自己的朝代取名为明，就有很多争议了。很多人认为，这是因为朱元璋出身明教，所以才有此名；而另一些人认为，元是北方政权，按照风水来说，是水，属阴，而朱元璋定都南方，要用南方之火明来镇住北方之水阴。

当然了，情况到底是怎样，只能去问朱元璋了。

在给自己的国家取好了名字后，他也考虑着给自己找个光荣的祖先，虽然他经常自称"淮右布衣"，摆出一副英雄不怕出身低的势头，但大臣们都知道，这些称号只有他自己能说，谁要敢当着他的面说出这些话，就等着掉脑袋。他原先考虑要认宋朝的大圣人朱熹为祖先，但有一个客观原因使他不得不放弃了这一想法。

因为朱熹生活的年代离他太近了，不太好浑水摸鱼，朱百六等人还在那里摆着呢，别说骗人，自己都骗不过去。于是就此作罢了。

经过二十余年的混战，中国大地上饿殍遍野，田地荒芜。开国皇帝最主要的工作就是恢复生产，朱元璋在这一点上做得就相当好，他十分关注三农问题，把所有的热情都放在了农民兄弟的身上。洪武三年，他规定凡是开垦荒地的，就免除三年租税，而且为了鼓舞开荒，他制定法令，只要你开了荒地，这块地就是你的，就算原先的主人找来，你也不用怕，我朱元璋给你撑腰。这就大大地促进了开荒。

为了鼓励种田，他还发布命令，犯罪之人，只要不是杀头的罪，统统发配去种地，也算是干了件好事。值得一提的是，这些所谓的犯罪之人以官员居多，当时仅凤阳一地，就有一万多官员在田里插秧，具体原因我们后面再说。同时，他还大大削减各地的租税，除了一个地方外。

这个地方就是张士诚占据过的江浙地区，由于当地的人民支持张士诚，他对此十分不满，规定江浙地区赋税高于其他地方数倍。这一规定直到后期才废除。从这里我们可以看出，朱元璋是个有仇必报的人，请大家记住这个性格特点。

相对地，他也十分痛恨从商的人，这极有可能与他小时候被囤米的奸商害过有关，几乎所有的商人都受到了歧视。朱元璋限制商人的行为看似平常，却在很大程度上改变了自宋朝以来以商为主的发展方向，对中国的发展有着深远的影响，到时候再讲。

在政治制度上，他几乎照搬了元朝的各项机构，中央设中书省、左右相，主管国家大事，下设六部。当时的很多人认为，朱元璋的明朝政府将继续按照元朝的官制走下去，然而后来发生的事情是他们做梦也想不到的。

读书人的最高荣誉

在此，我们还要介绍一下明朝的科举制度，这是明朝的一个特色。

科举制度并非自明朝起，却在明朝发扬光大。说来真是有趣，唐宋时虽有科举，但录取名额十分之少，一科往往只取几十人。明朝自洪武三年起开科举，实行扩招，这下子想做官的人就挤破了头，纷纷以读书为业。这些人就是后来明朝文官势力的基础。

当时的考试分为三级。第一级是院试，考试者统称为童生，你可不要以为都是小孩来考，七八十岁的童生也是有的，考试范围是州县，在这个考试中合格的人就是我们大家熟悉的"秀才"。你可别以为秀才好考，考试成绩有六等，只有在这个考试中考到高等的才能得到秀才的称号，而考到一、二等的才有资格去参加更高一级的考试，叫"录科"。

现在你已经当上了秀才，从此就摆脱了平民的身份，大小也是个知识分子了，你有某些特权，比如可以免除一人的徭役，见到县长大人可以不下跪。但你并不是官，还差得远。

要当秀才已经如此之难，可是为了当官，同志们还要继续奋斗！

下一级的考试叫乡试。你可千万别误会，这个所谓乡试不是指乡里的考试，而是省一级的统考。请注意，乡试不是你想考就能考的，三年才有一次，一般在八月，由省出题，而且有名额限制。在这一级别考试中过关的人就叫举人，这个举人可不得了，是有资格做官的。之所以说是有资格，是因为这个级别是不能包你一定当官的，也就类似今天的大学毕业不包分配。

那举人怎么才能当官呢？很简单，当官的人死了，你就有机会了。

所以你如果在明朝去参加某位官员的追悼会，看到某些人在门口探头探脑，面露喜色，要不是和这家有仇，那一般就都是举人。

现在大家知道为什么范进同志考中举人后会发疯吧，换了你也可能会疯的。

在这个考试中获得第一名的人叫作解元。这就是三元里的第一元。

好了，你已经考中举人了，终于走出了省城，现在向京城进发，为了当官，向前冲！

现在你已经是举人了，那么请你打好包袱，准备好笔墨纸砚，明年二月你将要迎接人生的真正考验——会试。

这个考试只有获得举人资格的才能参加，也就是说，你的对手将是其他省的精英们，朝廷将在你们中间挑选三百人（可能有变动），但要注意，这三百人并不是我们经常所说的进士，他们只是"贡生"，要想当进士，你还要再过一关。

会试考试的第一名叫会元，这是三元里的第二元。

在说下一关之前，我们要介绍一下科举考试的考场，当时的考场可不是今天光线明亮的教室，还有一大堆家长在外面抱着西瓜等你。明代考试的考场叫作贡院，其实从其结构环境来看，可以称其为牢房。

贡院里有上万间房间（大家可以估计一下录取率），都是单间。有人可能觉得单间很好，别忙，我来介绍一下这是个什么样的单间，这种单间叫作号房，长五尺，宽四尺，高八尺。

大家估量一下就可以感觉到，这几乎就是一个笼子。考生在进去前要先搜身，只能带书具和灯具进去，每人发给三支蜡烛。进去后，号门马上关闭上锁，考生就在里面答题，晚上也在里面休息，但由于房间太小，考生只能蜷缩着睡觉，真是要多难受有多难受。

然而考生就在这样的艰苦环境下，在那盏孤灯下，在难以忍受的孤寂中，满怀着报国（或是升官）的理想，用坚强的毅力写出了妙笔生花的文章，是不容易的。

通过会试的精英们面对的最后一道考验就是殿试，在这场考试中，他们将面对这个帝国的统治者，考试方式是皇帝提问，考生回答，内容主要是策问。这些可怜的考生是不敢也不能抬头的，他们只能战战兢兢地答完问题，然后退出等待自己的命运。

皇帝及大臣根据考生的表现，会划分档次，共有三甲：一甲只有三个人，叫进士及第，分别是状元、榜眼、探花，这是为我们大家熟知的；二甲若干人，叫赐进士出身；三甲若干人，叫赐同进士出身。

而状元就是三元中的第三元。

如果到了这里，你还榜上有名，那么恭喜你，你将会被派任官职。不过不要期望过高，此时分派的官职都不高，经历这么多苦难，你得到的很可能只是一个八品的县丞而已，离县太爷还远着呢，但不管怎么说，总算是当官了吧。

科举考试不但是获取官位的方法，也是读书人追求荣誉的途径。对他们而言，状元就是他们的目标，虽说文无第一，但第一是人人都想要的。状元也是人，凭什么不是我？！

事实也是如此，状元虽很难得，三年才有一个，产量很低，但毕竟还是有的，所以读书人心中的最高荣誉并不是状元，而是另一种称号，这才是每个读书人朝思暮想的，获得这一称号的人将成为传说中的人物，为万人景仰！

这一称号就是连中三元，具体说来就是身兼解元、会元、状元三个称号于一身。这是真正的高难度动作，必须保证全省考第一，然后在会试中全国考第一，最后殿试里在皇帝心目中也是第一。这就要求考生光是学问好还不够，必须反应快，长得比较帅，才有可能获得这一称号。所以要得到这一称号是要有一定运气的，祖坟上岂止是冒青烟，简直是要喷火。

这种人在明朝二百七十六年的历史中只出现过一个，此人就是正统年间的商辂，非常厉害。他在历史上有一定地位，后面我们还要提到他。

自隋唐开始科举后，获得这一荣誉的只有十三个人，分别是唐朝二人，宋朝六人，金一人，元一人，明二人，清二人。这些人实在是值得我们崇拜的。

要特别说明的是，很多材料记载明朝只有一个连中三元者，这是不对的，在洪武年间，安徽人黄观连中三元，永乐靖难时，黄观为永乐所忌，将其名字从登科录上划去，改第一名为韩克忠，所以在大多数历史记载中，三元并没有黄观的名字。在此特为这位忠臣和读书天才正名。

当官的秩序

参加科举考进士是为了当官，随着老百姓做官的人越来越多，世俗的名门望族势力慢慢消退，科举进士们形成了所谓的科举势力，也就是后来的文官群体。这一群体给明朝的政治带来了十分巨大的影响，他们形成了类似黑社会的组织结构，上可威胁皇帝，下可统治百姓，十分之可怕。在此，我们先看看他们组织内的运行秩序。

我们前面说过，进士一录取就可以候补官员，而举人要当官，就难得多了。他们要参加三次会试，如果实在没出息，还是不能考过的话，就可以到吏部去注册，过几（从一到几十不等）年，官员死得多了，有了空缺，就会把这些举人翻出来，选择其中一些人去当官。这个叫"大挑"。那么大挑的标准是什么呢？说来大家可能不信，是看你的长相。选择方式类似现在的警察局认人，举人们如同嫌疑犯，几十人一队，站在吏部大臣们面前任人挑选。

这个时候，长得丑的可就真是叫天不应了，肯定是没有你的份儿了，早点回家吧。

选中的举人就可以当官了，这些举人虽然没有考上进士，但也算是上过榜的，所以他们叫作一榜出身，而进士就叫两榜出身，大家毕竟都是考试出来的，所以进士们也把举人看成自己的同类，也就是所谓清流。

这些清流内部的秩序区分很有趣，需要详细说说，大家了解这些规则后，就能较好地理解明代中期文官集团中发生的很多历史事件。

我们列举出五个官员来说明这个问题，给他们分别命名为甲、乙、丙、丁、戊。这五个人的职务是这样的，甲是兵部侍郎（三品），乙是礼部郎中（五品），丙是刑部员外郎（从五品），丁是翰林院侍讲学士（从五品），戊是布政司参议（从四品）。

这五个人中甲、乙、丙、丁都是进士，戊是举人出身，他们在兵部大堂相遇，分清官位后，按照秩序坐下，大家开始谈话，由于说的不是公事，自然要从出身讲起，此时戊一定会先退出。为什么呢？

因为他够聪明！虽然他的官位在五人中排第二，但人家谈的是进士的事，你一个举人连殿试都没有参加过，凑什么热闹。这就类似现在开口问学历，他是北大，我是清华，您呢，总不能说是克莱登大学毕业的吧。这个时候上去无异于自讨没趣。而且这些进士出身的人十分喜欢讲登科时候的事情，一开口就是想当年老子如何在殿试中应对自如，等等。就如同《围城》里的那句名言"兄弟我在英国的时候"，时不时就会抛出一句。其实他很有可能是答非所问、慌不择路爬出去的，谁知道呢。这是见面的第一步，摆出身。

下面是第二步。大家既然都是进士，那就好谈了，谈下一个问题，何时中进士的。一谈之下，甲是洪武十六年的，乙是十九年的，丁是二十二年的，丙资格最老，是洪武三年的，这就类似今天见面问人：您哪一届毕业的啊？噢，是师兄啊，失敬失敬。当时可不是说两句就能解决问题的，这个时候，那三位就要向丙行礼了，这是规矩，不管你的官和年纪比对方大多少，遇到比你早登科的就要行礼。这是第二步，摆资历。

第三步就是比名次，哪怕都是进士，也有个优等名次的问题吧。甲说：我是三甲同进士出身；乙笑一下：我是二甲进士出身；丙也笑：我是二甲第十五名。

如果这个时候丁说：我是庶吉士。

那几位马上就不笑了，乖乖地站起来行礼，这是因为庶吉士实在来头很大。

在所有的进士中，只有一甲三人可直接进入翰林院，二甲和三甲中挑选精英考试才可成为庶吉士，他们的职责是给皇帝讲解经史书籍，并帮皇帝起草诏书，是皇帝的秘书，权力很大，到了明朝中期，更形成了不是庶吉士不能当大学士的惯例。

这三套摆下来，大家心里都有了数，将来多多关照，有空拉兄弟一把，科举势力就这样排定次序，形成强大的力量。

考上了进士对于当时的人太有诱惑力了，而考一个好的名次也有额外的吸引力。中国人讲究衣锦还乡，也就是穿着官服回家给当年的穷哥们儿、邻居家大婶大哥看看，这个时候，排场越大，面子就越大。

大家在电视上看到过，古代官员出行都要带一大堆人，前面有打锣的、举牌子的开道。不知大家有没有注意到那些举牌子的，学问都在牌子上呢！

如果你是状元，那就威风了，牌子上可以写上"状元及第""钦点翰林"这样的大字，招摇过市，引得无数百姓感叹不已，抓住自己孩子的脑袋使劲晃，将来一定要学他！

二甲和三甲怎么写牌子呢？他们的牌子上会列明"同进士出身""两榜出身"这样的字，也是很多人倾慕的。

进士的牌子好写，人家毕竟见过大世面，那举人怎么办？不能写中进士，也不能写两榜，放心，办法是人想出来的。举人出门的时候，由于可写的不多，他们充分发挥了创造力。

第十六章　建国

比如他是丁寅年江西乡试中举的，就写个牌子"丁寅举人"；再想想，老子在县衙是主簿（正九品），官位低是低了点，但也是官嘛，于是第二个牌子就写"某县主簿"；此外还有什么何年何月被表彰过、有何政绩，都可以写上去，反正能骗骗老百姓就行了。

正是这样的诱惑，使得无数人前仆后继，向着官位前进，可正如前面所说，当官哪有那么容易呢？朱元璋及他的子孙们早就为他们设置了最困难的一道关卡，这道关卡不但改变了历史悠久的科举制度，让无数人陷入极端的痛苦中，在某种程度上，它还影响了中国未来几百年的命运。

这道关卡就是八股。

八股

这是一个很值得一提的现象，八股可以说是明朝的发明创造，这套玩意儿自朱元璋起，到明朝中期发展完善，影响了后来近五百年的知识分子，不可不说。

学子们的考试科目分为三场：第一场考经义，也就是四书五经；第二场考实用文体写作；第三场考时务策论，也就是给你个事情让你分析，颇有点应用文的意思。其中最重要的就是经义，这是取士的关键。

那时候的考生们不像现在的学生考试前要复习很多内容，对他们而言，只要背好四书五经就行了，题目只能在这里出，不可能有别的题目。范围相当小，背起来容易，而且写文章时有规定的字数，一般不超过五百字，不像现在的某些命题作文动不动就要千字以上。这么看来，当年的考试似乎要容易些，然而事实并非如此。

关键在于格式和个人发挥。八股文分为破题、承题、起讲、入题、起股、中股、后股、束股几个部分，其中精华部分是起股、中股、后股、束股，这四个部分你不能随便写的，必须用排比对偶句，共有八股，所以叫八股文。

这种写法十分古板，你想多写一个字也不行，真是害人不浅，很多人都是一边写一边乱编，只为了凑字数，达到对偶的效果。从文字表面上看，十分整齐，细看下内容，废话满篇。

痛苦的不仅是考生，还有出题的老师，四书五经只有那么多字，各级考试都从里面出题，而出过的题一般是不能再用的，于是老师们奇计百出，把四书五经上下句割裂开，单独拿来出题，如把一句话斩头去尾，只用中间的几个字拿来考人，这种语句不通、张冠李戴的词句，连老师都不知道是什么意思，何况学生呢？

结果就是糊涂考糊涂，出题的人不知道是什么意思，考试的人也不知道，这样考出来的是什么人才？

八股说到底是一种形式而已，就算古板，应该也不会造成太大的负面影响，别急，明朝统治者们还有撒手锏，这一招才是最厉害的。

明朝规定，所有的文章不能有自己的想法，必须仿照古人立言，即要按照圣人的思想去写文章，这个圣人是谁呢？朱熹。

朱熹给四书写过注，也就是标注他自己的理解，然而这些理解被统治者看上，要求所有的学子必须按照朱圣人当年的思维来答题。

天可怜见！朱圣人当年可能在上茅厕时想出一句，写下来，吃饭时又想出一句，写下来，本来就做不得准，而过了上百年居然要所有的人按照他的思维方式来思考，确实是一种折磨。

这可就苦了明朝学子们，叫天天不应，谁知道这家伙当年到底是什么样的思维，只能自己慢慢猜、慢慢把握，所谓搞不懂就问人，搞得懂就教人，实在没有人懂就去问神，对这些学子而言并不只是玩笑而已。

无数考生午夜梦回，脑海中挥之不去的就是朱熹那并不俊朗的外貌和并不魁梧的身材，久而久之，有些醒悟过来的人就开始问候朱熹的父母及祖先，似乎这样才能出口恶气。问题在于骂完后还是要考啊，不考就没有官做，这是实际的问题。

在固定的思维、固定的模式下，明朝的学子们开始完成他们的文章，让我们不得不惊叹的是，在如此困难的环境下，考生们仍然写出了很多锦绣文章，在下看过两篇八股状元文，文辞优美，立意深刻，想到这些文章是他们在如此多的限制下写出的，实在令后生晚辈佩服不已。

八股考试的弊端是很多的，选出的人才很多都是书呆子。著名的明朝学者宋濂形容过八股选出来的某些人才，"与之交谈，两目瞪然视，舌木强不能对"，活脱脱一副白痴面孔。

但八股文还是有一定用处的，比如吴敬梓在他的《儒林外史》中曾经写道："八股文若做得好，随你做什么东西，要诗就诗，要赋就赋，都是一鞭一条痕，一掴一掌血。"可见，八股文是很多文体写作的基础。更重要的是，在这样的限制下，很多优秀人才更能脱颖而出，如后来的徐阶、高拱、张居正，哪一个不是八股文拿高分的？这些人才是高手中的高手。

总的看来，这一制度还是弊多利少，禁锢人们的思维，害人不浅，其影响深远，直到近代，人们还以考过八股为荣。比如陈独秀和当时的北大校长蒋梦麟都是清末的秀才，陈独秀曾经问蒋梦麟考的是什么秀才，蒋梦麟回答是策论秀才，陈独秀非常得意，哈哈大笑，说自己考的是八股秀才，比策论秀才值钱。蒋梦麟连忙作揖。八股之强悍可见一斑。

朝廷的斗争

朱元璋在解决了北元后，制定了一系列旨在恢复生产和生活的政策，收到了好的效果，但斗争终究是不会消停的，干掉外敌，就开始搞内患。具体地讲，是派别斗争。

所谓派别，实际上就是老乡会，大家都说一样的方言。朱元璋手下最大的老乡会就是淮西集团，会长本来应该是朱元璋，但考虑到他还兼任皇帝一职，所以当时是由李善长代理。这一集团人多势众，主要成员有李善长、郭兴、郭英、汤和、周德兴，还包括死去的常遇春等人，基本是朱元璋同志起家的班底。当时见面，如果能说淮西话，就是光荣。

有人曾问我，李善长何许人也，为什么是第一功臣？确实，他好像很少出面干什么大事，这是由他的工作特点决定的。此人主要负责后勤和政务办理，如果把刘基比作张良，那么李善长就是萧何。他一直跟随朱元璋打天下，鞍前马后地劳顿，后勤工作不好搞，劳心劳力又不讨好。朱元璋是个明白人，所以在建国后，便以李善长为第一功臣，任命他为丞相。

李善长这个人的特点是外表宽厚，心胸狭窄，谁敢和他过不去，就一定要解决对方。

俗话说恶人自有恶人磨，有敢专权的，就有敢分权的，淮西集团很快就遇到了对手，那就是浙东集团，这个集团的首领就是刘基。

这两个集团就在朱元璋的眼皮底下开始了斗争，朱元璋似乎也很有兴趣，他准备看一场好戏。

这场戏的主角是李善长和刘基，但仅有主角是不够的，下面我们要介绍配角和龙套出场，这些人人多势众，是这场戏不可缺少的组成部分。

以找碴儿为职业的官员

他们的名字叫言官。下面我们将介绍一下这些人。

言官到底是什么官呢？顾名思义，就是说话的官，到了明朝后期，也有人把这些人称为骂官，实际上，他们是明朝监察制度的产物。

朱元璋建国之初，仿照元朝制度，建立了御史台，到了洪武十五年（1382），朱元璋将其改名为都察院。都察院的长官是左右都御史，这个官名大家在电视上经常可以听到，而都察院的主要骨干是都察御史，这些都察御史共有十三道，以当时的十三个省区分，共有一百一十人。这些人权力极大，他们什么都管，由于平时并没有什么具体的事务要处理，就整天到处转悠，不是去兵部查吃空额，就是到刑部查冤假错案，办事的官员看到他们就怕。

你可能会问，这些人权力如此之大，如果他们徇私枉法怎么办呢？对于这个问题，你应该大大地佩服一下朱元璋，他想了一些很绝的方法来规范御史的行为。

首先，挑选御史的时候，专门找那些书呆子道学先生、认死理的去干这行，因为这工作得罪人，捞不到钱，而道学先生是最合适的人选。其次，他用了以小制大的方法，这些御史都是七品官，可以说是芝麻官，赋予他们监管长官的权力，就使得他们不敢过于张狂。有个官名叫八府巡按（周星驰电影里出现过），乍一听，八府的巡按，官一定很大，其实也就是个芝麻官，往往是朝廷临时委派监察御史担任的，就相当于以前所谓的特派员，官极小，权极大。但就是这样，朱元璋还是不放心，于是他又建了一套班子，来监督都察院。这就是六科给事中。

对应中央六部，朱元璋设立了六科，各科设都给事中一人，官位正七品，左右给事中官位从七品。这些人的权力大到骇人听闻的地步。

他们如果认为以皇帝的名义发出的敕令有不妥之处，居然可以将敕令退回！而皇帝交派各衙门口办理的事件，由他们每五天检查督办一次，倘若有拖延不办，或是动作迟缓者，他们就要向皇帝打小报告；各部完成任务，还要乖乖地去六科销账。此外，官员年终考核，这些给事中也要进行审核。

这些人的行为特点可以概括为：你要打我，我就骂你。

这不是一句玩笑话，他们从不动粗，全部功夫都在嘴和奏章上，你要是得罪了他们，那就惨了，这些人骂人的功夫极高，都是饱读诗书之辈，骂人也有典籍来历，出自某典某条。如果你书读得少，还以为他在夸你呢。可能回家查了书，看到某个典故方才恍然大悟，连祖宗十八代也给人骂了。骂人不带脏字的功夫，实在厉害。

这种独门绝技代代相传，到东林党达到了高峰，真可谓口水横飞，引经据典，用意恶毒却又言辞优美。套用葛优的一句话："人家骂你都听不懂！"

朱元璋搞来这群人后，他自己也很快就吃到了苦头。

比如洪武年间，御史周观政巡视南京奉天门。这里说明一下，周观政是巡城御史，属于最低层的监察御史。在他巡查时，遇见一群太监正领着一伙女乐往奉天门内走去。根据大明的内宫制度，女乐是不准入内的。周观政当即上前制止，领头的太监理都不理他，说了一句："我有圣旨在身！"（注意这句话的分量。）

按说一般人也就放他过去了，可周观政坚持说就是有圣旨也不得违背大明的内宫制度，坚决不准女乐入内。太监遇到这么个人，只好回宫禀报朱元璋。朱元璋苦笑一下，便传口谕，不再让女乐入宫，还特意加上一句，周观政你干得好，回去休息吧。无论怎么说，朱元璋已经仁至义尽，给足了周观政面子。可意想不到的事情发生了。

周观政死都不走，这个书呆子不依不饶，一定要朱元璋出来和他说。朱元璋明白自己选的这些人都是不会通融的，娱乐也搞不成了，亲自穿上朝服出宫进行安抚，对周观政说，你做得对，我已经反悔，不用女乐了。周观政听到后，才回家睡觉。

皇帝的命令是不行的，口谕是不行的，道歉也是不行的，唯一能行的，只有原则。因为原则，是以大明两百年不衰。

但请注意，如果你不是十三道御史，也不是六科给事中，不属于言官，就不要多嘴了，不要看着言官在皇帝面前摆威风，你也跟上去来两句，不砍了你才怪。言官敢这么做，那是有悠久传统的。

自古以来，就有言官的设置，这些人不管具体事情，他们的任务就是提意见，而历来的封建王朝也形成了一个传统——不杀言官。历史上无论多昏庸的皇帝，也很少有胆量敢杀言官的。所以在朝堂上经常出现这样一种情况，言官在下面说皇帝的不是，一点不给皇帝留面子，还扬扬自得，很有点你能把老子怎么样的气魄；而皇帝只能在上面一边听，一边咬牙切齿，想着明天就把你调个位置再整治你，确实威风凛凛。

总而言之，言官很执着，很较真儿，当然，也很强大。

演员到齐了，下面我们来看看这场戏是怎么演的吧。

刘基与李善长

先说一下淮西集团的首领李善长，他被朱元璋引为第一功臣，于洪武三年被封为韩国公,这是很了不得的,因为当时朱元璋一共只封了六个公爵,其他五个人分别是徐达、常茂(常遇春儿子)、李文忠、冯胜、邓愈。大家已经知道了这五位仁兄有多厉害,他们都是血里火里拼杀出来的一代名将,而出人意料的是,李善长排位居然还在这些人之上,名列第一。

他也是公爵里唯一的文臣。

相比之下,刘基也为朱元璋打天下立下了大功,却只被封诚意伯(伯爵),耐人寻味的是,他的俸禄也是伯爵中最低的,年俸只有二百四十石,而李善长是四千石,多出刘基十几倍。

后人往往不解,刘基运筹帷幄,决胜千里,在许多重要决策中,起到了重要作用,为什么只得到这样的待遇?

其实只要仔细想想,就会发现这个问题并不是那么难以解释。朱元璋是一个乡土观念很重的人,李善长是他的老乡,而且多年来只在幕后工作,从不抢风头,只知埋头干活,这样的一个人朱元璋是很放心的。相对地,刘基是一个外乡人,更重要的是,刘基对事情的判断比他还要准确!

从龙湾之战到救援安丰,朱元璋想到的,刘基也想到了;朱元璋没有想到的,刘基还是想到了。

换了你是皇帝,会容许这样的一个人在身边吗?而且这些决策并非安民之策,而是权谋之策,用来搞阴谋政变十分有用,外加刘基厚黑学的根底也很深,朱元璋时不时就会想起他劝自己不要去救韩林儿这件事。谁知他将来会不会对自己也来这么一手。

不杀他已经不错了,还想要封赏吗?

刘基一生聪明,但也疏忽了这一点。

这也就决定了他在这场斗争中很难成为胜利者。

洪武元年,双方第一次交锋。

当时的监察机构是仿照元朝机构建立的御史台,刘基的官位是御史中丞,也就是说,他是言官的首领,我们前面介绍过言官的力量,此时的优势在刘基一边。

引发矛盾的导火线是一个叫李彬的人。这个人是李善长的亲信，他由于犯法被刘基抓了起来，查清罪行后，刘基决定要杀掉他。此时正好朱元璋外出，李善长连忙去找刘基说情，刘基却软硬不吃，不但不买他的账，还将这件事向朱元璋报告。朱元璋大怒，命令立刻处死李彬，不巧的是，这份回复恰巧落在了李善长手里，他虽不敢隐瞒，但也怒不可遏。他明白直接找刘基求情是不行了，为了救自己的亲信一命，他想了一个借口，他相信只要讲出这个借口，刘基是不会拒绝他的求情要求的。

他找到刘基，对他说："京城有很久不下雨了，先生熟知天文，此时不应妄杀人吧。"

李善长可谓老奸巨猾，他明知刘基深通天文之道，以此为借口，如刘基坚持要杀李彬，大可将天不下雨的责任推到刘基的身上，当时又没有天气预报，鬼知道什么时候下雨？

然而刘基的回答是："杀李彬，天必雨！"

李彬就这样被杀掉了。

李善长被激怒了，他开始准备自己的第一次反击。

刘基敢说这样的话，应该说他是有一定把握的，他确实懂得天文气象，可问题在于即使是今天的天气预报，也有不准的时候。

这一次刘基的运气不好，过了很久也不下雨，等到朱元璋一回来，李善长积聚已久的能量爆发了出来，他煽动很多人攻击刘基。朱元璋是个明白人，并没有难为刘基，但刘基自己知道，这里是待不下去了，于是在当年八月，他请假回了老家。

临走前，正值当时朱元璋头脑发热，想把首都建在凤阳，同时还积极准备远征北元。刘基给了朱元璋最后的建议，首都建在凤阳是绝对不行的，而北元还有很强的实力，轻易出兵是不妥当的。后来的事实证明，他又对了。

应该说，当时的朱元璋是很理解刘基的，他对刘基的儿子说过，现在满朝文武都结党，只有刘基不和他们搞在一起，我是明白人，不会亏待他的。

朱元璋这次可真是被刘基给蒙了，刘基并不是什么善男信女，他在临走之前

第十六章 建国

已经布下了自己的棋子：杨宪。

杨宪是刘基的死党，他得到了刘基的指示，接任了御史中丞，准备对淮西集团反攻。

这位杨宪也不简单，他韬光养晦，扶植高见贤等人，并利用言官的力量，不断收集李善长的把柄，并在朱元璋面前打小报告，说李善长无才无德，不能委以重任。朱元璋不是蠢人，他知道杨宪说这些话的目的何在，开始并未为之所动，但时间长了，他也慢慢对李善长有了看法，对李善长多有指责。十一月，他召回了刘基，并委以重任。淮西集团全面被打压。

浙东集团眼看就要成为胜利者，李善长十分忧虑，他明白自己已经成为了靶子，一定要学刘基，找一个代言人，但这个人又不能太有威望，要容易控制。于是他看中了胡惟庸，但他没有想到的是，这个选择最终让他踏上了不归之路。

胡惟庸是李善长的老乡，他很早就追随朱元璋，却一直不得志，总是干些知县之类的小官，但他是一个很有能力的人，在得到李善长的首肯后，他成为了淮西集团新的领袖。这场斗争最终将在他手中结束。

就在浙东集团最得意的时候，事情又发生了变化。由于刘基这个人言语过于直接，用我们今天的话来说就是没有沟通技巧，很多人开始在朱元璋面前说他的坏话，朱元璋对这个足智多谋的人也起了疑心，于是就有了后来那次决定刘基命运的谈话。

谈话中的考验

这一天，朱元璋单独找刘基谈话，初始比较和谐，双方以拉家常开始了这次谈话，就在气氛渐趋融洽时，朱元璋突然变换了脸色，以严肃的口气问刘基，如果换掉李善长，谁可以做丞相。

刘基十分警觉，马上说道，这要陛下决定。

朱元璋的脸色这才好看了点，他接着问："你觉得杨宪如何？"

这又是一个陷阱，朱元璋明知杨宪是刘基的人，所以先提出此人来试探刘基。

刘基现在才明白，这是一次异常凶险的谈话，如果稍有不慎，就会人头落地！他马上回答："杨宪有丞相的才能，但没有丞相的气量，不可以。"

但考验还远远没有结束，朱元璋接着问："汪广洋如何？"

这是第二个陷阱，汪广洋并不是淮西集团的成员，朱元璋怀疑他和刘基勾结，所以第二个提出他。

刘基见招拆招，回答道："此人很浅薄，不可以。"

朱元璋佩服地看了刘基一眼，这是个精明的人啊。

他说出了第三个人选："胡惟庸如何？"

刘基松了口气，说出了他一生中最准确的判断："胡惟庸现在是一头小牛，但将来他一定会摆脱牛犁的束缚！"

说完这句话，刘基又松了口气，他知道考验已经过去了，但他错了，下一个问题才是致命的。

朱元璋终于亮出了杀招，他用意味深长的口气说道："我的相位看来只有先生能担当了。"

大凡在极度紧张后，人们的思想会放松下来，刘基也不例外，他终于犯了一次错误，这次错误却是致命的。

他没有细想，回答朱元璋：

"我并非不知道自己可以，但我这个人疾恶如仇，皇上还是慢慢挑选吧。"

这句话说得非常不合适，自居丞相之才不说，还说出所谓疾恶如仇的话，如刘基所说，谁是恶呢？

刘基的昏劲还没有过去，又加上了一句话：

"现在的这些人，在我看来并没有合适的（目前诸人，臣诚未见其可也）。"

朱元璋就此与刘基决裂。

自此之后，刘基不再得到朱元璋的信任，他虽明白自己地位不如前，但仍然坚持在朝中为官，为浙东集团撑台。但朱元璋不是那么好打发的。

第十六章 建国

洪武三年，朱元璋亲自下旨给刘基，对他说了这样一番话："你年纪这么老了，应该在家陪老婆孩子，何苦在这里陪着我呢？"

这意思就是，我要炒你鱿鱼，走人吧。刘基只好回到了乡下。

这时，浙东集团的另一干将杨宪失去了刘基的帮助，很快被淮西派排挤，本人也性命不保，被胡惟庸找个借口杀掉了。

在这场斗争中，淮西集团最终大获全胜。

刘基明白，自己失败了，他现在唯一的愿望就是好好在家养老，度此一生。可是在这场斗争中，失败的人是要付出代价的。

胡惟庸成为了丞相，他没有放过刘基，指使手下状告刘基。

此时刘基已经没有官位，还能告他什么呢？

但所谓"欲加之罪，何患无辞"，实在是至理名言。刘基的罪状是占据了一块有王气的地。所谓王气实在是个说不清的东西，说有就有，说没有也没有，只看你的目的是什么。

于是朱元璋再次下诏处罚刘基，官都没了，还罚什么呢？朱元璋有办法，他扣除了刘基的退休金。

刘基陷入了绝望，但他的智慧又一次发挥了作用，他没有在原地等死，而是出人意料地回到了京城。

这实在是很绝的一招，他明白，胡惟庸对付他的根本原因在于朱元璋，只要自己回到京城，在朱元璋的眼皮底下，让他放心，自己的性命就有保证。

但这次，他又错了。

洪武八年（1375）正月，刘基生病了，朱元璋派胡惟庸（注意这点）探视刘基，胡惟庸随身的医生给刘基开了药方，刘基吃了药后，病情越来越重，过了不久，就死去了。

关于刘基的死因，后来的胡惟庸案发后，医生供认，是胡惟庸授意他毒死刘基的。这也成为了胡惟庸的罪状之一。

但很多人都知道，胡惟庸和刘基有仇，朱元璋也知道，却派他去探望刘基。而刘基这样有影响的人，胡惟庸是不敢随便动手的，不然也不会让刘基在他眼皮底下逍遥五年，他很有可能是得到了朱元璋的默许。

无论此事是否朱元璋指使，但毫无疑问的是，刘基之死朱元璋是负有责任的。

刘基一生足智多谋，为明王朝的建立立下汗马功劳，他对形势判断准确，思维缜密，能预测事情的发展方向。虽然他本人并非真如民间传说的那样，有呼风唤雨的本事，但从他的判断和预测能力来看，料事如神并非过分的评语。他和诸葛亮一样，已经作为智慧的象征被人所铭记。

在我看来，他确实无愧于这一殊荣。

胡惟庸胜利了，他在朱元璋的帮助下打败了浙东集团，除掉了天下第一谋士刘基，现在他大权在握，李善长也要给他几分面子。

但他真的是最后的胜利者吗？

第十七章 胡惟庸案件

他之所以没有出来调解这场斗争谁胜谁负，最后的胜利者是因为无论这场斗争谁胜谁负，最后的胜利者都是他，无论是姓胡的地主胜利还是姓刘的地主胜利，只要保证朱地主的最高地位就行了。朱元璋之所以选择胡惟庸，并不是因为他很强，相反，正是因为胡惟庸对朱元璋的威胁小，所以朱元璋才让他成为了胜利者。而愚蠢的胡惟庸胡惟庸并不明白自己胜利的真正原因，不是他比刘基更强，而是因为朱元璋站在了他这边。朱元璋对于两大集团的斗争情况是很清楚的，他之所以没有出来调解，是因为无论这场斗争谁胜谁负，最后的胜利者都是他。无论是姓胡的地主胜利还是姓刘的地主胜利，只要保证朱地主的最高地位就行了。

朱元璋之所以选择胡惟庸，并不是因为他很强，相反，正是因为胡惟庸对朱元璋的威胁小，所以朱元璋才让他成为了胜利者。而愚蠢的胡惟庸并不了解这一点。

于是，在打垮刘基后，胡惟庸越发猖狂，他贪污受贿，排挤任何不服从他的人，甚至敢于挑战朱元璋的权力，私自截留下属的奏章，官员升降、处决犯人，都不经过朱元璋的批准。

洪武六年（1373），胡惟庸挤走了另一个丞相汪广洋，独揽丞相大权，并掌权七年之久。

但让人费解的是，朱元璋却对胡惟庸的犯上行为无任何表示，这是很不寻常的。

朱元璋是一个权力欲望极强的人，他自血火之中奋战而出，是那个时代最杰出的人才，李善长仅仅是稍微独断专行了些，就被他勒令退休，胡惟庸何许人也？既无军功，也无政绩，居然敢如此放肆！

这就实在让人不解了，很多的历史资料上记载了种种胡惟庸不法及朱元璋置之不理的故事，并由此推断出胡惟庸罪有应得、朱元璋正当防卫的结论。

当我们揭开事实的表象，分析其中的本质时，就会发现大有文章。

历史上著名的郑庄公，一直不为其母亲所喜爱，他的弟弟也仗着母亲的溺爱，向他提出种种不合理的要求，而郑庄公总是满足他，直到最后，他的弟弟企图谋反，郑庄公才出兵将之灭掉。

后人往往以为郑庄公仁至义尽，传为美谈，可是也有人指出，郑庄公是真正的伪君子，是想要他弟弟的命，才纵容他的不法。

当我们深刻理解了这个故事后，对朱元璋的这种反常举动就会有一个清晰的结论——这是一个阴谋。

这个阴谋在不同的语言方式中有不同的说法，成语是"欲擒故纵"，学名叫"捧杀"，俗语是"将欲取之，必先与之"，用小兵张嘎的话来说是"别看今天闹得欢，当心将来拉清单"。

但我们还有一个疑问，对付一个小小的胡惟庸，朱元璋需要动这么多脑筋，要忍耐他七年之久吗？

不错，当我们仔细地分析历史，就会发现，胡惟庸绝不是朱元璋的真正目标，朱元璋要毁灭的是胡惟庸背后的那个庞然大物。

朱元璋甘愿忍受胡惟庸的专横，让这个跳梁小丑尽情表演，套用围棋里的一句话来形容就是"不为小利，必有大谋"，他经历如此多的磨难，陈友谅、张士诚、王保保这些当世豪杰都不是他的对手，何况小小的胡惟庸！

他这样委屈自己，只因他的目标对手太过强大，这个对手并不是李善长，也不是淮西集团，而是胡惟庸身后那延续了上千年的丞相制度。

自从朱元璋当皇帝后，他一直都觉得这个制度过于限制他的权力，他一向认为天下是靠他自己的能力争来的，偏偏有人要来分权，真是岂有此理！

但是这个制度已经有了很多年的历史，无论是大臣还是一般的百姓都认为丞相是必不可少的。要废除这个制度，必须有一个充分的理由，而胡惟庸这样无德之人的任意妄为正好可以为他提供一个借口。

他静静地注视着胡惟庸，等待着机会的到来。

胡惟庸的对策

胡惟庸虽然是个不折不扣的小人，但他并不笨。随着自己行为的一步步出格，他对朱元璋的畏惧也越来越深。然而朱元璋却并不对他下手，这让他有了不祥的预感，他还是比较了解朱元璋的，这个人要么不做，要么就做绝，从不妥协。

在经过长时间的思考后，胡惟庸想出了一个绝妙的对策，那就是拉人下水。

在他看来，要想不被朱元璋杀掉，必须保证有足够的人与他站在同一边。所谓法不责众，你朱元璋总不能把大臣都一网打尽吧。

至于手段也是比较简单的，先找好对象，然后封官许愿，大家一起吃个饭、沐个浴，然后搞点娱乐节目，情感交融之后，找一个双方都关注的话题谈话，这期间是要投入点感情的，如果谈话中能流下点"真诚"的泪水，那么效果会更好。

这一套下来，双方就成了铁哥们儿，然后就是结盟发誓，有福必然共享，有难必然同当。

如果细细分析一下"拉人下水"这个词，就会发现其中问题很多，如果要去的是什么好地方，是不用拉的，下水还要人拉，可见这"水"不是油锅就是火坑，正所谓"有危险你去，有黑锅你背"是也。一旦有了什么麻烦，誓言就会转变为"有难必然你当，有福自然我享"。

被他这一套拉下水的有吉安侯陆仲亨、御史大夫陈宁、都督毛骧等一批重臣，一时之间朝中都是胡惟庸的眼线。

但胡惟庸并不满足，他还要拉拢一个最重要的人——李善长。

因为李善长不但德高望重，身上还有一件难得的宝物，那就是免死铁券。

我们有必要说一下免死铁券这玩意儿。在明朝，皇帝给大臣最高的奖赏就是免死铁券，其作用是将来大臣犯法，锦衣卫去家里杀人的时候，只要你没丢掉

（估计也不会有人丢），而且在刀砍掉你脑袋前拿出来，就可以免除一死。很多的大臣为脑袋考虑，费尽心思想搞到一张，因为无论什么金券、银券都没有这张铁券顶用，那些有幸拿到的，就会放在家里的大堂供起来，逢人来就会展示给对方看，似乎有了这张铁券就有两个脑袋。

李善长就有这样的宝贝，而且还有两张，胡惟庸拼命巴结他，这两张铁券是重要的原因之一，虽然胡惟庸不能拿去自己用，但李善长不死，自己就有了靠山。

但这张铁券的作用其实是有问题的，因为铁券是皇帝给的，就像支票一样，能否兑现要看开票的银行，皇帝就是开票行，他说这东西有效就有效，他说过期就过期。很难想象皇帝如果下决心杀掉某人，会因为自己曾经开出的一张口头支票而改变主意。用我们今天常说的一句话来形容就是："我捧得起你，就踩得倒你！"

换个思维角度来看，其中的变数也很多，皇帝不一定非要杀你不可，他大可把你关起来，打你个半死，然后神不知鬼不觉地找人害你一下，然后报个暴病而死。这样既成全了他的名声，又遂了心愿，一举两得。不是我不守信用，实在是你没福气啊。

而当时的胡惟庸和李善长都非常看重这两张空头支票，充分说明了他们的政治水平和朱元璋比起来只是小学生阶段。

当胡惟庸暴露出他的企图后，李善长并未理睬他，因为他和愚蠢的胡惟庸不一样，他亲眼看到过无数的英雄豪杰都败在朱元璋的手上，十分了解朱元璋的可怕，不会犯和朱元璋作对这样愚蠢的错误。他万万没有想到，自己当年选择的小人物，现在居然不自量力，要和朱元璋较劲，甚至现在还要拉自己下水。时移世易啊，他坚定地拒绝了胡惟庸的要求。

胡惟庸这个人看问题不行，看人倒还是有一套的，他发现李善长不吃他那一套，便开始走亲戚路线。恰好李善长的弟弟李存义是胡惟庸的儿女亲家，于是胡惟庸便把李存义拉下了水。李存义得了好处，便不停地游说李善长。李善长刚开始的时候还严词呵斥李存义，后来听得多了，也就默许了，他说了一句意味深长的话："我已经老了，等我死后，你们自己看着办吧（吾老矣，吾死，汝等自为之）。"

李善长就这样被拉下了水。

胡惟庸终于放心了，满朝文武都是我的人，你朱元璋能把我怎么样？你能做皇帝，我就不能吗？

现在看来，他确实是一个不知天高地厚的小丑。

但胡惟庸的这些活动确实给朱元璋出了道难题，毕竟如此之多的大臣都是一党，朱元璋要考虑如何分化瓦解他们，才能消灭胡惟庸的势力，而这又谈何容易，真是一道难题啊。

然而朱元璋在听完密探对胡惟庸反常举动的报告后，只用了一句话就解决了这个难题，水平是相当的高。

"那就都杀掉吧！"

杀人偿命

在杀人这件事情上，朱元璋一向是说到做到的，他冷眼旁观胡惟庸的一举一动，看他能玩出什么花样来。而胡惟庸也积极做着对付朱元璋的准备，他知道自己和朱元璋迟早有一天会正面交锋的。

这一天很快到来了。

在一次出游中，胡惟庸的儿子坠马，死于路过的马车轮下。胡惟庸一怒之下没有通知司法部门就杀了马车夫。这件事情传到了朱元璋那里，他命令胡惟庸向他解释这件事情。

胡惟庸赶到朱元璋处。他在路上已经想好了所有的借口和说辞，一见到朱元璋，他便忙不迭地诉起苦来，说自己是如何可怜、儿子如何孝顺、马车夫如何不遵守交通规则、违章压线行驶，等等。而朱元璋的态度非常奇怪。

他只是沉默，用冷冷的眼光看着胡惟庸。

胡惟庸仍不知趣，不停地述说着委屈，等到他发现在这场两个人的对话中始终只有一个人说话时,他停住了,看着朱元璋,他发现朱元璋也正看着他。

令人恐惧的沉默。

朱元璋终于站了起来,他走到胡惟庸面前,用不大却十分清楚的声音平静地说道:"杀人偿命。"

然后他飘然而出,没有再看胡惟庸一眼。

胡惟庸呆住了,他一直坐在椅子上,呆若木鸡地看着前方。

突然,胡惟庸的手颤抖起来,他用身体压住自己的手,但是没有用,他全身都抖动起来,就如同一个抽风的人。

他按捺不住心中的恐惧了,这是他身体的自然反应。

在家中与那些同党商议的时候,他觉得朱元璋似乎软弱得不堪一击,各个部门都有自己的人,而朱元璋并没有什么亲信。随着他同党人数的增加,他不断地感觉到自己的强大。在同党的吹捧中,他似乎看到自己将要取朱元璋而代之,成为最高的统治者!

而当他真正面对朱元璋的眼神时,他才感觉到,自己和面前的这个人差得太远。自己也算是个人才,但自己的对手似乎并不是人,而是一把寒光闪闪的刀。

朱元璋是这样走到这一步的:从茅草屋的风雨到皇觉寺的孤灯,从滁州的刀光剑影到鄱阳湖的烽火连天,他从千军万马中奔驰而出,自尸山血海里站立起来;他经历过无数的磨难,忍受过无数的痛苦,他不畏惧所有的权威,不惧怕任何的敌人;一个个盖世枭雄在他面前倒下去,他见过的死人比胡惟庸见过的活人还多!

胡惟庸终于明白了为什么李善长不愿意和朱元璋为敌,不是他没有野心,而是因为畏惧。

不用交手,胡惟庸已经明白,自己上错了擂台,他跟朱元璋根本不是一个重量级的选手。

但后悔已经太晚了,就一条路走到黑吧。

之后发生的事情有很多不同的说法,很多史料记载,是胡惟庸准备谋反,为人揭发,所以朱元璋动手解决了胡惟庸。然而也有一些史料记载,此事另有隐情，在我看来，后者可能更有可信度。

洪武十二年（1379）十月，占城国（今越南中部）派使节来南京进贡。但是胡惟庸没有将此事奏报给朱元璋知道，这应该可以算是严重的外交事件，朱元璋得知占城国使团抵达京城时，长期累积的怒火终于爆发，他严词训斥了应对此事负责的胡惟庸和汪广洋（时任左都御史）。

其实这个时候，胡惟庸最正确的应对方法是认错，谁没有个打瞌睡的时候呢？但他却和汪广洋把责任推给了礼部，他认为这样就可以了事。

朱元璋充分显示了他的创造性思维，并将之运用在这件事的处理上，他没有被胡惟庸牵着鼻子走，去查询到底是谁干了这件事，而是先处死了汪广洋，然后囚系了所有与此事有关的官员。

既然不是你就是他，那我把你们都抓起来一定是没错的。

刀已经架在胡惟庸的脖子上了，何时砍下只是个时间问题。

他并没有等太久。

涂节是胡惟庸的死党，他当时的职务是御史中丞，相信大家已经熟悉了这个官职。他在胡惟庸集团中的作用非常重要，发动舆论攻击政敌，拉帮结派图谋不轨，哪样都少不了他，胡惟庸一直把他看作自己的亲信。

然而这个亲信用自己的行为重新解释了"死党"这个词的含义——置你于死地的同党。

他眼见胡惟庸不行了，便把胡惟庸的阴谋上报给皇帝。朱元璋等待的就是这一刻，他命令立刻处死胡惟庸、陈宁和胡党中的重要成员，并灭了胡惟庸的三族。然后他命令，深入调查还有谁参与此事，如果查证属实，一律处死！

于是名留青史的胡惟庸案件拉开了序幕，事实证明，查证属实是很难做到的，因为太麻烦，而一律处死很容易，当时的审讯方式也为此案的发展提供了便利。审案的官员抓住嫌疑人后首先提供的待遇不是咖啡或是清茶，而是死打一顿，打完再说，有些与被审官员有仇的家伙还会趁乱上去过过手瘾，反正也是办公事，顺便报报私仇也是可以理解的嘛。

然后就是询问同党，那些读书人哪里经得起打，东扯西拉供出很多所谓同党来，只要自己认识的、有一面之缘的、借过钱的、还过债的，想到什么人就说什么人。审案官员自然大喜，上奏皇帝，再去抓其他人，于是案件越来越大，从洪武十三年（1380）案发，连续查了好几年，被杀者超过一万人。

胡惟庸精心筹划多年的计划和组织就这么被摧毁了，事实证明，朱元璋要消灭他十分容易，就如同捏死一只蚂蚁。

无论从哪个角度看，胡惟庸都只是一个跳梁小丑，他唯一有成效的工作就是拉了上万人和他一起共赴黄泉。

我们差点忘记了那个告密的涂节，他的结局颇有戏剧色彩，这个在胡惟庸案件中扮演了滑稽角色的人案发后即被押赴刑场，与胡惟庸一同被处死，不知此二人在刑场上相遇，会有何感慨。

胡惟庸死了，这个结果正是朱元璋需要的，现在他正坐在自己的龙椅上，看着下面的大臣们，这些可怜的幸存者，他们和胡惟庸同朝为臣，或多或少都有些接触，眼看着自己的同僚们一个个被拉出去杀掉，他们的心中充满了恐惧。

该结束了吧，我们只想活下去。

朱元璋却并不这么想，在他看来，要做的事情还很多。

不要急，好戏才刚开始。

值得注意的是，朱元璋在处死胡惟庸后仅一个月，就撤销了丞相这个延续了上千年的职位，取消了中书省的设置，安排机构分流人员。如此大动作，却干得雷厉风行、干净利落，这让我们有理由怀疑他是早有准备的，就如同《水浒传》的宋江，晁盖死后无论如何不肯继位，一旦"勉为其难"答应了，立刻就能组织大型庆典。

无论如何，朱元璋达到了他的目的，丞相这个让人讨厌的职位终于消失了，一切都在他的掌握之中，然而他却没有意识到，对于他的王朝和他的子孙来说，这将是他一生中所犯的最大错误。

要解释这个问题，我们首先要介绍一下为什么丞相这个职位是必须存在的。下面我们将开始讲述。

丞相是怎样炼成的

有人曾对我说，知道历史表象就好，无须知道历史本质。把故事讲明白就行了，至于原因，是无关紧要的。

是的，故事是有趣的，原因是枯燥的。但枯燥的，更有价值。

对很多人而言，诸葛亮和刘伯温是两个神人，他们往往能够预见到事情的发展方向，即使住在农村里，一年进不了几次城，也能够知道天下大势，并能够准确预测未来的走向，如诸葛亮之于"隆中对"，刘伯温之于安丰之战，坐在炕上，盘着腿就能预知未来。

因为他们知道故事，而且了解原因。所以，他们才无比强大。

这个世界上，最让人畏惧的就是未知，如果人人都知道自己的未来，他们就不会再害怕。但在时间机器没有发明之前，我们还是只能向诸葛亮和刘伯温同志学习，比如当我们知道了地主怎样炼成的规律后，下次当你看到史书上的某位农民领袖起义，你不需要再往下看，只要这人没有在起义过程中被人干掉，你就能肯定，下一个王朝中必然多了一个地主。这就是内涵的力量，无比强大的力量。

就此开始吧，这次我们的主角还是张三，他刚刚当完了地主，这次我们仍然用他当主角，但在丞相这一篇中，他不能直接当丞相，而是要先当村长。

张三当上了某村的村长，他就要开始管理，每天他会从村东头逛到村西头，看甲家的门有没有锁好，乙家的两口子有没有吵架，村子不大，一天可以逛两三趟，完事后回家睡觉，这就是村长的管理生活。

不久，张三当上了乡长，乡很大，他要逛一天才能走一圈，于是他开始两天逛一趟，把工作交给村长负责。

由于工作出色，张三当上了知县，他每天再也不能去逛了，他全部的时间要用来批示乡长们的报告，并完全信任他们。

之后张三不断升官，从知府到布政使，再到丞相，全国都归他管（我们假设没有皇帝），这下子张三就忙了，他连看奏章的时间都没有，每天见无数的人，忙到晚上还没完，各个部门的头头脑脑都要找他，而他一个人要对这些部门的提议做出决断，他实在太累了，于是他找了一个人帮他的忙，并把自己的权力分一部分给他。

大概情况就是这样，张三的位置就类似皇帝，他找来帮忙的那个人就是现实中的丞相。

由于全国事情太多，而皇帝的精力有限，所以他不得不找一个人来，把一部分权力交给他。

相信大家已经理解了丞相的由来，这个故事虽然简单，但却包含了政治学上一个非常深刻的理论——分权制衡理论。

历来的皇帝不乏英明之人，他们并不比朱元璋差，却都使用了丞相制度，作为皇帝专制的封建社会，皇帝是并不愿意将自己的权力交出去的，因为一旦将权力分给别人，自己就有被制约的危险。但皇权的无限扩大性与皇帝的精力有限性的矛盾，必然导致丞相制度的产生。

说到底，丞相确实是一个讨人厌的家伙，他不断地给皇帝提意见，并且还能反驳皇帝，作为皇帝是不会喜欢这个家伙的，他认为，这个人只不过是自己招来干活的一个打工仔，自己给了他工作，给了他权力，但这个人却什么都要管。

他不但要管国家大事，还要管自己的私事。想修个房子他要管，说是费钱；想出去玩他要管，说是劳民。甚至有些过分的家伙，连自己吃饭休息睡老婆，他也要管，不但要管，还振振有词，美其名曰"为了陛下身体着想"，脸上还经常是一副欠揍的表情，好像自己总是欠他二百块钱似的。

到底谁是老板，谁是打工的？

问题在于，你还不能发脾气。那些士大夫都看着呢，你要接受他的意见，态度还要好。如果你忍不住骂了他，甚至于处罚了他，那麻烦就来了，道理总是在丞相一边，史书上会记载他敢于直言，而你就很不幸地背上了不纳谏的恶名。下面那些官员也会站在他的一边，并用崇拜的眼神看着他。

那些丞相心里也清楚着呢，所以干这些事的时候往往是前仆后继，好像巴不得你打他一顿才好。

因为这些原因，皇帝是并不喜欢那些丞相的，他们都像朱元璋一样，十分想把这个职位取消，但问题在于，如果取消了这个职位，所有的事情就要自己干了。可是辛苦当上皇帝并不只是为了干活的，他们还要享受生活，自己并不是铁人三项赛的选手，没有那么强的精力。所以这个职位一直保留了下来，直到朱元璋干皇帝为止。

朱元璋从小吃苦耐劳，小伙子身体棒，精神头儿足，饭量大，一顿能扒好几碗，他不但是铁人赛的冠军级选手，估计练过长跑，耐力还很强，在他看来，把丞相赶回家，也不过是多干点活，自己累点，也没什么。于是，历史上就留下了劳模朱元璋的光辉事迹。

吴晗先生统计过，从洪武十七年（1384）九月十四日到二十一日，仅仅八天内，朱元璋收到了一千六百六十六件公文，合计三千三百九十一件事，平均每天要看两百份文件，处理四百件事情。

这真是一个让人胆寒的数字，朱元璋时代没有劳动法，他干八天也不会有人给他加班费。但他就这么不停地干着，这也使得他很讨厌那些半天说不到点子上的人，有一个著名的故事就表现了这一点，当时的户部尚书茹太素曾经上了一篇奏折给朱元璋，朱元璋让人读给他听，结果读到一半就用了将近三个钟头时间，都是什么三皇五帝、仁义道德之类，朱元璋当机立断，命令不要再读下去，数了下字数，已经有一万多字了。

朱元璋气极，命令马上传茹太素进见，让侍卫把他狠狠地打了一顿。

可以看到，废除丞相制度后，朱元璋付出了沉重的代价，不过他并不在意，因为在他看来，多干点活就行了，然而事情远不像他想得那么简单。

为了更清楚地说明皇帝和丞相之间的权力制衡关系，我们用另一种方式来表述。

双方的关系其实可以用拔河这个运动来形容。皇帝和大臣分别在绳子的一头，向着自己的方向拉，这项运动并没有裁判，但却有一项不成文的规则，那就是不能太过分，双方的进退都有一定限度。

这个限度正是上千年的政治实践划定的，他告诉拔河的双方，哪些事情是皇帝可以做的，大臣不能干涉，而哪些事情是大臣应该管的，皇帝应该允许。

在那上千年的皇帝与大臣的博弈中，这一规则在不断地完善。双方都知道自己该做什么、能做什么，就在这样的规则中，权力达到了平衡。

而朱元璋不守规则，改变了这一切，他把大臣们拉得东倒西歪，并宣布他们从此被解雇了，然后拿着那根绳子回家晾衣服。

他似乎认为这样就解决了问题，权力由他一人掌握就可以了，不再需要所谓的平衡。

事实证明他错了，历史规则不是小小的朱元璋能够改变的，既然朱元璋并不喜欢这种平衡，历史之神将给他和他的子孙安排另外的拔河对手，而这个对手与之前的那些人不同。

他们也不守规则。

当然朱元璋同志不守规则的行为只是害了他自己，对于整个明朝政治而言，并不一定是件坏事。朱元璋搬起石头砸了自己的脚，却没有砸到这个朝代。

在我们的历史和生活中，有着很多非常奇妙的规则，这些规则看不见、摸不着，却始终起着作用。比如著名的黄金分割，以黄金分割比例确定的图案是最美丽的，划分的结构是最合理的。很多技艺高超的二胡演奏家发现，在胡弦的某个位置拉出的音色非常优美，经过验证，那个位置正是胡弦的黄金分割位。

这些规则实在是太神奇了，如果你依照这些规则去做，你就能够获得事半功倍的效果。而如果你违反这些规则，你将受到它的惩罚。

在历史中也存在神奇的规则，这些规则在冥冥中操纵着一切，没有人可以抗拒它。

在这场拔河中，历史规则也起着作用。一千余年来，王侯将相们根据这一规则确定了自己的位置，而朱元璋无视这一规则，他认为自己能够彻底消灭丞相制度。从某种意义上来说，他确实做到了。

他取消了丞相的官位，并禁止今后设置这一职位。他利用自己的权力消灭了丞相的称呼，但在这场斗争中他真的胜利了吗？

事实证明，历史的辩证法跟他开了一个大大的玩笑，它搞出了一批名叫内阁大学士的人，这些人除了名字不是丞相外，其余的一切和丞相都没有什么区别，更具讽刺意味的是，他们的权力甚至要大于前朝的任何丞相。

他们无孔不入，无所不管。他们不但管理国家大事，还管理皇帝的私事，他们不准皇帝随意骑马游玩（正德），不准皇帝吃伟哥（隆庆），不准皇帝选择自己喜欢的继承人（万历），他们甚至开创了属于自己的名臣时代，一个几乎没有皇权制约的时代（高拱、张居正）！

朱元璋想用自己的一己之力改变延续千年的权力制衡，最终受到了历史规则的惩罚，朱元璋来到历史的商店里，想要买一块肥皂，历史辩证法却强行搭配给他一卷手纸。如果朱元璋泉下有知自己的行为导致的却是这样一个结果，估计也只能哭笑不得了。

朱元璋，你是伟大的，但也是渺小的。

在历史规则这个庞然大物面前，你是那么弱小，你的抵抗是那么无力。

历史大潮，浩浩荡荡，顺之者昌，逆之者亡！

诚如斯言。

特务

朱元璋杀掉了胡惟庸，废除了丞相制度，但他并没有罢手，他的眼睛又转向了掌握军权的大都督府。当时掌管都督府军权的正是他的外甥李文忠，事实证明，在不信任大臣这一点上，对自己的亲属，他也一视同仁。他改组了大都督府，把这个军事机构分成左、中、右、前、后五部分，至于原来的统帅李文忠，他也没有放过。

由于李文忠指责过他滥杀无辜，而且触怒过朱元璋，朱元璋决定送佛送上天，连李文忠一起杀掉。就在他准备动手的时候，马皇后站出来阻止了他，求他看在李文忠立有大功的分儿上，留他一条命。朱元璋从不卖别人的面子，但马皇后与他共过患难，情深义重，于是他听从劝告，放过了李文忠，但仍严厉处罚了他，并削去了他的职位。

处罚李文忠并不是一个单独事件，它有着更深刻的含义。这件事告诉所有的大臣，朱元璋在剪除异己这个问题上是有着大义灭亲的精神的，无人可以例外。

胡惟庸案件牵涉的人越来越多，在某种程度上已经演变为屠杀。那些办案的官吏手持名单，到各个衙门去找人，找到就抓，抓回就打，然后逼供，再根据逼供得到的名单去抓人。这些人权力极大，即使衙门正在办公，他们也能公然闯入，抓走所谓的犯人，从而导致了很滑稽的现象，往往官老爷刚刚还在堂上威风凛凛地断案，这些人一进门，就把那位仁兄从堂上拉下来，套上枷锁带走。下面的犯人也看得目瞪口呆。

侦办此案的线索来源主要是两个部门，一个叫亲军督尉府，大家可能对这个名称并不熟悉，但要说到它后来的名字，那可是无人不知，无人不晓——锦衣卫。

另一个其实并不能称为部门，而只能叫群体，这个群体的名字叫检校。他们没有固定的编制，全部直接向朱元璋报告探听到的各种情况。他们是朱元璋最主要的耳目。这些人晚上不睡觉，到处转悠，从史料来看，他们的窃听和跟踪手法十分高明。

比如国子监祭酒宋讷有一天上朝，朱元璋问他为什么昨天晚上不高兴，宋讷大吃一惊。朱元璋拿出一幅画，正是宋讷昨夜生气表情的画像。

毛骨悚然，要知道宋讷并不是睡在街上的，他在自己家里生气，这些检校不但一直在监视他，还居然饶有兴致地把他生气的样子画了下来。大家可以想象一下，在没有照相机的当年，深更半夜，你坐在自家房里，居然就在离你不远处（很有可能就在你家），有人正在一边看着你，一边帮你画像。这种情节在现代恐怖片中倒是经常出现。

这些检校的来源也很复杂，主要都是些社会闲散人员，也有文武官员，甚至还有朱元璋的老相识——和尚。这些人互相不认识，只受朱元璋调遣。

这些人无孔不入，捕风捉影，制造了很多冤案，正是有了这些人的帮助，朱元璋在胡惟庸案件的办理上越来越得心应手，杀人越来越多。

官员们惶惶不可终日，牵涉的人也越来越多，甚至连已经退休的人也被抓回来，其中最著名的就是宋濂。

宋濂是朱元璋手下著名的文臣，也是一位优秀的学者。他是刘基的老乡，被朱元璋委派了一个重要的任务，当太子朱标的老师。他完美地完成了这个任务，在他的教导下，朱标和他老子朱元璋完全不同，为人宽厚仁慈，甚有明君之状，后来他又被委以修《元史》的任务，担任总裁官。

但朱元璋并不看重他，在朱元璋的心中，宋濂只是一个文人，写点文章还行，并不能出谋划策，所以他授予宋濂的最高官职只是小小的翰林学士（五品）。直到洪武十年（1377）宋濂退休，他的官职还只是学士。

朱元璋虽然没有重用宋濂，却相当信任他，这在很大原因上是由于宋濂的个性。宋濂是出名的老实人，无论什么事情，从来都是实话实说。朱元璋感叹过：宋濂侍候我二十年，没有说过一句假话，也没有说过别人一句坏话，真是一个贤人啊。

宋濂退休时六十八岁，朱元璋送给他一块布料，并嘱托他三十二年后，拿此料做一件"百寿衣"。宋濂感动得老泪横流。

然而还不到三年，朱元璋就为宋濂准备了一件新衣服——囚服。

由于宋濂的孙子参与了胡惟庸谋反，朱元璋不远千里将宋濂召了回来，要把他杀掉。这也反映了朱元璋的另一个特性——选择性健忘。

关键时刻，还是马皇后站了出来，她成功地劝说了朱元璋，放了宋濂一条生路。

朱元璋的行为越来越偏激，手段越来越狠毒，除了马皇后外，很少有人能改变他的决定。

洪武十五年八月，一个人去世了，这个人的死在历史上似乎并不是什么大事，但对于朱元璋而言，却是一个真正的悲剧。

这个人就是马皇后。

马皇后

她救朱元璋于危难之中，在朱元璋被困、就快饿死的情况下冒着生命危险给朱元璋送饭。她虽然是个女子，却颇有胆识，陈友谅进攻龙湾时，她捐出自己所有的首饰财物劳军，并组织妇女为军队缝补衣物。

即使在大富大贵后，她也保持了简朴的作风，不骄不奢，并劝告朱元璋不要忘记民间的疾苦，甚至在用人上，她也提出了自己的见解："愿得贤人共理天下。"被朱元璋引为至理名言。

更难能可贵的是，她阻止了朱元璋的很多恶行。

朱元璋要杀朱文正，她劝告朱元璋，朱文正是你的侄子，立有大功，请你不要杀他。

朱元璋要杀李文忠，她劝告朱元璋，李文忠是你的外甥，也是你的养子，留他一命吧。

朱元璋要杀宋濂，她跪下求朱元璋，宋濂是太子的老师，老百姓尚且尊师，何况帝王家呢。

她就是这样用她的慈爱去关怀每一个她认识或是不认识的人，把他们从朱元璋的屠刀下救出来。

她比朱元璋更知道人命的可贵。

她重病后，自知很难医好，居然拒绝医生为她医治，朱元璋问她原因，她的回答实在感人心魄。

她说：人的生死是由命运决定的，求神拜佛是没有用的，医生只能医病，不能医命，如果让医生为我医治，服药无效，陛下一定会降罪于医生，这是我不想看到的。

这是一个始终用自己的爱心关怀他人的人，即使在生命即将结束的时候，她还是那样做的。

她在病榻上留下了给朱元璋的遗言：

"愿陛下求贤纳谏，有始有终，愿子孙个个贤能，百姓安居乐业，江山万年不朽。"

含笑而逝。

朱元璋靠在她的身边，这是他一生中最爱的女人，这个女人给了他无数的帮助，却从未向他索取过什么，她的一生就是这样度过的。

经过了那么多的磨难，朱元璋的心早已比铁石更加坚硬，自从他的父母死后，无论多么绝望、多么痛苦，他也很少掉泪。因为他知道，哭解决不了任何问题。

但此时，他终于控制不住自己的情绪，他放声大哭，只有痛哭才能哀悼眼前的这个人，只有痛哭才能发泄他心中极度的痛苦！

因为他终于发现，眼前的这个人就是他的一切，就是他的唯一。

马姑娘，这个平凡的女子，在困难的岁月里，她没有嫌弃出身贫贱的朱元璋，而是跟随着他，为他奉献了自己的一切，无论环境多么险恶，情况多么复杂，她始终遵守了自己当年的承诺。

无论贵贱生死，永不相弃。

在她的丈夫成为皇帝后，她仍然以爱心待人，每当朱元璋举起屠刀时，她总是上前阻止。她用女性特有的母性和慈爱，关怀和挽救了许多人。虽然她最终也没能把朱元璋这辆失控的车拉回轨道，但她已经做了她能做的一切事情。

在今天，我们可以说，她是一位伟大的女性。

生如夏花，逝如冬雪；

人生如此，何悔何怨。

马皇后的死给了朱元璋巨大的打击，之后朱元璋在错误与偏激的道路上越走越远，直到他生命的终点。

胡惟庸案件仍在进行之中，不断有人被抓，不断有人被杀。李善长向朱元璋承认了自己的错误，并接受了处罚，他侥幸逃脱了，但朱元璋的性格决定了李善长必定不得善终。

讲述这些前，有必要先介绍一下朱元璋统治时期一个特殊群体的生活状况，这个群体就是官吏。

官员们的悲惨命运

做官这个职业在任何时代都是金饭碗，但在洪武年间，官员们的命运只能用一个字来形容——惨。

在朱元璋的时代，官员们如同生活在地狱中，这一形容是并不过分的。

我们先来介绍一下明代官员的品级。大家知道，一品是最大的官，历朝历代都不乏一品的大员，威风凛凛，甚至连皇帝都要给几分面子。而在明代，一品文官却几乎成为传说中的人物，十分稀罕。自从取消丞相制度后，朱元璋手下文官最高的级别就是各部最高长官尚书（正二品），一品不是没有，却只是虚职，即太师、太傅、太保（正一品），少师、少傅、少保、太子太师、太子太傅、太子太保（从一品）。除此外还有宗人令、宗正、宗人、五军都督等职也是一品，但不是普通文官能够得到的。

这些职位看上去十分吸引人，却是很难得到的，如果不是立有什么特殊的功劳，比如打天下（名额不多，危险性极大），救过皇帝（难度高，机会少），把皇帝摆在一边、自己操纵朝政（就那么几个人），除此之外，能熬到二品退休，已经是祖上烧高香了。

二品就二品吧，文官们并不是太在乎，反正无论几品也是要干活的，但让他们感到极度不公的是，有那么一群人，什么功劳都没有，却几乎个个都是一品。

这些人就是朱元璋的亲戚。

朱元璋自小贫困，父母死得早，对自己的亲戚可谓情深意长，他的儿子、女儿很多都被封为亲王、公主，品位都是一品，亲王的嫡子还是亲王，其他儿子封为郡王，授一品。更有甚者，连倒插门的驸马也是一品（从）！

这可真是让官员们想不开了，十年寒窗奋斗一生，可能到头来只是个三、四品小官，而这些人生出来就是一品、二品的大官。真是"读得好不如长得好（驸马），长得好不如生得好"。

但更让官员们难受的还在后头，他们很快就会发现，朱元璋这个老板是很小气的。

朱元璋给官员们的工资是多少呢？一品大员一年一千零四十四石米，往下递减，正七品知县一年只有九十石米。

我们以知县为例。管理一个县的县官一个月的工资只是七石半米，请注意，这些收入他要拿去养老婆孩子，还有一大批人。

明代的知县和今天的县长不同，那年头知县还兼任很多职务，他既是县长，还是县法院院长、检察院检察长、财政局局长、税务局局长、工商局局长、县施工队队长。一个知县管这么多事，打赏下面的小吏是免不了的，要不谁心甘情愿给你干活。

他手下还有一大堆的长随，分等级为大爷、二爷。大爷有门政大爷（看门的）、稿签大爷（签押房磨墨的），下面是一群二爷，包括"发审""值堂""用印"等人，这些人是知县签押房里的办公人员，此外县的重要部门知县都会派人去看着，知县还会带着自己的厨师、师爷。

这一大帮子人都是县官的手下，全部要他养活。一个月只有七石半米的俸禄，大家就只好去喝西北风了。

当官的还要迎来送往，逢年过节到处走动，俸禄是远远不够的。

可是就连这点俸禄，也打了折扣。

洪武年间，一到发工资的时候，县官就找人提着米袋去拿自己的工资，七石半米（活像讨饭的），还算是按时发放，到成祖时候，就只能领到俸禄的十分之六，其余的部分怎么发呢？

发钞票。

这绝不是开玩笑，不是银两，而是纸币。明朝初期，纸币通行全国，按说给纸币也没什么，但我们接着往下看就会发现问题了。成祖时，十贯钞可以换一石米；到了仁宗时候，二十五贯钞才能换一石米。

大家明白了吧，问题就是通货膨胀。

要说到纸币的发行，还要从元朝说起，元朝很多事情办得很糟糕，但这个纸币政策是相当好的，制定该政策的人应该是很有水平的，其钞票政策深刻反映了经济规律的普遍适用性。元朝发行纸币是以金银为准备金的，如果没有金银就不发行纸币，而且发行有定额，持有纸币者可以随时向朝廷换领金银。

这是典型的金银本位纸币发行制度，这个制度使用了上千年（直到"二战"后布雷顿森林体系破裂才告结束）。可到了朱元璋手里，这位仁兄对经济不熟悉，看到元朝印钞票可以流通，他也印。问题是他一开始就印不停，明朝初年，每年的收入只有几万两银，可发行的纸币却有好几千万，拿着一张纸，上面印着五千两，就想当五千两用？老百姓可不傻。

说实话，官员真是可怜，俸禄已经很低，还发一堆废纸，拿来当手纸还嫌硬。

人不能让尿憋死，于是种种捞钱新花样纷纷出炉。

贪污的方法

官员们主要用的是两招，我们来介绍一下，这两招历史悠久，十分有名。

折色火耗。大家可能听说过"火耗"这个词，当时交赋税往往是实物，如谷物、丝织物等，但有时也会改征银两和铜钱，而熔锻碎银时可能会有损耗，官府就用这个名义来征收多余的银两，这些多征的赋税就称为火耗。

其实到底有没有损耗，也只有官府自己知道，这不过是一个多收钱的借口，这一招可谓流传几百年，长盛不衰，比明朝的历史还要长，一直到清朝雍正时期，采用火耗归公的措施，这一招才从历史上消失。

话说回来,这一招是官府说了算,要征多少自己规定,执行中实际操作技巧不算太高,下一招就不同了。

这一招叫作淋尖踢斛,十分值得一提。百姓交纳粮食的时候,官府是用斛来装的,百姓将粮食放进斛里,再称重,计算自己完成的粮食份额。谷堆要按尖锥形装起来,会有一部分超出斛壁,就在百姓为交完公粮松一口气时,意外的事情发生了。

官吏用迅雷不及掩耳之势对准斛猛踹一脚!此时超出斛壁的部分谷粒会撒在地上,老百姓慌忙去捡,此时官吏会大声叫喊:别捡,那是损耗!喂,说你呢,还捡!

这就是淋尖踢斛,踢出的部分就是所谓粮食运输中的损耗,这部分就成为官吏的合法收入。那么老百姓呢,只能回家再送粮食来。这一招最关键的就是踹斛这个动作。

那一踹的风情

要知道,这一踹是很有讲究的,官吏们为了这一踹苦练了很久,具体方式有可能是先在自己家附近找棵树,从踹树开始,以树干不动、落叶纷纷为最高境界。当然也有某些人选择踹门练习,一定要做到一脚踹开,如超过两脚为不合格,继续修炼。这一修炼对他们也有好处,万一有一天不干了,还可以转行去入户打劫。

在交粮这一天,官吏们准备好,一旦斛已经装满,便凝神屏气,闭目深思,然后气沉丹田,大喝一声,部分人加十米助跑,冲到斛前,拼命一踹(不拼命不行啊,踹下来都是自己的),如果踹下来的多,就会哈哈大笑。

请大家注意,这两招只是最平常的,明朝的很多名臣如三杨、李贤、徐阶、张居正等人都是靠这两招的收益养活自己的。而后来的皇帝也认可这些作为合法收入。

虽然朱元璋的工资政策对这些行为的泛滥负有一定责任,但这并不能成为贪污行为的借口，内因才是决定性的因素，官员们还是应该从自身去找原因。

大家可能会问，当时有没有不贪这些便宜的人呢？我回答大家，确实是有的，但是他们付出了沉重的代价。

只靠俸禄过日子的人，最出名的莫过于海瑞。

这位仁兄实在是第一号正人，他几十年如一日，辛辛苦苦干活，没有什么奢侈的享受（也没钱），不该拿的钱他一分也不拿，上面说的火耗和淋尖踢斛的好处他从没有贪过。每月就靠那点俸禄过活，家里穷得叮当响。

他最后的官职是南京右都御史，这是个二品官，相当于监察部部长，可以说是文官中俸禄最高的人之一了。但他家里请不起几个仆人，什么事情都要自己动手，吃得也不好，长期营养不良，他死后，佥都御史王用汲来处理后事，一进门看见海瑞的家便痛哭失声。他想不到海瑞临死竟然如此凄惨，家里到处吊着旧布帘子（买不起新布），用的箱子破烂不堪，家里人都穿着补丁衣服。用家徒四壁来形容毫不过分。

更让他难以置信的是，海瑞家连办丧事的钱都拿不出来，棺材也买不起，出殡的钱还是大家凑起来的。

这样的人在朱元璋时代也有，如当时的弘文馆学士罗复仁，为人十分老实，家里很穷，但朱元璋对他仍不放心，有一天跑去他家里看。罗复仁买不起好房子，他只能在郊区买了间破房子度日，朱元璋东拐西拐，终于找到了地方，见两间破瓦房外，有一个人正提着桶刷墙。朱元璋见此人灰头土脸，粉迹满面，以为是给罗复仁干活的民工，便问他："罗复仁住在这里吗？"

没想到，刷墙的这位听到有人问他，回头一看，大惊失色，慌忙跑过来跪拜，说道："我就是罗复仁！"

朱元璋这才看清他的脸，原来这个人真是罗复仁，再看他的打扮，一手拿着刷子，一手提着桶，衣衫褴褛，和叫花子没什么区别，顿时哭笑不得。半天憋出一句话："你怎么住这样的房子？"

罗复仁赔笑着说："臣家穷，只能将就了。"

朱元璋过意不去地说："你这么有学问的人怎能住这样的房子。"便赐给他一所大宅院。

罗复仁算是清贫了，但毕竟他的官位不高，还有比他厉害的。

在六部中，以吏部（人事部）的地位最为重要，吏部尚书（部长）吴琳为官清廉，后退休回家，朱元璋派使者去打探他的近况，使者到吴琳家乡，考虑到他当过大官，应该有很大的房子，便去寻找。但转了一圈，没有见到什么大房子，他便在路边找到一个正在插秧的老农，问道："请问吴尚书住在哪里啊？"

谁知那老农抬头对他说："我就是吴琳，有啥事儿？"

使者十分感动，便将此事回报朱元璋，朱元璋听后也十分感慨。

道德很好，修养很高，但这么高的人实在不多。

除去工资制度外，明朝时候的休假制度也有必要介绍一下，让我们看看古人的假期都是怎么休的。

先说老祖宗汉朝吧，他们实行的是五天一休制，也就是干五天休息一天，可不是休息星期六或者星期天，而是轮到哪天休哪天，这一天还有个名字叫"休沐"，在这一天，官员们可以回家，这样看来汉朝的待遇还是不错的。

隋唐时期，改成了十天休息一次，称为"旬休"，好像待遇比汉朝差了不少，实际上不是这样的。在隋唐时期，已经有了今天黄金周的概念，他们每逢新年、冬至会休息七天。这七天时间是带薪假期。除此之外，能想得出来的理由也可以休假，除了我们日常的端午、中秋、重阳外，还有皇帝的生日（由于皇帝经常变，所以这一个假期也经常变），让人吃惊的是连如来佛祖的生日、老子的生日、孔子的生日也都放假，估计当年要是基督教传播广泛，上帝的生日也要算在里面。

宋朝待遇稍微差点，但是一年假期还是有个几十天的。

到了元朝，情况发生了变化。在元朝统治者看来，生命在于运动，工作就是休息，什么旬休、大休都没有了，大家以工作为重，一年只有十几天休息。

终于位子传到了朱元璋的手里，这位仁兄的工作精神我们已经介绍过了，他认为，给你们发工资、让你们管事已经优待了，当年老子连饭都吃不饱，还休息？

有的官员提出要恢复前朝的休假制度，被朱元璋驳了回去，然后朱元璋规定了休假的制度，倒还真是简单易行，一年休息三天！分别是过年、冬至、本人朱元璋的生日。

还想休几十天，小子们还没睡醒吧！

但实际实施后出现很多问题，比如两地分居问题、子女教育问题（是客观存在的）都无法解决，于是后来规定从十二月起放寒假，为期一个月，才算解决了部分问题。

如前所述，由于这些制度的规定，朱元璋和官员之间的矛盾越来越深，而官员们为了自己的利益，必然要违反朱元璋的这些法典，而朱元璋也不会允许这些事情的发生。这些矛盾累积到一定时候，就会爆发。

一幕历史剧就此开演。

第十八章

扫除一切腐败者！

朱元璋最憎恶贪污，这也是可以理解的，想起那本该发给自己父母的赈灾粮被贪污，导致父母饿死的情景，就会忍不住咬牙切齿，这些人个个该杀！他要创造一个真正纯净的王朝，一个政治清明的王朝，他曾经对他的大臣们说过这样一番动人感情的话："从前我当老百姓时，见到贪官污吏对民间疾苦丝毫不理，心里恨透他们，今后要立法严禁，遇到贪官敢于危害百姓的，绝不宽恕！"朱元璋是说到做到的，他颁布了有史以来最为严厉的肃贪法令：贪污六十两以上银子者，立杀！即使在开国之初，六十两银子也不是什么大数目，这个命令显示了朱元璋肃贪的决

在所有的恶行中，朱元璋最憎恶贪污，这也是可以理解的，每当他想起那本该发给自己父母的赈灾粮食被官吏贪污、导致父母饿死的情景，就会忍不住咬牙切齿，这些人个个该杀！

他要创造一个真正纯净的王朝，一个官员们人人清廉、百姓安居乐业的王朝。所以他尽一切努力去实现这个梦想。

可是梦想不一定会成为现实。

洪武二年，朱元璋曾经对他的大臣们说过这样一番动感情的话："从前我当老百姓时，见到贪官污吏对民间疾苦丝毫不理，心里恨透他们，今后要立法严禁，遇到有贪官敢于危害百姓的，绝不宽恕！"

朱元璋是说到做到的，他颁布了有史以来最为严厉的肃贪法令：贪污六十两以上银子者，立杀！

即使在开国之初，六十两银子也不是什么大数目，这个命令显示了朱元璋肃贪的决心。

为了增加震慑力度，朱元璋还设置了一项骇人听闻的政策。

自唐宋以来，政治制度、机构设置多有不同，但县衙的布局是差不多的，都有大门、戒石、鼓楼、二门这些结构，但在明朝却在大门和二门之间多设置了一个土地祠。此土地祠切不可晚上去看，着实吓人。

这个土地祠是干什么用的呢？不要吃惊，这个地方是剥皮用的，剥的就是人皮。

朱元璋命令官员贪污处死后，还要把贪官的皮剥下来，然后在皮内塞上稻草，做成稻草人，并挂于公座之旁，供众人参观。这个稻草人不是用来吓唬鸟的，而是用来威慑贪官的。

较早享受到这一高级待遇的是朱元璋的老部下朱亮祖，这位朱亮祖是赫赫有名的开国大将，立有大功，被封为永嘉侯（侯爵），镇守广州，可谓位高权重。但此人有一个致命的缺点：骄狂。

当时的番禺县（今广州番禺区）县令叫道同，是一个很清廉的官员，由于执法严厉，与当地的土豪劣绅发生了矛盾。这些土豪吃了亏又拿道同没办法，便拉拢朱亮祖，希望他为自己出头。头脑简单的朱亮祖收了好处，居然就答应了。

此后，朱亮祖多次与道同发生矛盾，干涉道同的正常执法，还派黑社会暗中设伏，打了道同一顿。但道同并未屈服，与朱亮祖进行着不懈的斗争。

双方矛盾一步步升级，终于达到顶点。道同抓住了恶霸罗氏兄弟，朱亮祖竟敢动用军队包围县衙，强行将人犯给抢了出来，并且还向皇帝上奏，弹劾道同一大堆罪状。

道同终于忍无可忍，也随后向皇帝递送奏章说明情况，但他忘记了朱亮祖有他不具备的优势——快马。

道同派人送奏章的马是驿站的马，而朱亮祖使用的是军马，朱亮祖也料到道同会告状，于是他派人挑最好的马，飞快地赶到京城，狠狠地告了道同一状。朱元璋是个头脑容易发热的人，一看到朱亮祖的告状信，就立马派人去斩杀道同。

就在朱元璋发出命令后不久，道同的奏章就到了，朱元璋一对照就发现了问题，连忙派人去追，然而已经来不及了，朱亮祖就这样杀掉了道同。

道同为官清廉，家里没有钱，他死前最担心的就是自己的母亲无人供养，便委托好友赡养他的母亲，然后从容就死。

他被杀时，无数百姓前来送行。

公道自在人心。

第十八章　扫除一切腐败者！

朱亮祖得意扬扬，自己终于斗倒了道同，他和那些土豪恶霸可以高枕无忧了。

话虽如此，但朱亮祖仍然有些不安，他跟随朱元璋打过仗，深知此人要么不做、要么做绝的性格。不过道同只是个小小的知县，而自己却是开国大将，御封侯爵，想来朱元璋不会为了一个芝麻官对自己下手的。

朱亮祖的估计似乎是对的，过了一段时间，始终未见朱元璋有何反应，他终于安心了。

也正是因为这个原因，当大理寺的官员手持朱元璋的手谕来抓他时，朱亮祖才会那样地吃惊。他虽然手下有兵，却还没有神经错乱到敢于和朱元璋对抗。他十分老实地把自己的兵权交出，和大理寺的官员一起前往京城请罪。

然而大理寺的官员并不急于上路，却询问他："你的儿子朱暹呢？"

这下朱亮祖惊呆了，他明白这句话的含义。

因为朱元璋的人生哲学正是：要么不做，要么做绝。

一路上，朱亮祖还存有幻想，他认为自己劳苦功高，只不过杀了一个知县，朱元璋最多是责罚一下他而已，并不会杀他。

但现实和想象总是有差距的。

洪武十三年九月初三，朱亮祖与长子朱暹被押到了朱元璋的面前。朱元璋没有跟他废话，充分发挥了自己动手的精神，上来就用鞭子抽了朱亮祖。侍卫们一看皇帝亲自上阵，士气大振，在得到朱元璋默许后，纷纷开始动手。朱亮祖与他的儿子朱暹就这样被活活鞭死。

"鞭死"二字，细细品味，实在让人胆寒。

杀掉朱亮祖和朱暹后，朱元璋下令将参与此事的恶霸全部杀死。他念及朱亮祖有功，给他留了全尸，但其他人就没有这样好运气了，朱暹等人的皮都被剥了下来，悬挂在闹市，供众人参观，以为后世警戒。

朱元璋对这件事情的处理让很多官员胆战心惊。而朱亮祖也在无意中创造了一个纪录：他是第一个被当廷打死的大臣。

不过他并不是最后一个。此后，当廷打死大臣这一明朝独特的现象就此延续了下去。终明一朝，很多直言大臣都被这种极端的刑罚夺去了性命。

此后，朱元璋对待贪官污吏的态度越来越严厉，他创造了一个以往封建统治者想都不敢想的政策，即规定普通百姓只要发现贪官污吏，就可以把他们绑起来，送京治罪，而且路上各检查站必须放行，如果有人敢阻挡，不但要处死，还要株连九族！这在中国法制史上是绝无仅有的。

但这一政策的操作性不强，明代的实施者并不多。

与这种群众检举揭发相比，朱元璋肃贪的主要线索来源是他的耳目，也就是我们上面介绍过的检校。这些人遍布全国各地，一旦发现官员有贪赃枉法等问题即可上奏，而朱元璋也拿出了玩命的精神，即使情报送到京城已经是半夜，他也会立刻起床办理。

甚至有的贪官今天刚收红包，第二天就会有纪检官员来找他，并将他抓回论罪。其效率不可谓不高。

朱元璋使用了这么多的手段，自己也全力配合，按说贪污行为应该绝迹，然而情况远没有他想象的那么简单。

朱元璋制定了法律，规定当时的刑罚限于笞、杖、徒、流、死五种，从字面上也很容易理解这五种刑罚，客观来说，在封建社会这些刑罚并不算重。这也是朱元璋考虑到前朝的刑罚过重而做出的一种改进。

但朱元璋并不是个按规矩出牌的人，在对付贪官污吏和反对他的大臣上，他用的绝不是这几招。

在他实施的刑罚中，最有名的莫过于凌迟，把人绑在柱子上，用刀慢慢割，如果行刑的人技术好，那受刑者就要受苦了，据说最高纪录是割三千多刀，把肉都割完了人还没死。

除此外，还有所谓抽肠（顾名思义）、刷洗（用开水浇人，然后用铁刷子刷）、秤杆（用铁钩把人吊起风干）、阉割、挖膝盖，等等。

然而在这些令人生畏的死亡艺术前，官员们仍然前"腐"后继，活像一群敢死队，成群结队地走到朱元璋的刑具下。

自明朝开国以后，贪污不断，朱元璋杀不尽地杀，据统计，因贪污受贿被杀死的官员有几万人，到洪武十九年（1386），全国十三个省从府到县的官员很少能够做到满任，大部分都被杀掉了。在当时当官未必是件好事，能平平安安地活到退休就已经很不错了，是完全可以自豪一把的。

朱元璋十分不理解，为什么这些人饱读诗书，以所谓"朝闻道，夕可死"为人生信条，却在当官之后成了"朝获派，夕腐败"。

他想破脑袋也不明白，但怎么对付这些人他是清楚的，杀！

可是杀完一批，又来一批，朱元璋急眼了，于是他颁布了更严厉的法令："我想杀贪官污吏，没有想到早上杀完，晚上你们又犯，那就不要怪我了，今后贪污受贿的，不必以六十两为限，全部杀掉！"

可就是这样也没能止贪，官员反倒是越来越少，于是在当时的史料中出现了这样一个滑稽的记录：该年同批发榜派官三百六十四人，皆为进士监生，一年后，杀六人。

似乎这个数字并不多，别急，后面还有：戴死罪、徒流罪办事者三百五十八人。

明白了吧，这三百多人一个没漏，再说说这个戴死罪、徒流罪。

什么叫戴死罪、徒流罪办事呢？这可是明朝的一个奇特景观。很多犯罪的人过堂，上到衙门才发现当官的也戴着镣铐，和自己一模一样，后面还有人监视。除了衣服是官服，活脱脱就是个犯人。

这种情况的出现就是因为官员被杀的太多，没有人干活了，朱元璋虽然勤劳，但也不能代替所有的官员。于是他创造了这样一个戴死罪、徒流罪办事的制度，具体操作方法是，官员犯法，判了死罪，先拉下去打几十板子，就在官员给伤口涂药、估计自己小命不保的时候，牢里突然来了个人，不管死活地把受罚官员拉出去，塞到马车上，送到各个衙门去处理公务。

想死？便宜了你，活还没干完呢！

结果是被判了死罪的官员给下面跪着的犯人判死罪，然后自己再到朱元璋那里去领死。

活干完了，要杀要剐您看着办吧。

该杀的杀掉，该徒刑、流放的也执行吧，别再折腾了。

朱元璋是下了大力气肃贪的，但效果并不是太好，这是很值得分析的，大凡在封建朝代开国时期，官吏是比较廉洁的，而洪武年间出现如此大范围的官员因贪污被杀，是很不正常的。

应该说，朱元璋的某些政策制定和执行出现了问题，官员贪污的主因固然是他们自己的不法行为，但官员待遇过低、朱元璋肃贪手法过于急躁，也是重要原因之一。

我们下面要讲述的两个案件就很能说明一些问题。这就是被称为洪武四大案中的空印案和郭桓案。

第十九章

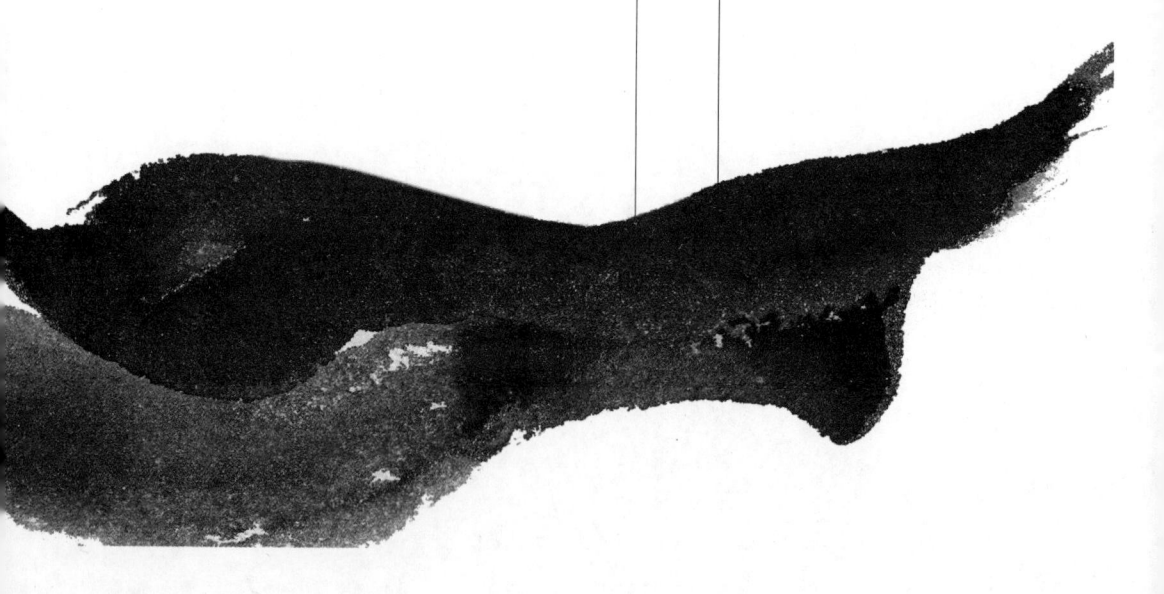

空印案 郭桓案

然有影响之广,范围之大,却首屈一指。我们先说一下这个空印案。

此案发生在洪武九年,但根据《刑法志》记载,此案当用洪武十五年,但我们还是按照惯用说法,案件的缘由是这样的:明朝规定,各地每年都要派人到户部报告地方财政账目,而地方账目必须跟户部审核后完全相符,这一年的地方财

空印案

这是一个冤案,然而其影响之广,范围之大,实在罕见。

我们先说一下这个案件发生的时间,根据《刑法志》记载,此案发生在洪武十五年,但根据此案当事人的记载,真实案发时间是在洪武九年(1376),目前这一问题尚未得到确认,本文采用洪武九年的说法。

案件的缘由是这样的:明朝规定,各地每年都要派人到户部报告地方财政账目,而地方账目必须跟户部审核后完全相符,这一年的地方财政计划才算完成。如果对不上,即使只是一个数字,账目就必须重新填造,更让人为难的是所有重修账册必须盖上原衙门的印章才算有效。

这个规定在现在看来似乎不难执行,但在当时可就难了。

要知道,当时没有高速公路,也没有铁路,各府各县必须派使者带着账册去京城。这些使者的首要条件是身体好,因为这一路上是很辛苦的,没有汽车火车让你坐,你得骑马、坐船、再骑马,某些时候你可能还要搞些登山运动。

比如你是广西某地的官员,要想到京城,最快也得一两个月。就算你年初一就出发,到京城起码也是早春三月了。满头大汗跑去户部,一核对,错了一个数字。

行了,啥也别说了,兄弟你打马回去吧,我等你。

于是又是一路狂奔，先骑马，再坐船，回去改了账册，盖了公章。我去也！

这就是四个月过去了，转眼已是夏天，赶到京城，又见面了。

兄弟你终于来了，我等你好久了，接着来吧。

这位运气不好，核对后发现还是有地方错了，啥也别说了，还是回去吧，下次过来记得多穿点衣服啊，冬天很冷！

于是又赶回去，赶回来，这回核对上了，可差不多快到第二年了，你也别回去了，在这儿过年吧，计划又该重新做了。

基本情况就是这样，如果总这么折腾，谁也受不了。经过分析，官员们发现，关键问题在于盖印这个环节，因为纸笔都是现成的，账册错了改就是了，但印是不能让你带的，你把印拿走了，官老爷总不能拿萝卜刻印盖公文吧。当时在街头私刻公章的生意还是没几个人敢做的，于是他们灵机一动，带上事先预备好的盖过印信的空白文册不就行了吗？

就这样，带空印文册成了当时一条不成文的规定，朝廷上下都知道，除了一个人例外。

很不幸的是，这个人正是朱元璋。

洪武九年，朱元璋突然发现了这个所谓的秘密，就在自己眼皮底下，官员们竟然敢搞这些名堂！

他震怒了，认为自己做了一回冤大头，于是他派遣官员对此事进行了详尽的调查。

按说只要一调查，这个问题是不难解释的，其实即使是他派去调查的官员也清楚整件事情的来龙去脉，但是一个奇怪的现象出现了，事情的缘由大家都知道，可就是没有人说。

于是就出现了这样的滑稽场景，问话的官员也知道，回答的官员也知道，只有朱元璋不知道。

这个现象不难解释——官员们害怕。

如果上书辩解，很有可能被认为是同党或者包庇，这个黑锅谁背得起？

就在此时，一个勇敢的人站了出来，值得敬佩的是，他并不是在职官员，而只是一个平凡的生员；从某种程度上来说，他只是一个老百姓。

郑士利的直言

这个人叫郑士利，他没有任何背景、没有任何靠山，只是凭借自己的勇气，只是为了说出真相。

他利用当时平民可以直接上书的渠道给朱元璋写了一封很长的书信，这封书信在历史上也很有名，在书信中郑士利明确指出：空印文册所用的是骑缝印，并不是一纸一印，而钱粮数字不同，必须一一核对，所以很难确定。说明了空印出现的原因。

其实郑士利不但敢于直言，也是个聪明人，他估计到朱元璋可能羞于认错，便在文章的最后为朱元璋开脱，写道：其实您也是为了老百姓好，您是怕贪官污吏借机挪用这些空印纸，用来危害老百姓（恐奸吏得挟空印纸，为文移以虐民），您也是为了百姓好啊。

照郑士利的意思那就是：皇帝大人您也没错，大臣们也没错，当然小人我也没错，大家都没错，误会，误会啊！

朱元璋给他的赏赐是送去劳改。

因为郑士利把朱元璋看得过于简单了，朱元璋并不是一个糊涂的人，他也不是不肯认错的人。其实从他的无数耳目那里，他是很容易得知事实真相的。如果他连这个问题都搞不清楚的话，明朝的天下就不会姓朱了。

那么他为什么还要处罚这些官员呢？

真正的原因在他的心里。

朱元璋从来就不信任那些官员，这与他从小的经历是分不开的，他深刻了解这些官员徇私舞弊的本事，在他看来，这些人是靠不住的，即使现在这些官员在为他干活。

综合各方面分析，空印案之所以给朱元璋如此大的触动，是因为他认为这些官员轻视他的权力，居然敢不向他请示就私下擅自盖印。这是藐视他的权威。

真是好大的狗胆！居然为了偷懒就私用权力。今天你们不经过我的允许，把印盖在文书上，要是容了你们，明天就会把印盖到我的头上！不整治你们一下是不行了。

郑士利被罚做苦工了，作为一个平凡的人，他没有机会见识皇家的威严，没有福气享受当官的荣耀，他一无所有，却凭借自己的勇气完成了他个人的壮举。由于他的英勇行为，这位既非皇亲国戚也非名臣将相的普通人被记入了《明史》。

在属于他的《明史·郑士利传》上，我们看到的是勇气。

这样的人是不会被我们遗忘的。

相对于那些空印案中获罪的官员，郑士利还是幸运的。

既然案件已经定性，那么接下来的就是处罚了，问题在于几乎全国所有的府县都存在空印现象，总不能把所有的府县官员都杀掉吧。

这又是一个难题，但在朱元璋那里，似乎没有他解不开的题目。

他总能做出别人想不到的事情，旁人认为他绝不可能把涉案的所有官员都杀掉，但他真的就这样做了。

官员们，无论你们在什么地方，不管是天涯还是海角、是山地还是平原，所处的环境繁华或是荒芜，你们的待遇都是一模一样的。

在我们宣布处罚结果之前，先说一下当时全国的行政结构，全国共有十三个省，一百四十多个府，一千多个县，这些省府县的官员很多都与空印案有关。

处罚如下：主印官员全部杀掉，副手打一百杖充军。除此之外，连各省按察使司的言官也多有获罪者，理由是监管不力。

这是名副其实的一扫光，平时都争谁官大，这下倒好，干个副职还能去当兵，正职就得掉脑袋了，真是所谓能力越大，责任越大。

在这次空印案中很多素有清廉之名的好官也被杀掉了,最有名的就是千古忠臣方孝孺他爹方克勤,这位仁兄在山东济宁干知府,为政清廉,平时肉都舍不得多吃,衣服上满是补丁,就因为他是主印官,糊里糊涂地没了脑袋。

但要说明的是,空印案中所杀官员的数目是有争议的,有些史料记载死者上万人,这应该是不准确的,因为朱元璋处理的只是掌印的官员,副职他并未杀掉。朱元璋也并不是人们想象中的杀人狂,他是有着清醒的政治头脑的。杀光官员这种蠢事,他不会干的。

综合分析空印案,可以看出,此案和肃贪其实并无太大关系。官员们由于工作上的便利采取的一种变通手法,演变成了一件大案。而在大家都心知肚明且有人上书说明真相的情况下,朱元璋还接着处理此案,就值得我们深思了。

朱元璋的行为大概可以用《说唐》里秦叔宝进牢房时,衙役喊的一句话来解释:"进得牢来,先打你一百杀威棍,看你老不老实!"

这就是杀威棍的威力。

空印案的规模和排场在洪武四大案中只能算是小弟弟,下面这个案件才算是大哥级别的,那才是真正的所到之处,一扫而空。

郭桓案

此案与上一案件不同,其中确实存在着贪污问题,但牵涉之广、影响之大在贪污案件中确属罕见,而此案中也确实存在着很多疑点。

事情的经过是这样的,洪武十八年(1385)三月,御史余敏、丁廷举告发北平布政使司、按察使司官吏赵全德等与户部侍郎郭桓合谋贪污。在朱元璋编的《大诰》中,详细列举了郭桓贪污的方式和数量,看了实在让人触目惊心。我们有必要列举一下(请仔细看,疑点就在其中),其贪污行为包括:

一、郭桓私分了太平、镇江等府的赋税,也就是说这些地方的钱粮朱元璋没有收到,全被郭桓私自吞掉了;

二、郭桓私分了浙西的秋粮，具体数字是这样的，当年浙西的钱粮是四百五十万石，郭桓只交给了朱元璋二百多万石，其余的他自己私吞了；

三、郭桓等人在征收赋税的时候，巧立名目，创造性地征收多种赋税，包括水脚钱、车脚钱、口食钱、库子钱、蒲篓钱、竹篓钱、神佛钱等。

最后算出总账，他和同党一共贪污了两千四百多万石粮食。

这么看来，郭桓确实是胆大妄为，他勾结其他官吏贪污腐败。朱元璋也并没有放过他的同党。那么郭桓的同党是谁呢？经过朱元璋的追查，六部的大多数官员都成为了郭桓的同党！

他们包括礼部（教育部）尚书赵瑁、刑部（司法部）尚书王惠迪、兵部（国防部）侍郎王志、工部（建设部）侍郎麦至德等。请注意，这个名单很长，据《刑法志》记载，当时六部除了上面所列高级官员外，所有侍郎（副部长）以下官员都被干掉了。

这也就是说当时的六部，每个部除了尚书（部长）一人、侍郎（副部长）两人（上文已列出者除外），所有的办事官员都被杀掉了。当时的部长真的成了光杆司令。官员们陷入了恐惧之中，见面的第一句话应该就是："你们今天死了几个？"

其实到后来这个问题也不用回答，因为一个部里最多只剩下三个人。

这是中央官员，还有地方的经办官员，粮食是由省里送来的，往下查，就是各个府县，府县再往下，就是那些所谓的富户、粮长。这些人也大多被杀掉。

此案一共杀掉了三万余人，结果是"百姓中产之家大抵皆破"，算得上是把朝廷上下一扫而空了。

这样看来，我们不得不佩服在郭桓案件中幸存下来的官员，真不容易啊，怎么把你们给漏了呢？

以上所列就是史料的记载，也就是我们所谓的案发现场，请大家注意，并非所有史料都是可信的，在这些资料中，互相矛盾的并不少，就如同凶案现场会出现很多将你引入歧途的线索一样。

但只要你认真分析，是可以找出真相的。

其实历史学家们很重要的一项工作就是从这些互相矛盾的资料中找到真相，破解谜案。而破案的最重要工具，也是历史学上很重要的原理，就是立场。

所有的书籍都有立场，所有的立场都有倾向，相信如果不是自虐，写书骂自己的人毕竟还是少数。

而这个案件的疑点，就在上述事实之中，至少有两个：

一、贪污的数目应该有一定问题。

大家要知道当时明朝一年的收入也只有两千四百多万石粮食，在朱元璋刚刚处理完胡惟庸，且已经设立了锦衣卫的情况下，郭桓不过一个侍郎，何来包天大胆敢如此妄为，贪污的数量居然赶得上明朝一年的收入？

而且我们先前已经介绍过，当时肃贪力度之大，贪官闻风而逃，即使身在穷乡僻壤，白天贪污，晚上就可能被告发，郭桓等人就在朱元璋眼皮底下，每天无数的密探来来往往，他老兄居然还敢私吞几个省的公粮？！

朱元璋自废除丞相之后，很多小事他也会亲自处理，如果有几百万石粮食不入库，朱元璋早就跳起来骂人了，何必等到御史告发？

二、我们看看历史上著名的贪污案，就会发现其实贪污这种事情，一般都是人越少越好，既安全，分的钱也多。郭桓不过是个户部侍郎，要贪污粮食怎么会和礼部、刑部、兵部、工部、吏部的人一起合作，莫非他是觉得知道他贪污的人太少，想给自己打个广告？

不管怎样，郭桓也算是风光了一把，他一个小小的侍郎，其同党的数目居然打破了丞相胡惟庸保持的纪录。

虽然这个纪录并不光彩。

综合看来，这个案件是存在着很大疑点的，但这也并不能说明此案就是子虚乌有，郭桓的贪污行为很有可能是存在的，只不过数量没有这么大、所谓的同党没有这么多罢了，不然为何朱元璋不找张三李四，偏要找你郭桓呢。

郭桓案最终还是结束了，具有讽刺意味的是，在此案中被杀的最后一个人正是此案的主审法官，杀掉无数官员的右审刑吴庸。

经过这一连串大案，朝中官员如惊弓之鸟，每天都担心自己脑袋不保，有些好事的人就拿这些官员开涮，说朱元璋上朝时如果玉带系在肚皮下面，就是要杀人了，如果玉带在肚皮上代表今天平安无事。

如果这样判断，那是要出问题的，万一哪一天朱元璋吃得太饱，肚子胀，玉带只能放在肚皮上，心情又不好，官员们可就要吃苦头了。

史料记载，官员们每天上朝，都要在家门口举行仪式，什么仪式呢？穿戴整齐，抱抱老婆孩子，交代清楚谁还欠我多少债、我的私房钱藏在床底之类的后事，然后诀别而去，老婆孩子就在背后哭，除了人还是活的，和开追悼会没什么区别。

散朝的时候，老婆孩子在家门口等着，如果看到活人回家，就会大肆庆祝一番，庆祝的内容是今天我又活了一天。

这些并不是玩笑，而是真实的历史景象，在不知明日祸福这种极大的压力下，很多官员承受不住，纷纷表示自己就当白读了几十年书，情愿回家种地。

官我也不做了，回家总行了吧。

哼哼，没有那么容易。"奸贪无福小人，故行诽谤，皆说朝廷官难做。"诽谤朝廷，这又是一条重罪。于是走也不是，留也不是，正是"你说你，想要逃，偏偏注定要落脚"。

人类最伟大的地方就在于总能想出办法解决问题，明朝的官员们在这个矛盾上充分体现出了这一特点。他们想出了一个很绝的方法——装疯。

在洪武年间的朝廷里，好好的一个人突然间得了精神病是常见的，具体表现为痴呆、神情木然、披头散发、见到人就叫爹、拿着菜刀四处和人打招呼等，形式多种多样，目的当然只有一个——多活两年。

话说回来，这招也是不错的，而且当时也没有精神鉴定这一招，只要你能下血本，多恶心的事都做得出来，就一定能够成功。

下面我们就举一个成功者的例子，那装疯意志可真是坚强。

这个倒霉（或者是幸运）的人叫袁凯，是监察御史，有一次朱元璋派了个工作给他，把处决人犯的名单交给太子朱标。这应该是个很简单的工作，但袁凯没有想到的是，自己的命运就这样改变了。

他把名单交给太子，太子看到名单上人太多，主张从宽处理，可问题是他并没有自己去找老爹说这句话，而是转告袁凯，让他去告诉朱元璋自己的意见。

袁凯心想，去就去吧，见了朱元璋，老实地把太子的话原样说了一遍，完后叩个头，准备走人。谁知就在此时，朱元璋问他："太子意见和我相反啊，你看谁说得对呢？"

见鬼了，你们父子俩的事情，是我一个小官能掺和的吗？袁凯左右为难，没有办法，想出了回答的话："皇上也没错，太子也没错，皇上杀人是维持法纪，太子放人是发善心。"

太难为袁凯了。

谁知朱元璋听后大怒，当面斥责袁凯狡猾，不说真话，然后把他赶了出去。袁凯回家后越想越怕，下了决心装疯。第二天，他就不上朝了，让家里人传话说自己已经疯了。

朱元璋果然不信，派人到他家打探，派去的这个人也不是空手来的，还拿了一件木工钻，传朱元璋的话，疯子是不怕疼的，就看看你是真疯还是假疯。于是便用木工钻去扎袁凯。

袁凯不愧是装疯高手，发扬了关云长刮骨疗伤的优良品德，任人来钻只是不出声，来人这才相信，便回去报告了朱元璋。袁凯躲过了这一关。

然而朱元璋还是不相信他疯了，便偷偷地派另一使者去看袁凯家里的情况，这位使者刚走到袁凯家的院子里，就被一个景象惊呆了，直庆幸自己还没吃饭（诸位吃饭前最好也不要看）。

原来袁凯脖子被铁链锁住，正趴在地上吃狗屎，还一段段地嚼。使者大倒胃口，到这个地步，如果袁凯还没有疯，那就是自己疯了，连忙回去告诉朱元璋。朱元璋听后也是一阵恶心，便没有继续追究袁凯。

大家应该知道，袁凯是装疯的，吃狗屎这一招也太狠了，不过袁凯并不是吃的真狗屎，他在都察院的同僚事先得到消息，便告诉了他，他灵机一动，把面粉和上酱料做成狗屎状物体，当饭给吃了。这才躲过了朱元璋的耳目。

朱元璋时期，官员们的日子是不好过的，从肃贪到空印案、郭桓案，朱元璋杀了很多人，有些是该杀的，而有些则是错杀、冤枉的。很多人就此给朱元璋安上了"屠夫""杀人狂"的名字，甚至有人怀疑他的精神有问题，那么朱元璋这样做的目的到底是什么呢？

我们之前讲述了很多这一时期的情况，对朱元璋肃贪和错杀的事实都进行了列举。这也是希望能从更客观的角度来述说朱元璋与官员之间的关系。

应该说朱元璋的这些行为虽然有些过激，但其行为主体还是正确的，他的目的是消除贪官污吏，如果我们联系朱元璋少年时候的遭遇，就更能理解他的行为。

朱元璋从小就被官府欺压，自己的悲惨遭遇很大程度上是贪官污吏造成的，这也使得他很不喜欢这些当官的，即使官员们为他干活，在他的内心中对这些人也存在着极大的不信任感。这种不信任感一旦遇到某些因素的触发，就会迅速扩大，进而蔓延到对整个群体的信心缺失。

正如俗话所说"一朝被蛇咬，十年怕井绳"，朱元璋就是这样一个被蛇咬过的人，他被官吏们欺压了几十年，怎么会信任这些人？所以如空印案、郭桓案这样的案件一发生，朱元璋就会迅速将风潮扩大，在他看来，官员都是不可信的。

而朱元璋的肃贪行为虽然可敬，效果却不佳，这是因为他过分看重刑罚的力量，而没有注意从各方面加强制度上的完善，一味地猛打猛杀，虽然在他统治时期贪污现象很少，但他死后，明朝的贪污却十分严重，我们后面还要讲到。

朱元璋给官员的待遇很低，很多人认为是故意虐待官员。但我在分析明朝初期俸禄制度后发现，这个看法不一定是正确的，朱元璋制定的俸禄标准应该是经过仔细计算的，这些俸禄是足够明初的官员们生活的。只不过他没有考虑到官员除了自己一家吃饱外，还要养活办事员，还有一定的人际往来，而由于经济的发展，生活水平的提高，原先的俸禄是不够的。

也许有人会问，朱元璋如此精明，怎么会想不到这些呢？可是就实际情况看，在这些问题上，朱元璋确实是缺乏远见的。

比如他为了不让自己的子孙挨饿，规定凡是自己的子孙，一律不允许出去工作，就算没有官做，也只能在家吃俸禄。由于自己要过饭，而且家破人亡，朱元璋对自己的亲戚十分看重，他制定的世袭爵位制度为子孙们做了充足的打算，即使是像刘备那样，不知是中山靖王多少竿子打不着的子孙，他也预留了爵位，并准备了相应的俸禄。

然而他没有想到的是，到了一百年后，他的子孙们已经繁衍到了几十万人之多，朝廷一个省的粮食来养活他们都不够，最后某些皇子皇孙得不到粮食，又不能出去工作，就活活饿死在家里。这就是所谓的好心办坏事吧。

我想，这样的分析和评价对朱元璋来说应该是公平的。

李善长的结局

在朱元璋整肃官吏的同时，另一个大案——胡惟庸案也在进行中，这个案件并没有因为胡惟庸的死亡结束，它仍然延续着，不断有某人因为另一某人的供词被杀，何处是个头？

出人意料的是，李善长还活着，他与胡惟庸是亲家，而且他弟弟李存义是铁板上钉钉的同党，朱元璋考虑到他在朝廷中的巨大影响力，不但没有杀他，连他的弟弟李存义也免死，放逐到崇明岛（今上海崇明岛），这应该算是很大的恩典了。

然而李善长很明白，自己活不了多久了。他太了解朱元璋了，自己毕竟还是或多或少参与了谋反，以这个人的性格绝不会放过自己。

朱元璋，来杀我吧！首级任你来取！

洪武二十三年（1390），李善长家里修房子。他已经不是当年的丞相了，不能再呼风唤雨，但总得找人修啊，难道要自己动手？

他想到了带兵的汤和。

汤和是他的老乡，也是他的好友，他向汤和请求借三百士兵当劳工。这似乎是一件平常的事情。然而有一件事是他绝没有想到的。

汤和出卖了他。

在借给李善长三百士兵后，汤和立刻密报了朱元璋，朱元璋又一次对李善长动了杀机。

应该说三百人实在是干不了什么的，而且兵还是汤和派出去的，不会听李善长的指挥，即使如此，这件事情已经足以成为骆驼背上的第一根稻草了。

这样看来，汤和能够活到最后，实在是有他的道理。

老眼昏花的李善长似乎是嫌自己活得太长，他立刻犯了第二个错误。

他的亲信丁斌因为犯法应该被流放，李善长却上书为丁斌求情。朱元璋又一次愤怒了，你以为自己是谁？我处理犯人还要你来管吗？他下令不再流放丁斌，却也没有释放他，而是将他关到监狱里，日夜拷打。朱元璋相信，李善长身上一定有着某些秘密，而这个秘密丁斌一定知道。事实证明，他的判断是对的。

李善长所作所为对得起丁斌，丁斌却对不起李善长。

他供认了李存义与胡惟庸共同谋反的细节。朱元璋当机立断，把李存义抓了回来，还是严刑拷问，李存义于是又供出了他劝说李善长的情况，而李善长的那句"汝等自为之"也成了朱元璋嘴里出现频率最高的词句之一。

骆驼就要倒了，再加一把稻草吧，到了这个时候，稻草是不难找的。

李善长的家奴经过仔细的分析，认为时机已到，落水狗不打白不打，打了不白打。他们合谋以受害者的身份向朱元璋申述，自己长期受到李善长的欺压，并状告李善长积极参与胡惟庸谋反，并且将时间地点说得相当清楚，虽然以他们的身份似乎不太可能知道得这么清楚。但在当时，这一点并不重要。

此时凑热闹的人也不断地多了起来，御史们纷纷上书，弹劾李善长，从上朝时不注意礼节到贪污受贿，罪名无所不包，似乎恨不得控诉他修建房子过程中砍伐树木破坏了环境。更让人想不到的是，一个绝对与办案八竿子打不着的部门也在李善长身上踩了一脚，说来实在让人啼笑皆非。

这个部门是钦天监，主要负责天文历法，无论怎么也想不到看天文的还能插一脚，但他们确实做到了，可见世上无难事，只怕有心人。

他们向朱元璋奏报，最近出现星变，是不吉利的预兆，然后提出了解决的方法："当移大臣。"

要什么来什么，真是不能不服啊。

李善长活到头了，别说什么铁券，就是钻石券也救不了他。

追随你几十年，终于到了终点，我不能再陪你了，自己走完这条路吧。

不管怎么说，李善长都没有谋反的理由。他的儿子娶了公主，他本人不但是朱元璋的亲家，也是第一重臣，即使胡惟庸谋反成功，他最多也只是第一重臣，有谋反的必要吗？

朱元璋自然知道李善长没有必要去谋反，但他却有必要杀掉李善长。

念及李善长跟随自己多年，在临刑前朱元璋见了李善长最后一面。

朱元璋坐在自己的宝座上，看着跪在下面的李善长。

这个人曾经是我最信任的部下，现在我要杀他。

李善长跪在地上，抬头望着朱元璋。

这个人曾经是我最真诚的朋友，现在他要杀我。

还能说什么呢，什么都不用说了。

李善长看着朱元璋，几十年前，他投奔了这个人，他们彻夜长谈，相见恨晚，共同谋划着将来的远大前景。那一年，李善长四十岁，朱元璋二十六岁。

他向现在的皇帝朱元璋叩头谢恩，走出了大殿。

李善长走上了刑场，他最后看了一眼天空。

今天的天气真好，天很蓝。

他突然想到，三十六年前，他走进朱元璋军营的那天，似乎也是个晴朗的天气。

洪武二十三年，朱元璋杀李善长，夷其三族。

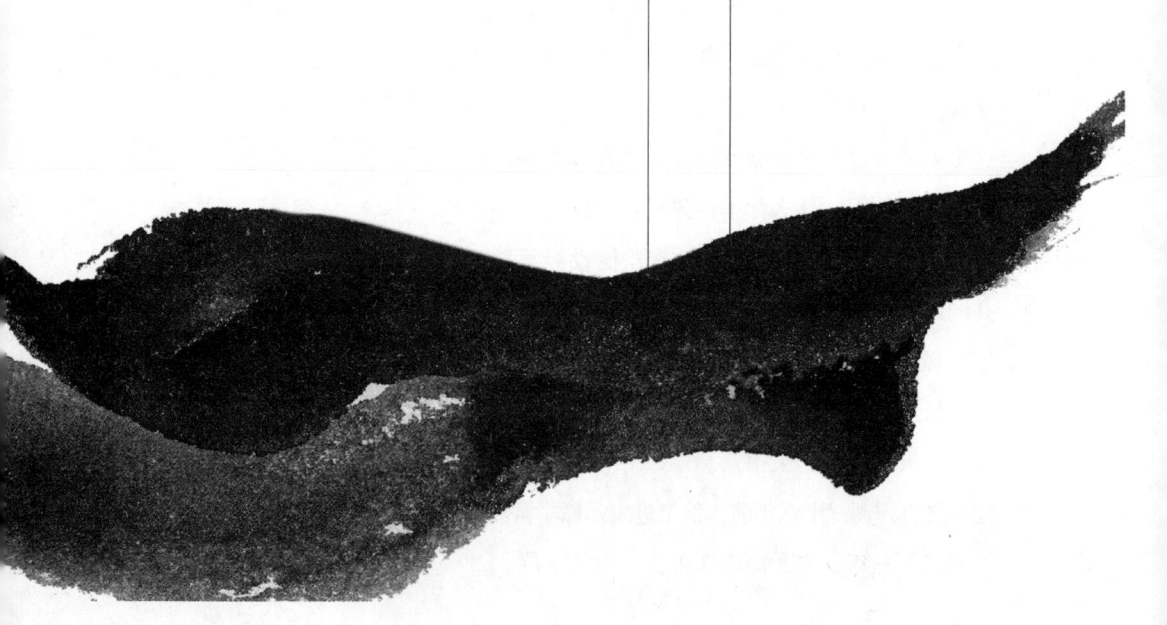

第二十章

最后的名将——蓝玉!

李善长给……上了惟庸……处理胡"，朱元璋……的同时，在另一战场上也赢得了胜利，这个战场就是大漠的北元，朱元璋对它的实力朝进行不断的侵袭，但他严重削弱，明朝最大的威胁。坦白地说，在军事上，你不得不佩服朱元璋的眼光，他的预言在几十年后很不幸地得到了应验。朱元璋组织兵力，分别于明洪武十三年二月及洪武十四年（1381）正月，对北元发起两次远征。这两次远征都取得了胜利，但并未对北元

李善长的死终于给延续十年的胡惟庸案件画上了一个小小的句号。官员们终于可以松口气了。

朱元璋却没有松气，他似乎是个精力无限的人，在处理胡惟庸、李善长的同时，他在另一个战场上也赢得了胜利。

这个战场上的失败者就是已经逃到大漠的北元，虽然在明初的几次战争中，北元的实力受到了严重削弱，但他们仍然有足够的兵力对明朝的边境进行不断的侵袭。

朱元璋并没有因为北元的实力削弱而放松对它的打击，他一直认为蒙古骑兵始终是明朝最大的威胁。坦白地说，在军事上，你不得不佩服朱元璋的眼光，他的预言在几十年后很不幸地得到了应验。

朱元璋组织兵力，分别于明洪武十三年二月及洪武十四年（1381）正月，对北元发起两次远征。

这两次远征都取得了胜利，但并未对北元形成致命的打击。而北元也认识到，与强大的明朝正面作战是不可能取得胜利的，他们化整为零，采用打了就跑、跑了再打的游击战术不断骚扰明朝边境。

此时北元的统治者正是元顺帝的儿子，从乱军中逃出的爱猷识理达腊，他继位为北元皇帝，他奉行的是坚决对抗明朝的政策。其实他采取这一政策也是可以理解的，毕竟本来在大都当皇帝的父亲被人逼得搬了家，而自己的大部分亲戚都被明朝抓去吃了牢饭。此仇实在不共戴天。

而更重要的原因是，他也要吃饭。作为游牧民族，在互市没有开放的情况下，要想得到中原地区的物产，只有一个方法——抢。而且这个办法不是太费劲，虽然有损失，但所得也不少。用经济学上的话来说，叫机会成本低。这样的生意自然是要常做的。

朱元璋清醒地认识到了这点，他知道，要想彻底消除北元的威胁，就必须让这位爱猷识理达腊赔上所有的老本，永远无法翻身。

但朱元璋也有一个难题，那就是明初的那些名将都死得差不多了。当然，很多是被他自己杀掉的，最能打仗的几个人中，常遇春死得早，李文忠被他削职流放，冯胜和邓愈虽然还活着，也已垂垂老矣。而第一名将徐达也于洪武十八年（1385）病死，算是善终。

值得一说的是，很多书上记载，徐达得病后不能吃蒸鹅，而朱元璋偏偏就赐给他蒸鹅，徐达含恨而死。

这一说法是不太可信的。

徐达不但是朱元璋的重要将领，而且还在和州救过朱元璋的命，杀掉他对朱元璋没有任何好处，而且他为人低调，从不招摇。退一步讲，即使朱元璋要杀徐达，也不需要用这么笨的法子，找个人开点毒药，派两个锦衣卫就能解决问题。何苦要用赐蒸鹅这么明目张胆的方法来杀掉他？

徐达是明朝的优秀将领，他平民出身，却是不世出的军事天才，他从小兵干起，跟随朱元璋出生入死，在残酷的战争中成长为元末明初最优秀的将领。他善于指挥大军团作战，深通谋略，为人宽厚，历数十役，战必胜、攻必取，与北元第一名将王保保的作战更是他军事生涯的最高峰。

一个平凡的人经过自己的努力，终究成为叱咤风云的名将。

徐达，当之无愧的第一名将！

徐达的时代结束了，新的名将时代到来了。

这个时代属于另一个人，这个人叫蓝玉。

蓝玉是安徽定远人，他是常遇春的内弟。常遇春为人高傲，却对他的这个亲戚非常推崇，几次在朱元璋面前推荐。但朱元璋并没有轻信常遇春的话，直到蓝玉跟随徐达参加了洪武五年的远征，表现出众，才委他以重任。

说是重任，其实也不算，蓝玉的运气其实并不好，在他的那个时代，名将太多。他无论从资历和能力上都还差一截，只能乖乖地给那些前辈打下手。

洪武二十年（1387），朱元璋又一次下令远征，在当时能够参加征沙漠（明称伐北元为征沙漠）的军事行动对每一个将领来说都是一种光荣。而蓝玉在历次征沙漠的行动中只是担任了几次配角，偏偏配角还当得并不顺利，洪武五年的那次演出还是被王保保追着跑回来的。

这对于一个军人而言，实在是不光彩的。

军人最大的光荣到底是什么？不是攻克了多少城池，杀死了多少敌军，也不是缴获了多少牛羊。

对于军人而言，最大的荣耀莫过于找到那个打败过自己的人，然后彻底战胜他。

蓝玉永远也忘不了洪武五年的那次战争，王保保的军队突然出现，将自己打得措手不及，他连王保保长得什么样都没有看清，就被击溃。虽然这次失利并不是他的责任，但他明白，要争取自己的光荣，最好的方法就是再次与王保保交锋，彻底击败他，然后站在他的面前，骄傲地对他说：我就是蓝玉，曾经被你击败的蓝玉，现在，你是我的俘虏！

从那之后，蓝玉苦苦思索着用兵之道，他不断地熟读兵书，朝思暮想与王保保再战一场。然而他的愿望落空了，洪武八年（1375），王保保死在了漠北。

蓝玉一度失去了目标，但他很快又找到了新的方向——彻底消灭北元！

虽然他有着雄心壮志，屡次请命要求指挥征沙漠的战役，但还有几个老资格在那里撑着，哪里轮得到他？他先后跟随着傅友德出征云南、大理，立下了赫赫战功，并被封为永昌侯（侯爵）。虽然众人已经承认了他的军事才能，但在他们的眼中，蓝玉始终只是蓝玉，他不可能超越徐达、常遇春、李文忠这些名将。

蓝玉是一个要强的人，他从不会承认自己比任何人差。

但他也明白，要获得大家的承认，只有做他的前辈徐达、常遇春没有做到的事情，那就是消灭北元。

所以洪武二十年的这次远征，无疑给蓝玉提供了一个最好的机会，朱元璋同意了蓝玉的请求，给了他右副将军的位置。

听到右副将军的名字就知道，这是个副职。但他实在没有任何理由去争取更高的位置，因为主帅是冯胜。

蓝玉心有不甘，却又百般无奈地出发了，他知道，现在还轮不到他。

不过，机会这样东西总是无处不在的，蓝玉多年的努力将在这次远征中开花结果，以一种谁也想不到的方式。

这次远征的目标是占据松花江以北广大地区的元太尉纳哈出。纳哈出也是一位优秀的将领，在王保保死后，他拥兵二十万，占据辽东的大片地区，严重威胁着明朝的边界。

朱元璋很早就想拔掉这颗钉子，因为只有除掉纳哈出，才能放心大胆地攻击北元。

与以往一样，重大的军事行动由朱元璋亲自部署，他根据形势，对冯胜做出了如下指示：

你们的部队应该首先进驻通州（今北京通州区），但千万不要急于行动，先派人打探元军的消息，如果在庆州（今内蒙古巴林左旗）发现了对方的行踪，就要立即展开攻击，但万不可大军全动，而应先派骑兵对其发动突然袭击。只有在前锋部队攻克庆州之后，大军才能开始进攻，战则必胜。

朱元璋停了一下，加重语气说道：但在占据庆州之前，你们万不可动兵，动则必败。

朱元璋的这番话好似算卦，仗还没有打，他就已经预测到了战争进行的全部过程。即使是如冯胜、蓝玉这样的优秀将领，也不大敢相信朱元璋的这些话。

在明朝的很多次军事决策中，朱元璋都是少数派，但真理往往就站在他那边。这次也不例外。

而且就在这次远征的同时，朱元璋暗地里还布置了一个计划，事后证明，这个计划的成功实施彻底地瓦解了纳哈出的二十万大军。

朱元璋，奇人也。

雪夜中的攻击

正月初二，朱元璋命宋国公冯胜为征虏大将军，颍国公傅友德、永昌侯蓝玉为左右副将军，率军二十万向辽东进发。

二月初三，冯胜率兵抵达通州，他听从了朱元璋的安排，并未出兵，而是派人打探庆州的消息，让他惊讶的是，纳哈出果然在庆州安排了重兵把守。

下一步就不用犹豫了，冯胜派遣骑兵先锋攻击庆州，这个先锋的位置自然被蓝玉抢了去。

蓝玉终于等到了机会，他看着自己身后的那些骑兵，虽然人数并不多，虽然此行也许很危险，他的心中却充满了兴奋。

终于等到了这一天，属于我的时刻到来了。

这一天，大雪。万物被白雪覆盖，天地一片苍茫，山川大地似乎已经没有了界限。大军就要在这样的环境中出发，向那不可知的前方挺进。

在出征之前，蓝玉对他的士兵们说道："我们马上就要出征了，此次攻击务求必胜，各位要奋力杀敌！唐时名将李愬冒雪下蔡州，一举荡平藩镇，立下不朽功业，今天又降大雪，岂非天意！望各位以身许国，至死不弃，建立功勋，名留青史！"

言罢，他翻身上马，向庆州出发。

蓝玉跟随常遇春多年，深得其兵法之精髓，其作战风格也与常遇春相似，向来以突击奔袭震慑敌胆，往往敌人还未反应过来，就已被击溃。

庆州之战中，蓝玉充分发挥了自己用兵的这一特点，连夜奔袭，不做任何停顿，赶到庆州时，敌人毫无准备，城门大开，正在埋锅做饭。当他们看见这些身上白雪覆盖、浑似幽灵的人手持马刀向他们冲来时，吓得目瞪口呆。

蓝玉没费什么力气就全歼敌军，杀北元平章果来，占据庆州，并抓获了大批俘虏。

他并没有扬扬得意，因为他知道，下一步的行动才是最重要的。

冯胜在通州得到了蓝玉的捷报，他意识到，决战的时刻终于到来了。

三月初一，冯胜亲率大军出松亭关，驻兵大宁（今内蒙古宁城）。冯胜用兵十分谨慎，绝不轻易动兵，在探明敌情后，他终于下定了决心。

五月二十一日，冯胜留兵五万人驻守大宁，自己率大军直捣辽河，获得小胜，打开了通往辽东的通道，纳哈出就在眼前！

就在冯胜与蓝玉会师，准备与纳哈出决战之时，一个意外的消息打乱了他们的计划。

与以往不同的是，这是个好消息。

故百战百胜，非善之善也；不战而屈人之兵，善之善者也。

——《孙子兵法》

朱元璋在派出冯胜远征的同时，还召见了一个人，并派给他一个使命。这个人名叫乃剌吾，是纳哈出原来的部下，他得到的使命是劝降纳哈出。

朱元璋在军事上从来都不是一个蛮干的人，他很清楚要打败北元很容易，要彻底消灭北元的威胁很难。于是他在军事征讨的同时，用了另一种武器来打击北元。

这种武器比任何刀枪剑戟或是火枪大炮都厉害，它的名字叫钱。

朱元璋客观地分析了形势，他认识到单靠武力是很难消灭北元的，应该采用一种更为有效的方法，在与北元多次交锋后，朱元璋找到了这个方法。

北元是游牧民族组成的政权，经济实力是无法和明朝相比的，他们所凭借的不过是英勇善战的传统而已。既然如此，就以己之长，攻彼之短。北元的士兵善战，朱元璋就用大量的金钱引诱蒙古人内迁，并分给蒙古贵族土地。这一招十分有效，毕竟谁愿意天天在沙漠里吃沙子呢？还是中原好啊，好吃好喝，还有娱乐节目。

这一招釜底抽薪十分厉害，许多蒙古人都迁居到中原，北元的人丁逐渐稀少起来。

与此同时，朱元璋还采取了开明的民族政策，他平等地对待所有民族，不搞民族歧视。早在徐达攻击大都时，他就严令徐达进城后不可屠杀蒙古人，对元朝的王公贵族也没有采取清洗政策，还派人守卫宫殿，严禁杀戮。徐达攻克大都当天，城中居民生活如常，商店照常营业。

在他的这种开明政策下，即使在明初，也有很多蒙古人在政府中担任官职。如前面说到的道同就是蒙古族。这一政策也成为他处理民族问题的基本政策。

就在冯胜准备进攻纳哈出前，乃剌吾也到达了松花江，并劝纳哈出投降。纳哈出被说动，但又觉得自己带这么多人就此投降，似乎太没有面子。他多次犹豫，说了投降又反悔，来回几次后，冯胜和蓝玉都觉得此人实在是个不到黄河心不死的家伙。他们给纳哈出下达了最后通牒，并且把兵营架在了纳哈出的门口。

纳哈出估计了一下自己的实力，他还是有些自知之明的，对手是冯胜和蓝玉，且都是精兵强将，要打只有死路一条。

"天不复使我有此众矣！"在发出了这样的哀叹后，纳哈出率二十万军队投降明军。

投降总是要有一个仪式的，这次也不例外。

毕竟纳哈出是带了二十万人投降的，很有点资本，为了表示对他的敬意，蓝玉准备请他吃顿饭，按说吃饭是好事，酒足饭饱后就在饭桌上把投降合同签了，岂不美哉。

可这顿饭竟然吃出了意外。

埋下祸根

纳哈出带了几百人去参加投降仪式（按说投降似乎不用这么多人），蓝玉热情接待了他，亲自把他迎进营房，设盛宴款待他，蓝玉也很注意给对方留面子，尽量不提"投降"这样的字眼，双方气氛很融洽。

就在一切都顺利进行的时候，蓝玉的一个举动彻底打破了这种和谐的气氛。

当时纳哈出正向蓝玉敬酒，大概也说了一些不喝就不够兄弟之类的话，蓝玉看见纳哈出的衣服破旧，便脱下了自己身上的外衣，要纳哈出穿上。

应该说这是一个友好的举动，但纳哈出拒绝了，为什么呢？这就是蓝玉的疏忽了，他没有想到，自己和纳哈出并不是同一民族，双方衣着习惯是不同的，虽然蓝玉是好意，但在纳哈出看来，这似乎是胜利者对失败者的一种强求和恩赐。

蓝玉以为对方客气，便反复要求纳哈出穿上，并表示纳哈出不穿，他就不喝酒，而纳哈出则顺水推舟地表示，蓝玉不喝，他就不穿这件衣服。

双方都是武将，不会文人那一套，脾气都很硬，谁也不肯让步。

于是一个本来很简单的问题变成了到底是鸡生蛋还是蛋生鸡的逻辑辩解，蓝玉说你不穿我就不喝，纳哈出说你不喝我就不穿。

这样争来争去，大家慢慢有了火气，纳哈出性格直爽，首先翻脸，他把敬蓝玉的酒泼在了地上，态度是相当的横。但纳哈出想不到的是，还有比他更横的。

这个更横的人并不是蓝玉，此人也在我们的文章中出现过，但由于其本人能力所限一直没有露面的机会。他就是常遇春的儿子常茂。

常茂继承了常遇春的爵位和脾气，却没有继承他的军事天分，一直以来都跟着蓝玉到处跑。此时见到蓝玉没了面子，怒发冲冠，二话不说，抽出刀就向纳哈出砍去，就像今天酒桌上一言不合，抄起酒瓶子干架一样。纳哈出身经百战，反应很快，躲过了要害部位，但还是被砍中了肩膀。

此时情况急转直下，营外的双方士兵都听到了动静，围拢来准备动手打群架。如果任由发展下去，纳哈出是活不了了，但他的二十万人也不会再投降了。

在这关键时刻，都督耿忠保持了冷静，他连忙招呼身边军士扶着纳哈出去见主帅冯胜。

冯胜是一个脾气温和、处事谨慎的人，他一见纳哈出狼狈不堪，身上还带着伤，嘴里不停地喊着他听不懂的蒙古话，便大致明白出了什么事。他马上好语安慰纳哈出，这才将纳哈出的情绪稳定下来。此时纳哈出的部下也得到了消息，以为纳哈出被杀掉了，纷纷表示要报仇雪恨。冯胜立刻派纳哈出手下降将观童去说明情况，才最终顺利招抚。

蓝玉的性格缺陷大致如此，处事考虑不周，性格过于强横，本来很简单的事情，对方敬酒你喝就是了，给了对方面子，事情也能圆满完成。死扛，也就只能死了。

洪武二十年的这次远征就这样圆满结束了，纳哈出被迫投降。明军俘虏北元二十余万人，缴获辎重无数，最终肃清了元朝在辽东的势力。

让人想不到的是，主帅冯胜在回师后被朱元璋定罪抓了起来，蓝玉就以这样一种滑稽的方式得到了他梦想十余年的主帅位置。他无数次想象过自己得到帅位时的荣耀，却也料不到会是这样一种情形。

当然他更想不到的是，自己将来的下场比冯胜还要惨，当然了，这是后话，至少现在，蓝玉实现了他的梦想，他将在这个位置上获得更大的光荣。

这个机会很快就到了。

自至正二十七年，朱元璋与元朝全面开战以来，双方你来我往，争斗不休。朱元璋虽然把元朝统治者赶出中原地区，但来自蒙古草原的威胁从来就没有停止过，为了解决这个老对手，朱元璋什么手段都用了，虽有成效，却从未根除这个顽强的敌人。

他不能再这么无限期地等下去了，北元一定要在他的手中被消灭！

只有这样，他才能放心地离开这个世界，离开他亲手创立的帝国。

洪武二十年的远征消灭了北元在辽东的势力，解除了朱元璋的后顾之忧，他那敏锐的军事直觉告诉他，最后决战的时刻就要到来了。

他已经等了二十年，二十年中，多少士兵跨上战马、踏上征途就再也没有回来，在边塞里，在沙漠中，处处都有战死士兵的尸体，无数的家庭失去了父亲、丈夫、儿子。为了解除北元的威胁，付出的代价太大了。

不能再等了，毕其功于一役吧！

最后的决战

历史往往是出人意料的，它在二十年前将收复大都、灭亡元朝的光荣赐予了徐达和常遇春；二十年后的今天，它又将消灭北元的使命授予了以前从未担任过主帅的蓝玉。

当蓝玉从朱元璋手中接过帅印的时候，他感受到一种难以抑制的兴奋，自己十几年的努力终于没有白费，上天给他的比他要求的还要多。

我终于可以开创自己的伟业了，我将和那些传说中的名将一样，名留青史，为万人景仰！

朱元璋清楚地记得，在过去的那么多年里，无数伟大的将领曾作为他的部下，纵横天下，建立不朽功勋。

徐达、常遇春、李文忠，他们都是那么优秀。但他们已经不在了，我也老了，不能出征了。

蓝玉，我相信，你将完成最后的一击。

在军事上，朱元璋几乎从未错判过，这次也不例外。

洪武二十一年（1388）三月，朱元璋将十五万大军交给了蓝玉，这和洪武五年那次远征兵力相同，但不同的是，这次的进军路线只有一条，而唯一的指挥官就是蓝玉。

蓝玉将统率十五万人的大军去进行最后的决战。

朱元璋亲自为蓝玉送行，并告诉他：

"倍道前进，直抵虏廷！""肃清沙漠，在此一举！"

此时北元的皇帝已经不再是爱猷识理达腊。他已经于洪武十一年（1378）死去，他的儿子脱古思帖木儿继任北元皇帝，定年号为天元。

根据史料记载，这位脱古思帖木儿很可能就是洪武三年在应昌被李文忠俘虏的买的里八刺。明朝政府为了显示宽大，在得到其不再与明朝为敌的保证后，于洪武七年（1374）将其送还给北元，但事实证明，这是一个不守承诺的人，他继位后不断骚扰明朝边界，挑起战争，与明朝继续对抗。这场对抗已经持续了十年。

对这位搞对抗的继位者，朱元璋已经表示了足够的诚意，不断派使者通好，却从无效果。他的顽固终于耗尽了明朝政府的耐心，既然如此，就用刀剑来解决吧！

蓝玉的军队出征了，他由大宁出发，一路攻击前进，抵达庆州后，有情报传来，脱古思帖木儿驻扎在捕鱼儿海（今贝加尔湖）。蓝玉当机立断，决定大军立刻向目标挺进。

这是一条艰苦的道路，不但路途遥远，而且路上还要经过荒芜的沙漠，后勤也很难得到保障，一旦迷路，后果更是难以想象，军心也会动摇。

但蓝玉是有信心的，后来的事实证明，他所拥有的是一支当时最强大的军队，正是这支军队的优秀素质保证了战争的胜利。

那么到底具有什么样素质的军队可以称得上是最强大的军队呢？

强大的军队

这是一个值得分析的问题，战争的胜利是将领和士兵共同努力的结果，在我看来，一支军队强大与否可以从其外在表现体现出来。大致分为四等。

第四等的军队是乌合之众。他们四处抢劫，没有纪律。这样的军队只要受到有组织的军队的打击，就会一哄而散，属垃圾类。

第三等的军队有着完整的组织结构。他们军容整齐，步伐一致，但斗志不高，士气不盛。他们虽然比第四等要强，但只要遇到更有战斗力的敌人，也必然会被打败。属次品类。

第二等的军队不但有统一的指挥系统，装备精良，而且士气高涨，还时不时会喊几句口号，士兵们都急于表现自己的英勇。这一档次的军队有气势、有冲劲。他们不畏惧任何敌人，可以称得上是强大的军队，但很遗憾的是，他们也不是最强大的。与最强大的军队相比，他们还缺少一种素质。

这种素质，叫作沉默。

最强大的军队是一支沉默的军队。

所谓的沉默，是这样的一种情景：

指挥官站在高地，对他的十五万大军训话，这十五万军队漫山遍野，黑压压地占满了山谷、平地。

他们不同相貌、不同民族，来自不同地方、具有不同喜好，却挤在同一片地方，听着同一个声音，看着同一个方向。

鸦雀无声。

这才是所谓沉默的真意，这才是军队最重要的素质。

蓝玉率领的正是这样一支军队，他们攀越高山，渡过大河，进入了沙漠，在这片不毛之地里，有的只是那刺眼的阳光和满天的风沙，他们的后勤无法保障，士兵们只能自己携带笨重的干粮辎重，不断有人倒下，但余下的人继续向前走。

士兵饥饿、口渴、疲劳，但这些都挡不住他们前进的脚步，这是一支顽强的军队，支持他们的，只有必胜的信念。

痛苦的抉择

蓝玉很明白，这次战争的关键不是排兵布阵，而是找到敌人。

但很明显，北元已经知道了明军的行动计划，他们躲藏了起来，这不是小孩的躲猫猫游戏，茫茫大漠，又没有侦察卫星，到哪里去找人？

部队已经走了很长时间了，现在粮食和水都不够了，虽然士气还算高涨，但能坚持多久呢？

他召来了自己最信任的部将王弼，询问他：

"我们现在在什么位置？"

王弼回答：

"这个地方叫百眼井，离捕鱼儿海大约还有四十里。"

百眼井？此地名中居然还有个"井"字？这里已经很靠近捕鱼儿海了，可不但没有敌人，连水都没有。

难道情报错误，敌人又转移了？这是很有可能的，但他们又去了哪里呢？

正在蓝玉思考的时候，部将郭英向他报告了粮食缺乏和水源殆尽的情况，蓝玉明白，下决断的时候到了。

在战斗电影中，到这个时候，经常会出现以下的场景：一个战士满脸愤怒的表情，对部队的指挥官（一般是排长或连长）喊道："连长，打吧！"

另一个战士也跑上来，喊道："打吧！连长！"

众人合："连长，下命令吧！"

这时镜头推向连长的脸，给出特写，连长的脸上显现出沉着的表情，然后在房间里踱了几个圈，用沉稳的语气说道："同志们，不能打！"

剧情的发展告诉我们，连长总是对的。

蓝玉，大概就是连长。

但凡重大军事决策上拿主意的时候，就会有一群人在你身边叽叽喳喳，这个说前进，那个说后退，这个说东，那个说西。反正说对了就有功劳，说错了也是你做决策，责任推不到自己身上。这种便宜大家都会去捡，最可怜的就是统帅，因为他是最终的决定者，也是责任的承担者。

这个责任并不是赔点钱，或者道个歉就能解决的，因为如果判断失误，付出的代价将是十几万人的性命！

蓝玉终于明白了当年徐达被击败后的沮丧和失落，现在他也陷入了这种痛苦之中，何去何从呢？

蓝玉思虑再三，决定将将领们召集起来，听取他们的意见。

不出所料的是，将领们有的说撤退，有的说前进，其中建议撤退的占多数，而王弼则坚决主张继续前进（深入漠北，无所得，遽班师，何以复命）。但他的意见也很快被淹没在一片反对声中。

蓝玉终于明白了，召来这些将领是没有用的，主意还要自己拿。

就此退回去，十几年的心血就此白费，就此功亏一篑。

那么继续前进吗？可是敌人在哪里呢？粮食和水也不多了，军队坚持不了几天，十几万人可能就会饿死、渴死在这里。到那时，只能骑着马，踏过无数士兵的尸体逃回去。

是前进还是撤退，这是个问题。

大家都不说话了，他们明白，现在已经到了紧要关头。

士兵们看着将领们，将领们看着蓝玉，蓝玉看着天空。

最终的判断

做出选择是容易的，但如果选择错误，没有改正的机会。

是的，蓝玉，你要明白，这个游戏最残酷的地方就在于你只有一次机会。如同拍卖行里的一锤定音，贵贱得买，贵贱得卖！

兵书没用了，情报没用了，谁也不能知道敌人的方位，要做出这个抉择，只能依靠一样东西——直觉。

这里漫天黄沙，遍地荒芜，没有人烟，但我能感觉到，敌人一定就在附近！

没有情报，没有线索，没有任何踪迹。只有直觉。

为了做出今天的判断，我已经默默地奋斗了很多年。

是的，要相信自己，要相信无数次战场厮杀累积的经验，要相信无数个夜晚孤灯下熟读兵书、苦苦思索的努力。

没有理由，没有线索，没有证据，但敌人一定就在附近！

前进！这就是我的判断！我的判断是对的，我的判断一定是对的！

"前进，敌人就在附近。"

没有人再提问，因为他们已经从蓝玉的脸上看到了自信，这种自信也感染了他们，感染了整支军队。

于是，十五万大军出发了，士兵们向着未知的命运又迈出了一步。没有犹豫、没有动摇。因为他们相信，无论如何困难，蓝玉一定是有办法的，蓝玉一定是对的。

上下同欲者，胜。

明军深入荒漠，为保密起见，行军路上小心翼翼，就连做饭也要先在地上挖个洞，在洞里做饭，以防止烟火冒出，被敌军发觉（军士穴地而炊，毋见烟火）。在茫茫沙漠中，这支军队就像一只沙漠中的蝎子，悄悄地前进，隐藏在阴影中，只有看到敌人，才会发出那致命的一击。

当大军到达捕鱼儿海南面后，蓝玉终于发现了北元大军的踪迹，但到底有多少人，首领有多高的级别，他并不知道。无论如何，这是最好的机会，他立刻命令王弼为先锋，向捕鱼儿海东北前进，务求一举歼灭北元军队。

此时，在捕鱼儿海的东北边，北元的最高统治者脱古思帖木儿正在和他的大臣们举行宴会。他并不是傻瓜，蓝玉的大军一出发，他就得到了消息。他深知平时小打小闹，打完就跑，对方也不能把自己怎么样，但这次朱元璋是来真的了，要跟自己玩命，好汉从来不吃眼前亏，他把自己的主力部队和大大小小的贵族们都转移到了这个地方。

此地平素无人居住，茫茫大漠，蓝玉的军队没有后勤保障，更重要的是军马没有水草，蓝玉深知用兵之道，是不会深入大漠的（军乏水草，不能深入）。只要等到蓝玉的补给供应不上，粮尽水绝，就可以反守为攻。

在等待的时间里，他也曾经不安过，万一蓝玉真的来了呢？但许多天过去了，连人影都没一个，慢慢地，他放松了警惕，甚至连基本的守卫也不再设置，每天和大臣们饮酒取乐。顺便说一句，这次避难，他还带上了自己的老婆和儿子，这本是为了他们的安全，当然后来事情的发展却与他的设想完全相反。

就在王弼向他的大营挺进的时候，他正坐在自己的帐篷里。这天正好大风扬沙，天空被一层黄沙掩盖，几十米内都看不见人，白天变得如同黑夜，按说这样的天气，明军更不可能发动进攻，他应该更加安心才对，但这漫天的沙尘却似乎打在了他的心上，一种不祥的预感涌上心头。

在大漠和草原上英勇善战的蒙古民族，对于危险往往有种先天的预知，这是他们民族长期游牧的生活习惯养成的，可是脱古思帖木儿也说不出到底哪里不对，预感终究只是预感。

接着喝酒。

在脱古思帖木儿举行宴会的帐外，一名百户长喝醉了酒，他向驻防的太尉蛮子打了个招呼，晕晕乎乎地走出了营区，漫天飞沙中，他也不知自己走了多远。等他有点清醒过来时，已经不认得回去的路了。

这可不是开玩笑的，他努力使自己镇定下来，分辨出了方向，便回头向大营走去，突然，他发现自己的前方出现了许多人影，由于天空被黄沙覆盖，根本看不清远处人的面孔，他以为这里就是自己的大营，连忙高兴地一路跑了过去。

然而，他惊奇地发现，迎接他的是一群灰头土脸、就像刚从沙里捞出来一样的士兵。要命的是，这些士兵穿的并不是自己熟悉的军服。

他们是明军。

这些明军士兵用恶狼般的眼神看着他，脸上露出欣喜的表情，还大声呼喊，很快，更多的明军士兵围拢来，他们以看待珍稀动物似的眼神注视着他。他很荣幸地成为了第一个俘虏。

今天真是倒霉，出门忘了看黄历啊。

黄沙中的战斗

危机就在眼前，而北元贵族们却仍在饮酒作乐，但并非所有的人都丧失了警觉。

太尉蛮子就是一个比较清醒的人，根据史料推测，这个蛮子很可能就是洪武三年在野狐岭被李文忠击败的那个太尉蛮子。如果这一推测属实的话，他倒也真是个人物。十八年过去了，多少名将都雨打风吹去，这位仁兄却一直战斗在前线，也算是老当益壮吧。

作为北元军队的统领者，他敏锐地感觉到，在不远处漫天风沙的背后，似乎有危险正在向他逼近。于是他增派了士兵加强守卫。可是天气实在太差，沙尘飞起，白昼如同黑夜。士兵们摸黑在营区里走来走去，调度极其困难。这位太尉正在为此发愁，一群人的出现彻底为他解除了这一忧虑。

此时，风声小了，代之而起的却是一阵急促的马蹄声，北元士兵们发现，距自己仅仅十几步之处突然杀出一队面目狰狞、凶神恶煞的骑兵！他们伴随着黑夜和飞沙而来，与传说中的妖魔鬼怪的出场方式一模一样。

他们不问来由，以雷霆万钧之势冲入元军大营，挥舞马刀，见人就砍，无数的北元士兵在黑暗之中恐惧万分，以为这些人真是地狱中的妖魔鬼怪，完全丧失了抵抗的勇气。

但太尉蛮子很明显是个无神论者，他很快就意识到了这些不速之客真是他们的死敌——明军，于是迅速跑到后军组织还未被冲击的部队进行抵抗。其头脑不可谓不冷静，反应不可谓不快，但他一个人的努力是无法挽救元军的。

他组织部队赶去与明军作战，此时的明军正士气高涨，他们为了找到这些冤家，在沙漠里吃尽了苦头，受够了累，好不容易找到了对手，积蓄多日的怒火终于发泄出来，个个以一当十，而元军没有提防，很多人还在饮酒作乐，哪里是他们的对手！明军时而分散，时而集中，把元军大营冲成几段，赶杀来不及上马的元军。太尉蛮子手忙脚乱，疲于应付，正在他指挥抵抗时，一个明军赶到他的身后,狠狠地给了他一刀。这位清醒的抵抗者就此沉睡了。

蛮子死后,元军更是大乱,没有人再想去组织反击,大家一哄而散。

营帐内还在喝酒的脱古思帖木儿听见营外大乱,顿时慌了手脚,逃跑也是有天分的,要先抢马匹,看准位置,然后突然冲出,才算大功告成。

在这方面,王保保可算是个行家,可惜脱古思帖木儿没有王保保逃跑时的天赋和从容,慌乱之中只带走了自己的长子天保奴和丞相失烈门。把老婆和次子地保奴及十余万部下都留给了明军。

这回老底是彻底赔光了。

明军继续追赶着慌乱的元军。在他们心目中似乎没有缴枪不杀这一说,只是挥舞马刀四处砍杀,北元军完全陷入混乱,死亡的恐惧笼罩着每一个人,他们本是英勇的战士,他们曾经纵横天下,但现在,他们变成了待宰的羔羊。

皇帝已经跑了,统帅也死了,抵抗还有什么用呢?于是很多人放下了武器。

牢饭毕竟也是饭,就这么着吧。

当蓝玉来到北元军营时,他看到的是成群的俘虏和牛羊,是垂头丧气的北元贵族,是一场真正而彻底的胜利。

他遥望天际,仰天长啸:

伯仁(常遇春字伯仁),终平矣!不负此生!

捕鱼儿海战役就此结束,此战彻底歼灭了北元的武装力量,俘获北元皇帝次子地保奴、太子妃并公主内眷等一百余人、王公贵族三千余人、士兵七万余人、牛羊十余万头,缴获了元朝皇帝使用了上百年的印玺。

以往无论元朝统治者如何败退,每次逃跑时起码还带着印,从大都到上都,从应昌到和林,再到捕鱼儿海,别管多差的地方,支个帐篷就能成立临时政府,大臣是现成的,抓走一批再任命一批,这次连印都丢了,这套把戏也就不用再演了。

胜利的消息很快就传到了朱元璋那里,他并没有大臣们想象中的兴奋和欣喜,而是静静地坐着,二十年的努力,二十年的战争,太长了,长得似乎永远没有尽头。

现在终于结束了,我的敌人崩溃了,蓝玉,你没有辜负我的希望。

他看着满朝文武,说出了他一生中对部下将领的最高评价:

"蓝玉就是我的仲卿、药师啊!"(仲卿是汉大将军卫青,而药师就是唐时名将李靖。)

蓝玉在极其困难的条件下,带领十余万大军深入不毛之地,奋勇作战,彻底击溃了北元,完成了他的先辈没有完成的伟大功业,他确实无愧于这一评价。

北元的谢幕

逃亡中的脱古思帖木儿却没有朱元璋和蓝玉的欢快心情,他的军队没有了,大臣没有了,甚至他的亲人也不在了。

环顾身边,只剩下了太子天保奴、知院捏怯来和丞相失烈门,十余万大军仅剩数十人。没有了臣民,没有了士兵,本钱没有了,再也不能去干打劫的买卖。这次是真的失败了。

为什么会失败呢?如果再走远一点,如果天气不是那么差,如果不是有风沙,如果能多种点树,搞好环境保护,如果还有如果,我会失败吗?

说这些都没用了,先到和林吧,王保保能在那里东山再起,我也可以,只要重整旗鼓,我一定能重振元朝,恢复我祖先的光荣!

但这个梦想还没有到达它的目的地,就在中途破灭了。

梦想破灭的地方叫土剌河,脱古思帖木儿在这里遇到了一个叫也速迭儿的蒙古人,让他想不到的是,正是这个蒙古人终结了北元。

也速迭儿到底是什么人呢?我们还要从一百多年前说起:

公元1259年,蒙古大汗蒙哥率军攻击钓鱼城,然而出乎他意料的是,城池没有攻下,自己却被城中发射的炮石击伤,加上水土不服,不久就死去了。

蒙哥的死造成了一连串的后果,正在攻击南宋的忽必烈立刻收兵回去争夺汗位,而他的竞争者就是自己的弟弟阿里不哥,在这场王位争夺战中,阿里不哥战败，被幽禁而死。忽必烈最终成为了元朝的开国皇帝，他胜利了。

相对于黄金家族（成吉思汗的子孙称黄金家族）的其他子孙而言，他的胜利延续了上百年，即使在被明军赶出中原之后，他的子孙也始终牢牢地把握着至高无上的大汗之位。

但失败者是不会永远失败的，忽必烈的胜利在土剌河结束了，结束它的就是也速迭儿。他十分干净利落地杀死了脱古思帖木儿和他的儿子天保奴，并夺走了大汗的宝座。

这个也速迭儿是脱古思帖木儿的亲戚，但他还有一个身份，他是阿里不哥的子孙。一百多年过去了，他终于等到了这个机会。

仇恨往往比爱更有生命力，历史无数次地证明了这一点。

也速迭儿杀死脱古思帖木儿后，自己当上了蒙古大汗，称卓里克图汗。但他的胜利也没有延续多久，不久死去，而死亡的魔咒似乎就此附在了黄金家族的身上，他的继任者也都在登基不久后就死掉了，黄金家族的最后一位继承者坤帖木儿死于建文四年（1402），他的部将鬼力赤篡夺了汗位，取消了元的国号，恢复了鞑靼的古称。

元就此灭亡了，黄金家族的光辉消散了。

一百九十六年前，铁木真在斡难河（今蒙古鄂嫩河）召开大会，他豪情万丈地看着臣服于他的诸侯，大声宣告自己即蒙古国大汗位，他从此成为了蒙古的统治者，铁木真这个名字不再被人们提起，取而代之的是伟大的成吉思汗。

这个名字从此响遍了整个世界，从东亚到中亚、西亚，再到东欧，黄金家族和它的士兵们呼喊着这个伟大的名字征战全世界，横跨欧亚的帝国就此建立。

然而还不到二百年，这个大帝国和统治帝国的家族就衰败了，这个曾经的庞然大物只剩下了捕鱼儿海的逃亡、土剌河的背叛和谋杀，和那夕阳下形单影只的身影。

结束了，一切都结束了。

蓝玉开始班师，这一战使他的名望达到了顶峰，从此他不会再被人说成徐达第二或者常遇春第二，他的名字将和这些名将一起为人们所传颂。

捕鱼儿海战役是蓝玉一生的最高点，但在此之后，他却频频出错，最终走向了毁灭的终点。

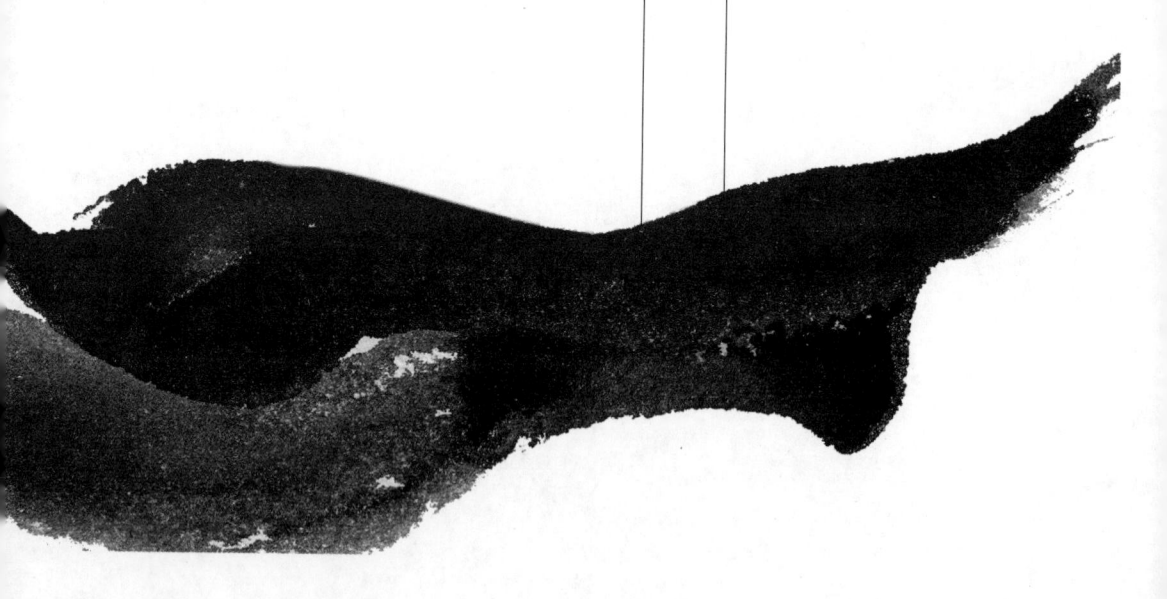

第二十一章 蓝玉的覆灭

这件事情与朱元璋用棋子暗示的事情颇为相符,蓝玉这个大将军似乎就和"任意妄为"这个词结下了不解之缘。在归途中,蓝玉干出了一件颇为让人不齿的事情,他欺负了元主的老婆,而这位女性性情也甚是刚烈,自杀了(私主妃,妃惭自尽死)蓝玉的行为违反了朱元璋的民族政策,也十分不得人心。朱元璋十分愤怒,但由于考虑到蓝玉功劳很大,便没

昏着

昏着是围棋用语，它的意思是指高明的棋手出现不该有的错误，把这个词用在蓝玉身上是很合适的。离开战场后，这位英明神武的大将军似乎就和"任意妄为"这个词结下了不解之缘。

在归途中，蓝玉干出了一件颇为让人不齿的事情，他欺负了元主的老婆，而这位女性性情也甚是刚烈，自杀了（私元主妃，妃惭自尽死）。

蓝玉的行为违反了朱元璋的民族政策，也十分不得人心。朱元璋十分愤怒，但由于考虑到蓝玉功劳很大，便没有去更深地追究他，而蓝玉却以为这是默许的表现，更加猖狂起来。

此后，他的这类表演越来越多，在他回到喜峰关口时，由于已经是黑夜，守关的官员休息了，听到有人叫关就立刻跑去开门，而蓝玉却干出了谁也想不到的事情。

他命令自己的士兵攻击关卡，打破城墙强行闯入，还颇为扬扬自得。

这就太过分了，守关的官员也是人，人家已经跑去开门了，而你连一会儿都不愿意等，难道你是赶去救火不成？

这两件事让朱元璋十分恼火，他原来准备封蓝玉为梁国公，为了警告蓝玉，他把"梁"字改成了"凉"字，从中可见朱元璋对蓝玉态度的转变。

蓝玉似乎也应该有所警觉了，但他却注定是个有三分颜色就要开染坊的人，不但继续放任自己的行为，居然还把手伸到了军权上，他不经过朱元璋的允许，在军队中任命自己的亲信官员，布置自己的势力。

这一切自然没有逃过锦衣卫的眼睛，于是朱元璋开始考虑怎么处理这个胡惟庸第二了。

蓝玉是一个优秀的将领，却在获得成功之后做出如此多不法的事情，似乎是令人难以理解的。但其实只要联系我们前面提到过的纳哈出投降事件，就能合理地解释蓝玉的行为。

从宴请纳哈出时的傲慢到喜峰关的骄狂，我们可以给蓝玉下一个结论，那就是：这是个粗人。

所谓粗人，不是指他没有文化或是行为粗鲁，而是指他的行为欠考虑，为人处世不通人情，属于那种想了就干、干了再想的人。其实他的性格一向如此，就算不在这件事上犯错误，迟早也会在那件事上捅娄子。

性格决定命运，而关键问题在于，蓝玉的命运并不完全掌握在他自己的手中，在很大程度上，他的生死只取决于朱元璋的容忍和耐心，而朱元璋并不是个有耐心的人。

蓝玉很快就犯了新的错误，朱元璋考虑到蓝玉的功劳，破例封给他太子太傅的官衔。我们前面已经说过，这是个从一品官职，一般官员只有在梦里才能得到，可以说已经是位极人臣了。

而蓝玉就像吃错了药似的，居然在很多人面前大叫："以我的功劳难道不能给个太师吗（我不堪太师耶）？"

这就不是要求进步了，是嫌自己活得太长。

朱元璋再也不能忍受了，如果他还能忍，他就不是朱元璋了。

他又一次亮出了屠刀。

要说明的是，在历史上，蓝玉被杀的原因还有另外一种说法，据《明通鉴》记载，蓝玉被杀和燕王朱棣有莫大的关系。

朱棣是朱元璋的第四个儿子，他的行事方法和手段都很接近朱元璋，所以很多人都说他最像朱元璋。

蓝玉是常遇春的内弟，而常遇春的女儿又是太子朱标的妃子，所以蓝玉和太子的关系很好。在出征纳哈出回来后，这位仁兄找到太子，对他说：

"燕王不是一般人，迟早是要造反的，我找过人望他的气，有天子气象，你一定要小心。"

蓝玉算是够朋友，把这些话对太子说了，只是希望太子小心，但他忘记了一句成语"疏不间亲"，你蓝玉最多不过是个外戚，怎么能和亲兄弟比！

太子后来在闲聊时把蓝玉对他说的话告诉了燕王朱棣，于是朱棣便狠狠地告了蓝玉一状。朱元璋在朱棣的挑拨下才对蓝玉动手。

当然这只是一种说法，在我看来，蓝玉被杀的主要原因应该还是他的骄纵不法，无论如何，朱元璋决定要对蓝玉下手了。

既然决定要动手，先要给蓝玉一个罪名。毕竟程序还是要走的，总不能无缘无故就拉出去砍头，如果要告蓝玉小偷小摸，应该不会有人相信，而当时包二奶等生活作风问题似乎还是一种荣耀。

看来还是谋反这个罪名好一点，标题醒目，主题鲜明，且方便实用，一看就懂，我们一直用它。

洪武二十六年（1393）二月，锦衣卫指挥蒋瓛告发蓝玉谋反，洪武四大案的最后一案——蓝玉案终于拉开了序幕。

无数人头即将落地。

在锦衣卫告发后，朱元璋很快就逮捕了蓝玉，并将他下狱审理。公正地说，蓝玉狂妄不法是有实据的，但谋反实在没有真凭实据。作为一个新贵将领，没有深厚的根基，没有充足的准备，蓝玉是不敢造反的。

欲加之罪，何患无辞。

估计蓝玉在牢里是挨了不少黑棍的，因为这个本来没有谋反打算的人居然写出了长篇供词，不但说明了自己造反的企图，还供出了企图谋反的方式、地点，看来他在监狱中应该出演了一次《监狱风云》的主角。

既然蓝玉招认了，那就杀了蓝玉结案吧。可就如前面所说，如果朱元璋真的这样做了，他也就不是朱元璋了。

但凡谋反，肯定不会只有一个人的，这就是线索，就要查下去，于是张三李四王二麻子都出来了，锦衣卫搞这一套也是十分有经验的（具体操作过程及方法参见胡惟庸案件）。

最后一共搞出多少人呢？经查，蓝玉同党共一万五千人。从这个数字看，蓝玉平时的人际关系还是不错的。

蓝玉本人被灭族，被他牵连的人数不胜数，因此案被杀的共有一个公爵、十三个侯爵、两个伯爵，各级官员更多，那些在胡惟庸案中幸存下来的人曾经心存侥幸，但他们不会想到的是，自己也不过多活了十几年而已，终究没有逃过这一刀。

这些因为蓝玉案被杀的人死后也没有得到安息，他们的名字被编为《逆臣录》，我估计了一下，如果列出一万五千人的名字，列名至少是两个字，加上字就是五个字。这份《逆臣录》在三万字到七万五千字之间，赶得上一份硕士论文的字数。

但这篇论文的不同之处在于，文章中的每一个字都是用血写成的。

蓝玉案把洪武年间的功臣宿将几乎一扫而空，从洪武十三年的胡惟庸开始，到此也应该告一段落了，该杀的杀了，不该杀的也杀了，大家歇歇吧。

蓝玉的一生是极富戏剧性的，他的前半生一直笼罩在名将的阴影中，没有太多表现的机会，历史并没有亏待他，在他的后半生让他成为了主角，建立了自己的功业，却又在他最出风头的时候将他拉下马，难道这是天意吗？

但值得欣慰的是，他终究不负名将之名，用赫赫战功证明了他自己，他的不朽功绩将记入史册，为后人追忆。

从这个角度来看，他似乎又是幸运的。

那一夜，我梦见百万雄兵。

真正的动机

在蓝玉案中朱元璋挥动屠刀,还有更深层次的原因。

其实你也可以想到,杀掉一个小小的蓝玉无须牵连这么多的人。而且蓝玉并不是胡惟庸,他的同党并不多,朱元璋却不断地把很多无辜的人当作蓝玉的同党杀掉,这就有点意思了。

在这一举动的背后,隐藏着真实的目的。

很多看上去不相干的事情,其实是有着紧密的联系的。在那枯燥的历史资料里面往往隐藏着事实的真相。

蓝玉案件发生的时间是在洪武二十六年二月,我们以此为线索,看看在这一年的前后出现过什么事件。这些事件应该对蓝玉案的处理有着深远的影响。

经过查找分析,答案如下:

史载:洪武二十五年(1392)四月,太子朱标病亡,其子朱允炆继太子位。

如果联系起来仔细思考一下,朱元璋的行为也就不难理解了。朱标是朱元璋的长子,但并非嫡子(其母为庶母),而朱元璋却早早地将他立为太子,可见他对朱标是很满意的。朱元璋对朱标的深厚感情,使得他在朱标死后选择了朱标的儿子朱允炆继承皇位。

这个选择应该说也是不错的,从后来的情况来看,朱允炆也是个很好的继承人。但问题在于,朱允炆太小了,他不像自己的父亲,经历过开国时期艰苦的考验,也没有驾驭群臣的手段。

蓝玉这一批开国功臣,文韬武略,能谋善断,只有朱元璋能够控制他们,朱标也还算有点威信,用俗话说就是还勉强能压得住阵,但朱允炆就完全没办法了。自己辛苦打下的江山,岂能拱手让人,良弓走狗之类的要先清理干净,这样才能保证朱允炆的皇位。

朱元璋杀掉了那些能干的大臣,但他还要考虑到,必须有人去保卫国家,而那些未经历过战争考验的书呆子是不能完成这一使命的。朱元璋完美地解决了这一矛盾（至少他自己这样认为），他把自己的几个儿子分封到了各地，这些人历史上称为藩王，允许他们拥有军队。

我们不得不佩服朱元璋，他也想到了这几个藩王有可能会造反，于是他创造了一整套制度来制衡各藩王的权力，这一制度我们将在后面详细介绍。应该说他所制定的藩王制衡体系相当完善，但并不完美。

再仔细的人也会有疏漏，朱元璋也不例外，他的这个体系有一个微小的漏洞，后来的事实证明，这个漏洞虽小，却是致命的。

另一个故事也可以说明朱元璋杀害功臣的动机。

有一次，朱元璋又要杀掉大批功臣，朱标看不过眼，劝他：

"陛下杀人太多，恐伤了和气。"

朱元璋没有说话，叫人找了一根带刺的木棍丢在朱标面前，让朱标去捡。

朱标也不是白痴，看见有刺自然不动手。

朱元璋冷冷地看着他：

"我杀人就是要替你拔掉这根木棍上的刺。"

这件事很清楚地说明了朱元璋的动机，但这个故事还有下半部分，从这一部分里我们能够了解朱标是怎样的一个人。朱标身为太子，却从来没有享受过皇帝的尊荣，但他也是一个重要的人物，有必要出个场。

出乎朱元璋意料的是，他的口气并没有吓倒朱标，这个平时说话轻声细语的儿子居然敢反驳，而且话说得十分难听。

他以同样冷淡的口气说道：

"皇帝是尧舜一样贤德的君主，大臣才会是拥护尧舜的臣民。"

这句话是比较狠的，大致的意思是：有什么样的皇帝，就会有什么样的臣子，你自己不贤明，怎么能够怪大臣呢？

朱元璋被惊呆了，这个老实巴交的儿子居然敢挖苦自己！他勃然大怒，拿出当年打天下的气势随手抄起武器——座椅，朝太子掷去。朱标身手敏捷，躲了过去，但朱元璋的这一板砖还是把他吓得不轻，回去就生了重病。

朱标确实是一个仁慈的君主，而且他敢于坚持原则，属于外柔内刚的性格。朱元璋一生看人都很有一套，他选择的这个继承人也应该是相当不错的。

而他的见识，似乎也很卓越，所谓"皇帝是尧舜一样贤德的君主，大臣才会是拥护尧舜的臣民"，很有见地，如果后来的崇祯懂得这一点，估计还能多撑几年。

所以无论从哪个角度看，朱标都是理想的继承人，他自幼跟随朱元璋，谦恭待人，和大臣有着良好的关系，见识过腥风血雨而处变不惊，有着丰富的处理政事的经验。

朱元璋对朱标也很重视，他在洪武十年（1377）已经将很多政事交给朱标处理，并告诉了朱标处理国家大事的四字诀"仁、明、勤、断"，将全部的希望寄托在朱标的身上。可以说当时的朱元璋最信任的只有两个人，一个是马皇后，另一个就是太子。

然而上天似乎是要惩罚朱元璋，朱标比朱元璋更早去世，这个噩耗彻底摧垮了朱元璋，他不顾大臣的劝阻，将皇位传给了年纪尚小的朱允炆。这也可以看出他对这个儿子的感情之深。

朱标，是实至名归的继承人。

然而在某些史料中，对这位仁兄，却有着截然不同的记载。

历史是可以篡改的

记载朱元璋事迹最重要的史料之一《明太祖实录》中是这样记载的，首先还是老一套，说朱棣刚生出来的时候，到处冒光及五色满室（具体描述可参考朱元璋出生记录）。然后说朱元璋十分喜欢朱棣，不喜欢太子和太孙。甚至说朱元璋屡次要改遗嘱，临死前要传位给朱棣，是被太子矫诏阻止的。

这些情节我们都似曾相识，没有什么新意，但这毕竟是史料上的记载，所以还是分析分析。

所谓《明实录》是明朝史官的历史记录，自永乐夺位后，对前朝历史多有篡改，已是不争的事实，朱棣为了说明自己不是夺位，对继承人的确定问题更是极为重视，出现这些记载当不在意料之外。

而更具有说服力的是，后世的史官及正统史料都没有采纳这些说法，这些经验丰富的历史学家仔细分辨和筛选了史料，他们对这些记载的态度是很能说明问题的。

根据以上情况，我们应该可以推定，朱标和朱允炆是当之无愧的继承者。不可否认的是，朱元璋和朱棣的性格与做事方法是很相像的，但这并不能成为朱元璋想要传位给朱棣的证据。

事实上，朱元璋后来已经认识到其为政过严的问题，他教导太子"以仁治国"，并对早年政策多有修正。朱元璋是一个成熟的政治家，他明白张弛治国的道理，选择仁慈的朱标为继承人是合情合理的。

朱标是一个不幸的人，他的一生都生活在朱元璋那庞大的身影中，没有自治、自决的权力，生命线也不长，而他的儿子朱允炆更是不幸。这父子俩算得上是难兄难弟。

虽然历史已经过去了几百年，黄沙早已经将那些过往埋葬，但我们还是应该从那些故纸堆中找出真相，还朱标父子一个公道。

因为迟到的公道仍然是公道。

第二十二章 制度后的秘密

规定了五种刑罚,分别是笞、杖、勒、流、死。翻译成现代语言就是小竹棍打人,大木板打人,有期徒刑、流放、死刑。当然按照朱元璋的性格,他是不会满足于这几种处罚方式的,这五种只是正用,另外还有很多花样,之前已经介绍过,这里就不多讲了。

而在明初的普法教育中,最重要的并不是《大明律》,而是一本叫作《大诰》的书。所谓《大诰》是朱元璋

朱元璋是一个搞制度的人。

他很了不起，很勤奋，终其一生，不但制定了完备的法律，还成功地普及了法律。

我们之前说过，朱元璋制定了《大明律》，并规定了五种刑罚，分别是笞、杖、徒、流、死。翻译成现代语言就是小竹棍打人、大木板打人、有期徒刑、流放、死刑。当然按照朱元璋的性格，他是不会满足于这几种处罚方式的，这五种只是正刑，另外还有很多花样，之前已经介绍过，这里就不多讲了。

而在明初的普法教育中，最重要的并不是《大明律》，而是一本叫作《大诰》的书。

所谓《大诰》是朱元璋采集一万多个罪犯的案例，将其犯罪过程、处罚方式编写成册，广泛散发，人手一册。

根据法理学的分类，《大诰》采用了案例，应属于判例法，这么看来朱元璋还颇有点英美法系的倾向。朱元璋正确地认识到，要老百姓去背那些条文是不可能的，而这些案例生动具体，个个有名有姓，老百姓吃完了饭可以当休闲读物来看，就如同今天我们喜欢看侦破故事一样。更重要的是，里面还详细记述了对这些犯人所使用的各种酷刑，如用铁刷子刮皮、抽肠、剥皮等特殊行为艺术，足可以让人把刚吃进去的东西再吐出来，然后发誓这辈子不犯法。

把犯人的罪行和处罚方式写入《大诰》，并起到警示作用，实在是一种创举。

但问题还是存在的，因为当时的人们文化程度普遍不高。文盲占人口的大多数，没有希望工程，读过小学（私塾）的已经很不错了，大家在电视上经常可以看到，城门口贴着一张告示，一个人读，无数人听，并不是因为读的那个人口才好，而是由于大家都不识字，这是符合客观事实的，老百姓素质低，即使是通俗的案例也很难普及。

朱元璋再有办法，也不能代替那么多的老百姓去听、去读。这实在是个难以解决的问题。但奇人就是奇人，朱元璋用一个匪夷所思的办法解决了问题。

他的办法具体操作如下：比如张三犯了罪，应该处以刑罚，县官已经定罪，下一步本来应该是该坐牢的坐牢、该流放的流放，但差役却不忙，他们还要办一件事，那就是把张三押到他自己的家中，去找一样东西。找什么呢？

就是这本《大诰》，如果找到了，那就恭喜张三了：如果本来判的流放，就不用去了，回牢房坐牢；如果是杀头的罪，那就能捡一条命。

反之，家里没有这本书，那就完蛋了，如果张三被判为流放罪，差役就会先恭喜他省了一笔交通费，然后拉出去咔嚓掉他的脑袋。

其实从法理上说，家里有这本书，说明是懂得法律的，按照常规，知法犯法应该是加重情节。不过在当时而言，这也算是朱元璋能够想出来的最好的方法了。

朱元璋通过这种方式成功地普及了法典，虽然具体效果不一定很好，但他毕竟做出了尝试。

朱元璋的特殊规定

在洪武年间，朱元璋规定了很多奇怪的制度，如果都写出来，估计要十几万字，所以只简单介绍几种。而在这些制度的背后，隐含着深刻的含义。

在那个时候，人去世是不能随便说死的，要先看人的身份，具体规定如下：

皇帝死称崩，公侯贵戚死称薨，大臣死称卒，士死称不禄，庶人死才能称死。

这个规定给人们制造了很多麻烦。比如当时官员的丧礼，摆出灵堂，众人祭拜。当时有很多人都搞"撞门丧"。所谓"撞门丧"是指祭拜的人和死掉的人不熟，有的根本就不认识。但同朝为官，死者为大，无论好坏都去拜一拜。具体操作过程如下：

进到灵堂，看清灵位位置，如果不认识这人，就要先记住灵位上的名字，然后跪地大哭：某某兄（一定要记准名字），你怎么就死了啊，兄弟我晚来一步啊。

如果你这样说了，大家就会怀疑你是来砸场子的，你祭拜的是官员，怎么能用庶民的说法呢？

正确的方法是这样的，进到灵堂，先去问家属：您家老爷前居何职？

家属回答：我家老爷原是兵部武选司郎中。

这时心里就有底了，这是个五品官，该用"卒"。

那就拜吧。

别忙，还要再问一句：您家老爷可有世袭爵位？

家属回答：我家老爷袭伯爵位。

再去灵位前，跪地大哭：某某兄，你怎么就薨了啊，兄弟我晚来一步啊。

大功告成。

其实称呼上的规定前朝也有，但并没有认真执行过，而在洪武年间，如果违反这些制度规定，是会有大麻烦的。除了称呼外，当时的老百姓也被分成了几个种类。

职业分配制度

当时的人按职业可大致划分为：民户、军户、匠户。

其中民户包括儒户、医户等，军户包括校尉、力士、弓兵、铺兵等，匠户分为工匠户、厨役户、裁缝户等。

这些户的划分是很严格的，主要是为了用人方便，要打仗就召集军户，要修工程就召集匠户。看上去似乎也没有什么问题，但其实缺陷很大。

比如你是军户，你的儿子也一定要是军户，那万一没有儿子呢？这个简单，看你的亲戚里有没有男丁，随便拉一个来充数，如果你连亲戚都没有，那也不能算完，总之你一定要找一个人来干军户，拐来骗来上街拉随便你，去哪里找是你自己的事情。

再比如你是匠户中的厨役户，但你说你不懂厨艺，那也不要紧，人去了就行，只要人数对得上就没问题，反正你做的饭我也不吃，谁吃了拉肚子我也不管。

这样的划分是不科学的，不但民户、军户这些大户之间不能转，同一户内不同的职业也不能转，万一打仗时要召集弓兵户，偏偏这些人从小没有练过拉弓，那也没办法了，每人给一把弓就上吧。这样的军队战斗力是不能保证的，又如召集医户，如果召来的都是一些不懂医术的，那可就要出人命了。

这是老百姓，官员们也不轻松，他们衣服穿着和颜色搭配、用料、图案都有着严格的规定，如违反，是要杀头的。

如朝服冠上的梁数，一品七梁，二品六梁，往下递减，不能多也不能少。这衣服是祭祀典礼要穿的，平时上朝要穿公服，公服的规定也极为复杂，从一品到九品，从文官到武官，衣服颜色不同、花纹不同、花径不同，衣服上的补片也不同。

回家之后也不轻松，不能穿睡衣之类的衣服走来走去，要穿常服；这常服也不能随便穿，不同品级也有规定，如腰带，一品用玉，二品用花犀，以下各不相同。

如果你不小心穿了常服去上朝，或是穿了公服去祭祀，系错了腰带，穿了黄色内衣，只要被人发现，就是严重错误，可能要杀头的。

除了这些制度外，朱元璋还为他的臣民们设定了严格的规定，他贵为天子，却给全国几乎所有的行政机关都分好了工，行政公务、司法裁决、仓储准备、人口统计,甚至连街道清洁都逐一分配到人。

不但如此,他还详细说明工作该怎样去做,相当于今天买电器时附送的说明书,一一列举唯恐不能穷尽。如人口统计时要注意哪些事项、如何进行核查、隐瞒人口的常用手段等都列明出来。估计要是再详细点,他还会规定清扫街道时怎样使用扫帚、出门时该先迈哪只脚。这样看来,在朱元璋手下干活倒也不累,相信只要不是白痴,能看懂朱元璋配发的说明书,都是能够干好工作的。

此外他还禁止农民进城打工,规定所有老百姓只能在自己的生活范围内活动,在所有的交通要道上设置了关卡,人们要走出规定地域,必须持有官府出具的路引。这玩意儿可千万要收好,如果丢了,守关卡的士兵会直接把你当成逃犯,抓走充军,目的地是去不成了,家也不用回去了,很可能过那么几年,这位丢了路引的兄弟也站在关卡当检查员了。

是的,朱元璋要建立的是一个等级分明、秩序严谨、近乎僵化的社会结构,在这个结构中,农民只能种地,商人只能经商,官员按照规定干好自己的工作,无论谁都不能越界。军户、民户、匠户的划分决定了在那个时代找工作从来都不是难题,不用费尽心思设计什么简历、洗干净脸、打好领带去参加面试。因为除了那些读书厉害的人之外,所有人的工作都是在投胎的那一刻决定的,你爹干吗,你也干吗。

这是一个近乎完美的模型,在这个模型中,所有人都各司其职,互不干扰,他们就像无数条永不相交的平行线,一同组成强大的明帝国。这些制度之严密、周到即使在今天看来,也堪称典范。

我们不得不佩服朱元璋,他不但打下了江山,还耗尽心力制定了如此完美的规章制度。他的目的也很明确:

明帝国的所有问题我朱元璋都给你们解决了,制度也有了,方法也有了。后世子孙照着做就是了,我辛苦点没有关系,你们就等着享福吧。

可惜模型始终只是模型。

规则的漏洞

在这个世界上，从来就不存在完美的东西，任何制度都有缺陷，任何体系都有漏洞。朱元璋的这个体系也不例外。

事实证明，他的体系禁不起时间的考验，而且还出现了很多朱元璋本人做梦都想不到的意外。

朱元璋废除了丞相制度，限制大臣的权力，然而明朝的内阁比以往的任何丞相都更专权。

朱元璋规定老百姓不得四处流动，然而明朝中后期流民成风，四处游荡，丝毫不受束缚。

朱元璋颁布了抑制商业发展的条令，并规定商人不得穿着绸纱等贵重衣物，然而大规模的工商业发展正是从明朝开始的，而那些本应该是社会最底层的商人却穿金戴银，甚至登堂入室，为官经商。

朱元璋严令太监不得干政，可是明朝的阉宦却个个都是重量级的（这与他废除相权有关）。

朱元璋给他的所有子孙都准备了爵位和俸禄，然而一百多年后，他的很多后代都家道中落，穷困潦倒。

这些朱元璋认为可以用千年万年的制度，在短短的百余年间已经烟消云散。甚至他的继承者们也不再认真遵守这些规定，他们口中说着太祖成法万年不变，实际上却是各有各的搞法。偶尔有那么一两个脑袋不开窍的叫嚣着要恢复祖制，换来的却是众人嘲笑的眼神，甚至连当时的皇帝也不以为然。

实际上，朱元璋为了保障自己的这套制度模式能够贯彻实施下去，对那些敢于改动和违反者，制定了严厉的处罚措施，如他曾明文规定太监干政者，杀；敢议立丞相者，杀；等等。可是这些措辞严厉的规定从来就没有真正发挥过作用。太监还是照常干政，内阁还是行使着丞相的权力，此路不通就绕道走，谁也没把太祖成法当回事。

更让朱元璋想不到的是，他规定的事情往往都向着反方向发展，用俗话说就是怕什么来什么。在朱元璋的面前似乎有一个看不见的对手。朱元璋想往东，这个对手偏要向西；朱元璋想吃饭，这个对手却给他喝水。

这个对手并不是虚无的，我们之前提到过它的名字——历史规律。

如果我们细细分析一下朱元璋制定的这些制度，就会发现很多问题。比如他规定商人不允许穿好衣服、限制商人的政治地位，如有违反，就要处以重刑。

然而这规定真的行得通吗？

农民有权穿纱，却买不起，商人虽然地位低贱，但他们有钱，有钱才能买得起那些贵重的东西。农民没有钱，所谓的权利也就成了一句空话，他们连饭都不一定吃得饱，哪里还谈得上穿什么衣服？这不是拿穷人开心吗？（虽然他本意并非如此。）

类似的制度缺陷还有很多，这些制度本身并没有什么大问题，但遗憾的是并不一定适应情况的变化。因为朝廷的收入不断地增加，经济不断地发展，在此基础上，人们的生活方式和行为方式也会发生变化，墨守成规的制度最终一定会被历史所淘汰。

朱元璋制定的这套政策是适应明朝初年的情况的，事实证明，这些制度促进了生产的恢复和发展。但朱元璋只是能人，却不是超人，也不会超能力之类的把戏，他不能停滞历史的进程。当他把自己的这些制度和方法作为"万世不变之法"流传下来后，这些过时的玩意儿在后人眼中就会变得荒谬和不适用，并成为绊脚石。

朱元璋这一生有过很多厉害的对手，顽强的张士诚、凶狠的陈友谅、纠缠不清的北元、狡猾的胡惟庸，以及骄横的蓝玉，这些人都是一代人杰，然而他们都败在了朱元璋手下。直到他遇到了最后一个敌人——历史规则。

在历史的进程中，命运之神会从芸芸众生中挑选一些人，给他们建功立业的机会。如果你被挑中，实在是一件幸运的事情。但你同时也必须认识到，这是一场残酷的比赛，当机会到来时，你若要真的有所建树，就必须比其他人更优秀、更强大，因为最终的胜利者只有一个。

四十多年前的一个夜晚，命运之神来到了朱重八的床边，将一柄剑和一把钥匙交给了他，它告诉朱重八：用剑去推翻残暴的元朝，用钥匙去打开那扇新的大门，你将建立自己的王朝，获得你应得的荣耀！

朱重八庄重地接收了这两份礼物，他没有辜负命运之神的期望。在那漫长而艰苦的岁月里，他用自己天才的军事和政治才能，战胜了所有的竞争者，获得了最终的胜利。

他不再是那个穷困潦倒的朱重八，而是重权在握的开国皇帝朱元璋！他认为自己已经有足够的力量改变原先的规则，创造自己的体系。

但他错了，无论他如何强大，在历史的眼中，他只不过是一颗小小的棋子。

他可以影响少数人于永远，也可以影响多数人于暂时，但他无法影响多数人于永远。

毫无疑问，朱元璋是那个时代最杰出的人物，他有着卓越的军事和政治天赋，精力充沛。他执政三十一年，勤勤恳恳日夜不息地处理政务，一个天才加上勤奋，世上还有什么事情是他做不成的呢？

他相信自己能够操控一切、改变一切，他已经凭借自己的才能获得了命运之神的垂青，成为了这片广阔大地的统治者。但他并不满足，所以他按照自己的设想创造了一整套独特的社会体系和架构。他相信，就如同以往一样，他会胜利的，事情是会按照他的设想进行下去的。

可是历史规则这个对手与之前的对手都不相同，它无影无形却又无处不在。它没有去招惹朱元璋这位猛人，却不断地缠扰着朱元璋的子孙，而朱元璋的体系也在时间的磨砺下变得千疮百孔，最终失去了控制力和约束力，历史固执地按照自己的逻辑方式走了下去。

事实证明，在这场斗争中，朱元璋失败了。

原因何在呢？答案看起来似乎深不可测，其实很简单：

因为朱元璋只是历史的执行者，他并不是历史的创造者。

即使没有朱元璋，也会有李元璋、王元璋来完成历史的使命，推翻旧的王朝，建立新的帝国。历史是一个好客的主人，但却从不容许客人取代它的位置。历史也从来就不是一个人或是几个人可以支配创造的。所谓时势造英雄，实乃至理名言。

真正支配历史的人，不是朱元璋，而是稻田里辛勤劳作的老农，是官道上来往的商贾，是朝堂上进言的官员，是孤灯下苦读的学子。

他们中的大多数人注定默默无闻，都无法在历史上留下自己的名字，但他们才是历史真正的主人。

从古至今，从无例外。

在解构了朱元璋的体系后，让我们回到洪武时代，还有一些对后世影响深远的事件是必须述说的。

可怕的锦衣卫

特务政治是明朝的一个特点，其代表机构就是锦衣卫。

锦衣卫这个名字对我们而言只是一个历史概念，但明朝的人们提起这个名字却是谈虎色变。这是一个奇特的机构，它原本只是一支军队，是皇帝的亲军二十六卫之一。这些部队由皇帝本人指挥，各有各的职责。

按说亲军应该整日在皇帝身边，是个不错的职业，但你可不要以为当上亲军就能飞黄腾达，比如亲军二十六卫中的孝陵卫就是守坟的，整日只能和陵墓打交道。如果不幸被选入孝陵卫，恐怕一辈子也见不到活着的皇帝了。

相比而言，锦衣卫就厉害得多了，它是皇帝的卫队，出行时负责保卫，此外它还是仪仗队，上朝时掌管礼仪。所有锦衣卫的成员服装整齐，穿着飞鱼服，佩带绣春刀。正是由于锦衣卫承担着如此重要的职责，且都是皇帝身边的人，他们渐渐地成为了皇帝的耳目，负责打探情报和惩处大臣。

这个机构的可怕之处在于，他们不受任何部门的管辖，只听皇帝的指挥，其机构也比较简单，指挥使一人（正三品）为最高统帅，下设同知、佥事、镇抚各二人，千户十四人，这些是锦衣卫的高级领导。

明初加入锦衣卫的人都要进行严格审查和面试，必须保证是良民，无犯罪前科，并经过精心挑选和各种训练，顺利通过这些考验的人才能成为锦衣卫。

锦衣卫的主要职责是侦查大臣们的行动，并随时向皇帝报告；他们还掌管着"廷杖"，负责惩处违反皇帝意志的大臣。而在大臣眼中，这是一群极为可怕的人。洪武年间，如果大臣家有锦衣卫上门，他就会收拾好衣物，和家人告别，然后一去不复返。

此外锦衣卫还负责收集军事情报、策反敌军高级军官的工作，如在后来的万历朝鲜之战中，锦衣卫表现得相当活跃，收集了大量日军情报，为战争的胜利做出了贡献。

锦衣卫的另一个可怕之处在于，他们不受司法机关的管辖，可以自己抓捕犯人，并审判判刑。在逮捕犯人前，锦衣卫指挥使会发给所谓"驾帖"。大家可能在《新龙门客栈》中看到过这件东西，要说明的是，"驾帖"并不是身份证明，而是逮捕证。

锦衣卫持有此物逮捕人犯不受任何人阻拦，如有反抗，可格杀勿论。由于锦衣卫拥有几乎超越一切的权力，无论是刑部还是大理寺见到锦衣卫都避而远之。

锦衣卫还有自己的监狱，称为"诏狱"，此狱名气之大，甚至超过了刑部的天牢，因为能被关进这个监狱的都绝非普通人，往往不是大忠大善就是大奸大恶。

事实证明，这些人的工作效率确实很高，在胡惟庸和蓝玉案中，锦衣卫昼伏夜出，四处打探，以不怕杀错、只怕杀漏的精神找出了许多所谓的同党，并一一处决。这两宗案件也大大提升了锦衣卫的名声。

毫无疑问，这是一群可怕的人，他们重权在握，除皇帝外不受任何人管辖，是皇帝重要的统治工具。

但这一机构的始创者朱元璋却深刻地认识到了特务政治的危害，他知道如果放任下去，国家法律的约束性和权威性将荡然无存，于是在洪武二十六年，他命令撤销锦衣卫，并下令所有司法审判行为必须由司法机关执行（诏内外狱无得上锦衣卫，大小咸经法司）。

为了显示废除锦衣卫的决心，朱元璋还当众焚毁了锦衣卫的刑具，以示永不重开之意。

然而很多事情只要开了头，就很难收尾了。

锦衣卫这个独特的机构将在后来的明朝历史中扮演重要的角色，我们以后还会经常和它打交道的，现在就先放下吧。

一个盟友的加入

就在朱元璋逐步解决国内问题时，明帝国的东北边界发生了一件令人意想不到的事情，这件事将对明朝后来的发展产生深远的影响。

事情的发生地是高丽王国。

高丽王国是王建于公元10世纪建立的，这个王朝取代了之前的新罗王国，一直延续下来，但这个高丽王朝与明朝的关系并不好，这是有着历史原因的。

在元朝建立之后，元统治者发兵攻打高丽，高丽最终不敌，被迫屈服蒙元。而元朝统治者按其一贯的方针政策，将本是隶属国的高丽归并为元朝的征东行省。元朝还随意废除高丽国王，其目的在于通过王室的通婚，将高丽牢牢控制在手中。他们是这样想的，也是这样做的，从元世祖到元末，元朝皇帝先后将七位公主下嫁高丽国王。

这样看来，和亲这一招永远都是有用的，万一有一天双方打起来，只要把七姑八姨拉出来，读一下家谱，考证出阁下是我姐姐的儿子的堂弟的邻居等，就能把对方说得目瞪口呆，收兵回家。

元朝的目的达到了，经过长期的相亲介绍和血缘分配，三代高丽国王都带有元朝皇室血统。当然了，如果要算出到底是哪一辈的、互相之间怎么称呼还是要翻家谱的。

正因为高丽王室与元朝皇室的血统联系，在朱元璋建立明朝、元朝统治者被赶出中原后，高丽仍然依附于元朝。

朱元璋很明白一个稳定边界的重要性，他在明朝建立后，就派遣使臣出使高丽通报国号年号，意图与高丽建立宗藩关系。

在利害关系面前，亲戚关系是不一定管用的，事情的发展又一次证明了这一点。

看到元朝败退，高丽王朝国王王颛便断绝了与元朝的关系，受明朝册封，趁机摆脱了元朝的奴役。然而事情总是一波三折，高丽王朝里还有很多人是元朝统治者的亲戚，他们自然不甘心被明朝控制。于是亲元与亲明的势力展开了长达十余年的斗争。

后王颛十岁的养子江宁君辛隅继位。这位国王是倾向北元的，但他为了不得罪明朝，也派遣使者去为他的父亲请封谥号（高丽国王的谥号按例由明朝确认）。本来事情还是顺利的，明朝派遣使节林密、蔡斌前往高丽，然而此二人在从高丽归国途中被人劫道，不但随身物品被抢，人也被杀掉了。

按说这件事不一定是高丽干的，因为在自己地盘上干这些活就等于在凶案现场写下杀人者系某某，太过招摇，此事恐怕是北元派人干的。

但朱元璋岂是好得罪的？阴谋居然搞到了他的头上，怎肯罢休！他暴跳如雷，收回了给王颛的谥号，表示绝不承认辛隅的国王地位。高丽也是一肚子苦水没办法倒，只好转而向北元请封，获得了高丽国王、征东行省左丞相的封号。

至此，明朝与高丽王国决裂，双方亮出了兵刃。眼见一场大战又要开打，但刀剑虽然没得商量，带刀剑的人却是可以商量的。

高丽国王决定动手了。洪武二十年，冯胜和蓝玉率领军队打败纳哈出，控制了辽东，并在辽东设了铁岭卫都指挥使司，控制了铁岭。这是个敏感地带，因为铁岭在元朝时就是元朝和高丽之间的国界。高丽一直想占据这个缓冲地带，而明朝的军事行动无疑打乱了高丽王朝的如意算盘。

高丽国王辛隅毕竟政治经验不足，居然去找朱元璋要求获得铁岭的领土。这一要求搞得朱元璋啼笑皆非，自己打了几十年仗，就是为了几块地盘，这位少年天子居然异想天开，想找连工资都不愿意多发的朱元璋要土地。

结果可想而知，朱元璋严词拒绝了使臣。这位高丽国王也真是血气方刚，他命令调集各道军队于洪武二十一年（1388）征伐辽东。

那么这支远征军有多少人呢？据《李朝太祖实录》，这支部队一共只有近四万人。而他们的敌人——驻守辽东的明军，刚刚打败了纳哈出的二十万元军，在北元已经被击溃、退守沙漠的情况下，高丽的远征军有什么办法和这支久经沙场的明军对抗呢？

但辛隅似乎并没有考虑太多，估计他是按照高丽军队以一当十的比例来计算战斗力的。

这样看来，辛隅对当时形势的认识是比较糊涂的，但他派去打仗的将领却并不糊涂。

至少李成桂不糊涂。

这支军队的统帅是曹敏修和李成桂，他们分任左、右军都统使。李成桂一直反对和明朝决裂，他极力劝阻未能成功。作为一名将领，他清醒地认识到攻击辽东是以卵击石，但迫于上级压力，他还是率领军队出征了。

大军到达铁岭后，李成桂并没有发动进攻，他另有打算。

这位统兵大将先做通了曹敏修的工作，然后一咬牙、一跺脚，造反了！

他带领军队打回了老家，废黜了辛隅，建立了自己的王朝，这就是著名的李氏王朝。

为了争取明朝的支持，李成桂派使臣向明朝称臣，他向朱元璋递交了国书，新人新气象，李成桂废除了高丽的称呼，这个新的王朝需要一个新的名字。

这个庄严的使命落在了朱元璋的身上，他经过慎重考虑，取"朝日鲜明之国"之意，为这个王朝确定了新的名字——朝鲜。

从此这个名字成为王国的统一称呼，并延续至今。朱元璋亲自下令：朝鲜为永不征讨之国，明和朝鲜正式以鸭绿江作为边界。而朝鲜尊明为天朝，并采用明年号，此后朝鲜的历代国王继位后都要派使臣至明朝，得到明朝皇帝的确认并赐予封号。

朱元璋和李成桂确定了明王朝和朝鲜和睦友善的关系，也立下了双方守望互助的诺言。后来的历史证明，他们都遵守了自己的承诺。

李成桂的建国举动及明朝、朝鲜和睦关系的确立，对后来明朝的发展产生了影响，而从某种意义上来说，也促进了电视剧事业的发展。

　　在李成桂建立李氏王朝一百多年后的1506年，李朝中宗继位，在他担任国王的三十八年里，有一位医官靠着自己的努力做出了一番事业。四百多年后，这位医官的事迹被拍成了电视剧，流行一时，名《大长今》。

　　朝鲜成为了大明的属国，北元也被打得奄奄一息，躲到沙漠里整日吃沙子。强大的明朝终于平定了帝国的边界，自盛唐之后，经过数百年的漫长岁月，中原政权终于不再畏惧游牧民族的进攻，一个庞大的帝国又一次屹立起来，它用自己的实力保证这个国家的臣民可以安居乐业，经济文化可以不受干扰地持续发展。

　　在今天看来，我们不得不说，这是一个了不起的成就。

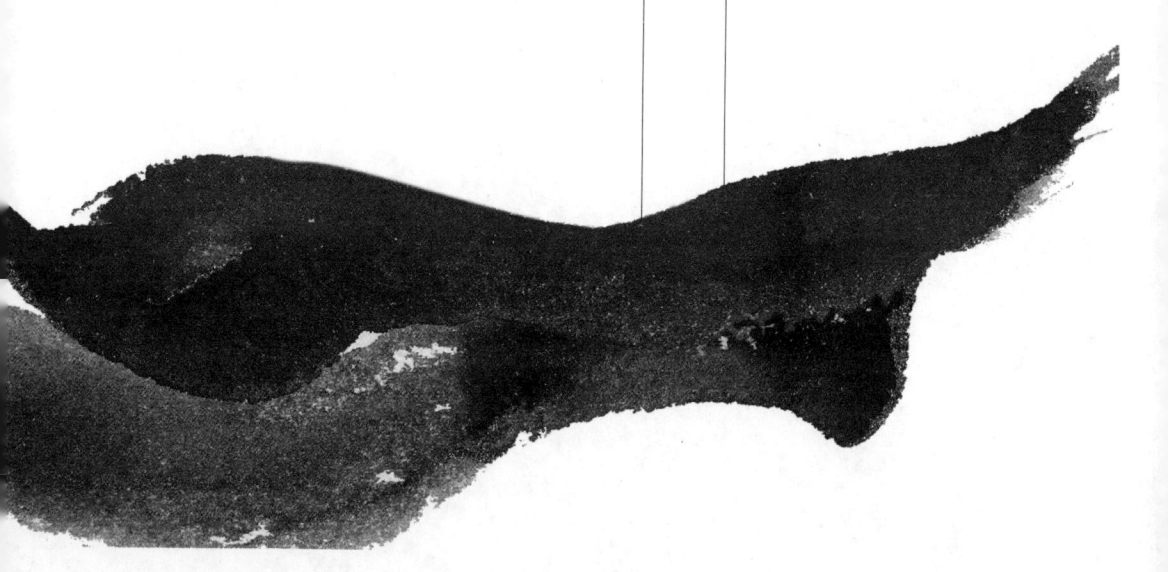

第二十三章 终点，起点：最后的朋友们

北元再次被击溃,他出兵围剿,战火摧残的国库渐趋恢复了生机,朱元璋对此十分满意,应该说,他是个比较勤俭的皇帝。他坚信,要子孙们坚守自己创立的制度,大明帝国将永远延续下去,但要保证皇位永远属于自己的子孙,还必须清除一些人,这些人包括胡惟庸、李善长、蓝玉等（名单很长）,经过二十余年的不懈努力和胡蓝案的血雨腥风,他基本解决了问题,似乎一切都很完美,该杀的杀了,该整肃的也整肃了,就此结束了吗?不,还没有。还有几位

此时大明帝国的内部，也是一片欣欣向荣的景象，战争造成的破坏已成为过去，经济得以恢复，国库渐趋充盈，朱元璋通过自己的努力使这片饱经战火摧残的土地恢复了生机。

朱元璋对此也十分满意，应该说，他是一个好父亲、好祖父。幼年的不幸遭遇使得他不愿自己的子孙受苦。为了让继承人可以安心地统治天下，为了维持这种欣欣向荣的景象，他为自己的帝国建立了一整套完备系统，他坚信只要子孙们坚守自己创立的制度，大明帝国将永远延续下去。

但要保证皇位永远属于自己的子孙，还必须清除一些人，这些人包括胡惟庸、李善长、蓝玉等（名单很长），经过二十余年的不懈努力和胡蓝案的血雨腥风，他基本解决了问题。

似乎一切都很完美，该杀的杀了，该整肃的也整肃了，就此结束了吗？

不，还没有。

还有几位老朋友需要做个了断。

洪武二十五年，朱元璋杀掉了四十年前为他算命的周德兴（大家应该还记得他），这位已经被封为江夏侯的算命先生终于兑现了当年的算卦结果——卜逃卜守则不吉。

他确实是无处可逃，也无法可守了。

洪武二十七年（1394），朱元璋杀颖国公傅友德，一代名将就此陨灭。与他同时被杀的还有蓝玉的副将、在捕鱼儿海战役中立有大功的定远侯王弼。

洪武二十八年（1395），朱元璋杀宋国公冯胜，这位开国六公爵的硕果仅存者终于没有躲过这一刀。

杀吧，杀吧，为了帝国的将来，你们不入地狱，谁入地狱？

当年的伙伴一个个都被送走了，事情终于可以了结了。

对了，还剩下最后一个——汤和。

汤和是很懂事的，与胡惟庸、蓝玉不同，他一向对朱元璋尊重有加，而且他很早就看出朱元璋的强大与可怕，所以他选择了放弃兵权，安享荣华。

其实朱元璋并没有完全赶尽杀绝，曹国公李景隆（李文忠之子袭父爵）、武定侯郭英、长兴侯耿炳文都逃过了朱元璋的屠刀，但汤和与他们不同，作为与朱元璋一同起兵的伙伴，他比别人更有影响力、更有威胁。

所以尽管汤和已经不再掌兵，朱元璋还是去看望了汤和，当然，这次探望在某种程度上将决定汤和的生死。

当朱元璋看到汤和时，他惊奇地发现，这位当年英勇无畏的将军只能躺在椅子上，嘴角流着涎水，支撑着向他行礼。

汤和似乎也了解朱元璋的来意，他以一种常人难以理解的眼神看着朱元璋，那眼神中隐含着乞求。

陛下，难道你真的一个都不留吗？

朱元璋懂得这种眼神的意义。四十年前，一群出身贫贱却胸怀大志的年轻人，为了生存和理想，挺身而出，经历千辛万苦，推翻暴元，建立了大明王朝。他们曾经憧憬未来，也曾互相许愿，以荣华相见。在走向成功的路上，有人死去，有人活了下来。

而此时，幸存者只剩下了一个站着的人和一个躺着的人。

朱元璋不会忘记，四十年前的濠州城，一个九夫长的身后跟随着一个谦恭的千户。

几十年的刀光剑影和斧声烛影，当年的朋友都远去了，有些是为我而死的，有些是我杀的，想来所谓孤家寡人，就是如此吧。

汤和，活下去吧，那激荡岁月里英姿勃发、生死共进的人们，现在只剩下你和我了，陪我走完这段路吧。

我很孤独。

送走了老朋友，朱元璋终于放心了，大好河山将永远掌握在自己子孙的手中。具有讽刺意味的是，虽然之后发生了很多他做梦也想不到的事情，但这个判断却始终是正确的。

烧掉良弓、杀掉走狗固然是好，可问题也随之而来了，蒙古骑兵仍然时不时地骚扰边界。这也是可以理解的，游牧民族不擅长耕田，一旦从统治者的位置上退休，想再就业就很难了，粮食、衣服、金银不会从天上掉下来，获得这些东西的最好方式只能是重操旧业——抢劫，这也是没办法，总得找条活路吧。

朱元璋老了，他不再是那个意气风发、纵横千里的年轻人，长期的战争经历和繁重的公务压弯了他的身躯、消磨了他的锐志。且不说眼前的这些打劫者，万一将来又出个蒙古第二，谁去抵抗呢？

年轻人还是靠不住的，他们只会空读兵书，战争不是儿戏，需要严谨的思维和准确的判断。李景隆年纪不大，可这个人除了是李文忠的儿子外，什么都不是。而此时能带兵、有经验的都被杀掉了，这又是一个难以解决的问题。

可就如同以前一样，朱元璋总是能够想出解决的办法。他找到了一个极有军事天赋的人，这个人的能力足以完成保护国家安全的任务。更重要的是，这个人的忠诚是绝对可以信任的。

这个人的名字，叫作朱棣。

祸根

至正二十年四月，根据可靠情报，陈友谅即将率大军进攻应天，兵势极为强大，谋臣武将个个人心惶惶，而就在这战云弥漫之时，一位身份卑贱的妻子为朱元璋生下了一个儿子。当然，这实在不是个生孩子的好时候。很多人都已经准备收拾包裹分行李散伙了，没人顾得上这位母亲和她的儿子。朱元璋照例去看了看，但也仅此而已，对他而言，现在最重要的是保住自己的命，儿子已经有三个了，多一个不多，少一个不少。

在险恶环境中出生的这个婴儿，就是朱棣。而按照出生地属地原则，他应该算是南京户口。

虽然他是城市户口，但他的出生环境似乎并不比当年的朱重八好，因为至少朱五四全家不用担心脑袋搬家的问题。

一位传奇的帝王从此在历史上留下自己的痕迹，从一声啼哭开始。

自古有云：善用刀剑者，死于刀剑下。

而对于这个婴孩而言，生于战火，死于征途，似乎就是他一生的宿命。

朱棣的童年是在一种特殊的环境下度过的，他的母亲并不是马皇后，虽然《明实录·成祖实录》中曾经确定了是马皇后，但种种证据显示，他的母亲另有其人，其身世十分神秘，我们将在后面对此进行详细的分析和叙述。

虽然在他当上皇帝后改动了自己的出生记录，但这只能骗骗后来的人（现在看来这一目的也未达到），当年他是不可能拿这些蹩脚的把戏去糊弄朱元璋的，虽然朱元璋很忙，但儿子是哪个老婆生的，他还是有数的。

也正是因为他的母亲身份低贱，且并非长子，从小朱棣就没有得到过什么好的待遇，当然，这是相对于他的哥哥朱标而言的。

虽然朱标的母亲地位也不高，但他是长子，而且为人忠厚，很得朱元璋的喜爱，在洪武元年正月初四，即明朝建立的同日，就被立为太子。

而朱棣从小就被告知，自己将来只能做那个高高在上的继承人的臣子，当那个人登上皇位后，每当听到他的指令（圣旨），必须跪下并以虔诚的态度接受，即使这道指令是让自己去死，也必须服从，并叩谢圣恩。

凭什么？就因为他早生几年？

这种不公平的待遇随着朱棣的成长越来越明显，朱元璋十分注意对朱标的教育，他为太子设立了东宫，而且派了当时最著名的学者宋濂来教导太子的学业。

此外，他还专门指派了李善长兼太子少师、徐达兼太子少傅。如太子有疑问可以随时得到此二人的指点。

这堪称当年的最豪华阵容，天下最优秀的文臣武将都聚集在太子身边，在他们的熏陶下，太子受到了良好的教育。

反观朱棣就不同了，他出生时，父亲朱元璋只是一个普通的劳动者，虽然他从事的是比较特殊的劳动——造反。但在元末那无数的造反者中，此时的朱元璋只是一个小本经营者，过着有今天无明日的冒险生活，自然顾不上这个并不起眼的儿子。

虽然后来朱元璋的环境日渐改善，身份、地位都有了进一步的提高，但朱棣并没有得到更多的优待，这是因为随着朱元璋档次的提升，他的老婆也越来越多。而其生殖能力也值得一夸，在没有他人帮忙的前提下，他一共生了二十六个儿子、十多个女儿。

此外，他还收了二十多个养子，粗略算一下，这些人足够一个加强排的兵力了。

如果朱元璋检阅这支朱家军时喊一声儿子，朱棣被叫到的概率是四十到五十分之一。

何苦生在帝王家。

和朱标比起来，朱棣的教育也很成问题，他应该没有受过系统的托儿所和幼儿园教育。在他童年时，正是朱元璋抢地盘的黄金时期，除朱标外，朱元璋顾不上其他儿子的教育问题，而且当时朱元璋手下最多的是士兵和将领，可做老师的文人并不多。除了寥寥几个像李善长这样主动来投奔的人外，大部分文人都是被"请"来的。

这个"请"字在实际生活中具体表现为威胁、拐骗、绑架等不同方式，如刘基、叶琛、章溢等都是被这样"请"来的。读书人混碗饭吃还是容易的，大可不必去造反。

这就注定了朱棣从小整日见到的都是那些拿着明晃晃的刀剑、穿着厚重铠甲出入的将领和缺手缺脚、身负重伤的士兵，耳中终日听到的都是什么今天砍了几个脑袋、昨天抢了多少东西之类的儿童不宜的话语。慢慢地，他也被同化了。

即使在环境变好后，朱棣也从来都不是朱元璋教育的重点对象，没有像宋濂那样的学者去教导他，他虽有皇子的名号，却似乎并没有皇子的尊荣。如果要以学习成绩来划分的话，皇太子朱标就是班里的优等生，而朱棣则是不用功读书的社会青年。

毛泽东曾经对朱棣的文化程度有一个评价——半文盲，当然这个文盲不是指不识字，而是相对于当时皇家的教育水平而言的。就史料和朱棣批改的奏章来看，这个评价是比较中肯的，他确实没有什么文采，甚至还不如当年的失学青年、后来的自学成才者朱重八。

当然在实际生活中，优等生往往干不过社会青年，这也是不争的事实。

与他的哥哥不同，在成长的岁月里，朱棣经常和武将们混在一起，似乎谈论战场上的事情才能引起他的兴趣。另外，他和他的一个表哥关系也很好，时常一同出游。按说他的表哥也是皇亲国戚，应该不会给他什么坏的影响，可问题在于这位表哥主抓的工作比较特殊。

他的这个表哥就是李文忠。

李文忠是仅次于徐达和常遇春的名将，甚至有人认为他的军事能力已经超过了常遇春。与李文忠在一起，除了打仗外，也没有什么可谈的了。这段经历让朱棣受益匪浅，他学到了很多用鲜血和生命换来的军事经验。

此外，他还有一个收获，那就是李文忠的儿子李景隆。由于李文忠比朱棣要大很多，李文忠的儿子李景隆自然就成为了朱棣的伙伴。

幼年时的经历使得朱棣早熟，在经过一段时间的交往讨论后，他清楚地认识到——与李文忠相比，李景隆是个军事白痴。

俗话说，龙生龙，凤生凤，老鼠的儿子会打洞。李文忠虽然比不上龙凤，但也可以称得上是老虎，偏偏他的儿子却只能算是一只老鼠。

后来的事实证明，李景隆不但是个军事蠢材，还是个软骨头。当然李景隆的这些性格特点都已被朱棣牢牢地记在心中，他相信，将来总归是会派上用场的。

朱棣就是这样成长起来的，母亲身份低贱，得不到朱元璋的多少宠爱，他有三个哥哥、二十二个弟弟，故虽贵为皇子，却没有多少人关注，浑似路边野草般无人照料。但最让他难受的是，哥哥朱标却可以享有一切优待特权，他用的东西是最好的，所用礼仪是最隆重的，文武百官见到他就跪拜行礼，诚惶诚恐。

因为大臣们知道，这个叫朱标的人将来会继承皇位，是新一代的统治者，如果要保住脑袋、官位，就一定要拍他的马屁。你朱棣是个什么东西，上不管天，下不管地，还是早点去就藩，当个土财主吧！

人不怕穷，只怕比。

朱标享受这一切的理由似乎也很充分：因为他是太子。

什么是太子？大家都是贫农朱重八的儿子，你穿开裆裤的时候我就认识你，尿床、捣蛋哪一样你没干过，还真把自己当龙子龙孙了，谁不知道谁啊？

穷人家的孩子早当家，朱棣虽然不穷，却比较惨，因为无论这个家多好、多富，将来都不是他的。所以很早就认识到这一点的朱棣并没有同龄人的天真。

他知道，在这个家里，要想得到什么，必须靠自己去争取。

一定要成功

洪武四年（1371），十一岁的朱棣被封为燕王，这并不表示朱元璋特别看重他，因为据史料记载，他的二十六个儿子都被封了王，这不过是例行公事而已。十七岁时，朱棣经朱氏婚姻介绍所包办，迎娶了他的第一个妻子，而他的这个老婆正是第一名将徐达的长女。

这样看来，他的这次婚姻也包含了一定的政治色彩，体现了朱棣和武将之间的某种联盟。

二十一岁时，他奉命就藩，地点是北平，即当年之大都、今日之北京。

此时的朱棣年纪虽轻，却已饱尝人间冷暖，看透世间悲凉，身为皇子，更能感受到那些大臣内官趋炎附势、落井下石的卑劣行径。

当然他也明白，这些人的行为并没有什么不对的地方，荣耀总是站在成功者那边，这是永恒不变的真理。

一定要做一个成功者。

他年幼时已历经战火，成长过程中又总是和武将打交道，他见识过惨烈的战场、血腥的杀戮，年轻时所经历的这一切已将他的人生角色定格为职业军人，而这个角色也将伴随他的一生，左右着他的性格，即使在他登上皇位之后。

当然，客观地讲，此时的朱棣并没有谋反的野心，说到底无非是心理不平衡，最多也只是发发牢骚而已。作为一个不起眼的皇子，他目前最重要的任务是在朱元璋面前表现自己，以便在将来分遗产时多捞点好处。

洪武二十三年，他终于开始了自己人生舞台上的第一次表演。

此时距离捕鱼儿海大捷已经过去了两年，当年的统兵大将、日渐骄狂的蓝玉已列入了朱元璋的黑名单。在这种情况下，朱元璋自然不可能把兵权交给他，在经过仔细思考后，他把部队的指挥权授予了自己的两个儿子。

燕王朱棣正是其中的一个。

自从十年前被封在北平后，朱棣就和自己属地的邻居——蒙古骑兵打起了交道。由于双方住得太近，时常因为宅基地之类的纠纷闹点矛盾，谈不拢就打，打服了再谈，遇到打不服也谈不拢的就让朱元璋出兵远征。

名将傅友德、冯胜、蓝玉都曾带兵自北平出击蒙古，朱棣虽是皇子，但他明白，在这些老将面前自己还太嫩，于是他虚心向这些名将学习，丝毫没有皇室的架子。此外，他还随大军上阵，亲眼见到过刀劈斧砍、你来我往的拼杀和血流成河、尸横遍野的惨烈。

当朱标在舒适的皇宫中学习孔孟之道、圣人之言的时候，朱棣正在凄风冷月的大漠里徘徊，在满布尸首的战场上前行。并没有人教导他将来要如何去做一个好皇帝、如何统治他的臣民，对此时的朱棣而言，在战场上活下去就是唯一的目标。兵书是不管用的，别人的经验也不能照搬，而要在这个战争中取得胜利，只能依靠自己。

从战争中学习战争，从失败中获取胜利，在经历无数次残酷的考验后，朱棣最终掌握了战争的规律。他成长了，从一个战争的爱好者成长为战争的控制者，良好的判断力和坚强的意志力使他最终具备了一名优秀将领的素质。

而无数次残酷的杀戮、无数具无名无姓的尸首也彻底地冷冻住了他的心。

昨天还活蹦乱跳的一群人，第二天就变成了一堆尸体，在阵亡登记簿上可能也找不到他们的名字，他们的家人更不会知道，甚至在战后统计伤亡人数时，这些人也会被当成零头去掉。

谁会知道他们来到过这个世界？谁会知道他们也曾娶妻生子，有年迈的母亲、年幼的孩子在家里等待着他们？在这样的地方，生命是有价值的吗？

残酷的战场让朱棣更加深刻地认识了这个世界的本质，只有强者才能生存下去！

带着这样的意志和信念，朱棣统率着他的部队踏上了远征之路。

洪武二十三年，朱棣三十岁，他第一次成为了军队的主帅。

成为主帅，发兵远征曾经是他的梦想，儿时他也常看见那些名将出征时的情景，那是一个多么光荣的时刻，亮甲怒马，旌旗飘扬，数万人将听从自己的命令，在自己的旗帜下勇往直前。

朱棣近乎狂热地喜爱上了这种残酷的美感，这就是军人的快乐与荣耀。

但朱元璋对朱棣并不完全放心，他把兵马一分为二，将另一半交给了晋王，并亲自为他们制订了作战计划。此次远征的目标有两个，分别是北元丞相咬住和太尉乃儿不花。

朱棣明白，这次出征可以算是朱元璋的一次考试，如果成绩好，将来就有好的前途，因此他为这次远征做了充足的准备。此次出征与以往一样，难点不在于能否打败敌人，而是在于能否找到他们。

基于这个正确的认识，出征后，朱棣并未鲁莽进兵，而是首先派出几支轻骑兵四处侦察，这些人经过仔细探访，果然找到了乃儿不花的确切位置。在做好保密工作后，燕王朱棣带领部队静悄悄地出发了。

由于朱棣的军事行动极其隐秘，乃儿不花竟然毫不知情，明军按照朱棣的计划准备向北元发动进攻了，然而就在军队即将到达目的地时，天突降大雪，很多人都认为风雪之中行军不利士气，要求停止进军，军营中也是一片哀怨之声。

让人意想不到的是，朱棣却十分高兴，他似乎是从蓝玉的身上得到了启发，严令军队继续前进，很明显，朱棣的决断是正确的。

风雪之夜，行军虽然辛苦，但敌人也必然会丧失警惕，因为他们也认为这样的天气不适合行军。然而决胜的时机往往就在出其不意之间。

绝对不要做你的敌人希望你做的事情，原因很简单，因为敌人希望你这样做。

——拿破仑

朱棣的大军就如同当年蓝玉夜袭庆州时一样，冒着大雪向着敌人挺进。当他的大军到达乃儿不花的营地时，元军被惊呆了，然而更让他们惊讶的还在后面。

这支远道而来的军队并没有发动进攻，而是埋锅做饭，安营扎寨。

明军跑了这么远的路，吃了这么多的苦，而自己没有任何准备，毫无提防，如若敌人发动进攻，全军崩溃只在旦夕之间，然而对方却毫无动静，看他们舞刀弄剑的样子也不像是来旅游的，到底打的什么算盘？

朱棣并不是傻瓜，他十分清楚此时正是进攻的最好时机，毫无防备的元军可谓一击即溃，他没有这样做，不是要讲什么风格、混个公平竞赛奖之类的玩意儿，而是有着更深层次的考虑。

在安顿好部队后，他派了一个人去元军大营见乃儿不花，他要给乃儿不花一个惊喜。

果然乃儿不花一见此人，大惊失色，张口就叫道："怎么又是你？"

为什么要说又呢？因为来者是个老熟人，此人就是观童。大家可能还记得之前洪武二十年冯胜远征纳哈出时，劝降纳哈出的也是这位仁兄，这么看来他也算是老牌地下工作者了，专干这类事情。

自纳哈出后，观童劝降之名传遍蒙古，但凡有此人出入的消息，蒙古各部落都如临大敌，唯恐被认为暗通明朝，那可真是跳进捕鱼儿海也洗不清了。偏巧观童和乃儿不花交情很深，当年好友此刻相见，别有一番滋味在心头。

照例，观童先讲了一通明军的政策，如优待俘虏等，然后把形势摆在乃儿不花面前：顽抗到底，死路一条。

其实也不用观童说太多了，营外明军磨刀的声音都听得见，再不投降，磨刀石就要换成自己的脑袋了，这个城下之盟不签不行。

乃儿不花决定投降了，他和观童一起去朱棣的营中办理投降手续，这位北元的太尉对自己的对手朱棣有着浓厚的兴趣和好奇心。时机判断如此准确，行动如此迅速，这是一个怎样的人呢？

让他意外的是，一进大营，朱棣竟然以招待贵宾的礼仪来款待他，亲自到营外迎接。乃儿不花不知所措，手忙脚乱，搞了半天才想起自己是来投降的。他小心翼翼地提了几个保证士兵人身安全之类的条件，朱棣表现得十分大度，不但答应了这些要求，还设盛宴款待了乃儿不花。

乃儿不花万没想到，向朱棣投降还这么有面子，有这么好的待遇，十分感动，马上回营召集人马列队投降。

就这样，燕王朱棣人生中的第一次表演落幕了，他不费一兵一卒歼灭了北元军的主力，完成了战略目的。他在这次演出中的表现堪称完美，连投降的乃儿不花都十分敬佩他，认为他是一个宽宏大量的人。

可怕的朱棣

史料的记载大抵如此，简单看上去，这似乎只是一次平常的战役经过，但我细读之后，却有毛骨悚然之感。

朱棣，是一个可怕的人。

可怕之处不在于他俘获了多少敌人，而在于他在这次军事行动中所表现出来的素质和心智。

他率领数万士兵远涉千里，冒雪顶风，历经千难万苦才找到敌人，这就好比寻宝片中，一群海盗费心劳力，疲惫不堪，终于找到了宝藏。相信所有的人在那个环境下都会极度兴奋。

就要发财了！命运即将改变！

当时的朱棣也是如此，他千辛万苦才找到了敌人，而此时的敌人也不堪一击，只要下个简单的命令，敌人就会被击溃，然而他却没有这样做。这就好比海盗们找到了藏有宝藏的海岛，打开了箱子，看见了无数的金银珠宝，头领却突然发话：大家回家吧，把财宝留在这里，明年再来取！

如果有哪个不开窍的头目敢这样说，只怕早就被部下收拾了。

简单的占有是小聪明，暂时的放弃才是大智慧。

朱棣为了这一刻等待了很久，眼看胜利就在眼前，自己的能力终于得到了展现的机会，父亲也会另眼相看，这是极大的诱惑。

然而他放弃了，虽然是暂时的。

他没有理会磨刀霍霍的部下的催促，没有下令去砍杀那些目瞪口呆的元军。他暂时搁置了自己将要获得的荣耀。

这需要何等的忍耐力和抑制力！

这才是朱棣真正的可怕之处：一个能够忍耐的人，一个能够压抑自己欲望的人。

不要小看这段远征中的插曲，如果你进行认真仔细的分析，就可以从这件事情中获知朱棣的性格秘密。

在史料中，关于朱棣存在着两种完全不同的记载，也代表着他的两种面孔：一种是仁慈和善，他经常和属地的老百姓在一起，为他们主持正义，爱民如子；另一种是残暴嗜杀，用油锅烹死不服从他的大臣，灭杀他们所有的亲属。

这似乎是矛盾的，同一个人怎么会有这样截然不同的两种表现？然而这些都是史实。那么怎么解释这个问题呢？

答案很简单：朱棣有着两副不同的面孔不是因为他有精神病或者双重人格，恰恰相反，他是一个头脑极其清醒的人。他很清楚自己在做些什么，这两副面孔绝不会同时出现，它们分别有不同的用途。

和善慈悲的面孔用来应付服从他的人，残暴凶狠的面孔用来对付他的敌人。

对于朱棣而言，残暴是一种手段，怀柔是另一种手段，使用什么样的手段是次要的，达到目的才是根本所在。

为了达到目的可以压抑自己的感情，为了达到目的可以勉强自己去做不愿意做的事，为了达到目的可以不择手段！这就是朱棣的人生观和世界观。

从一个不通人事的少年，到一个老谋深算的藩王，是尔虞我诈的宫廷斗争、是你死我活的战场拼杀改变了他。

朱棣出生在权力编织的网络中，成长于利益交汇的世界里，但凡有利益的地方就有纷争，就算你不去找别人麻烦，但只要你有着皇子的身份，麻烦就会找上你。在这样的人生中，父亲、母亲、兄弟都只是一个符号，他们随时都可能因为某个原因成为你的敌人。

亲人都不能信任，还有谁是可以信任的呢？

无论何时何地，没有人可以信任，一切都只能依靠自己，这就是朱棣的悲哀。

而在这样的世界里，只有变得足够强大，强大到没有人敢来冒犯你、侵害你，才能够保证自己的安全。

这就是那些表面上看起来风光无限的封建皇族万年不变的权力规则，不适应规则，就会被规则所淘汰。

朱棣就是在这样的环境中逐步丢掉了他的童真和幻想，接受并掌握了这种规则。

他成为了强者，却也付出了代价，这是十分合理的，因为世界上本来就没有免费的东西。

对乃儿不花的宽大处理就是一种隐忍，朱棣对这个蒙古人谈不上有任何感情，他何尝不想一刀劈死这个害他在冰天雪地里走了无数冤枉路的家伙。从他后来的种种残暴行为来看，他并不是个脾气很好的人，然而，他客客气气地接待了这个人。

三十岁的朱棣做到了这些，在这些方面，他甚至可能胜过了三十岁的朱元璋。

三十岁的朱元璋用刀剑去争夺自己的天下，三十岁的朱棣用隐忍去谋划自己的将来。

朱棣就像一个优秀的体操运动员，省略了所有花哨和不必要的动作，将全部的心力放在那最后的腾跃，以获得冠军的奖赏——皇位。

当然，当时的朱棣还没有足够的实力去做到这一点，他现在最重要的任务是把俘虏人数清点好，然后回去复命。

似乎是上天特意要体现朱棣的丰功伟绩，与他同时出征的晋王是个胆小鬼，根本没有进入蒙古腹地。用今天的话来说，他还没有进入家的门，在门口放了两枪，吆喝两声就走人了。

有这么个窝囊的兄弟帮忙，朱棣一时之间成为了万众瞩目的焦点，全国人民都把他当成民族英雄。朱元璋也很高兴，他赏赐朱棣一张支票——面额一百万锭的宝钞（明朝纸币）。

其实这个赏赐不算丰厚，因为我们前面介绍过，洪武年间的纸币发行是没有准备金的，估计朱元璋很有可能是在见朱棣之前，才让人准备好了纸张，印上了一百万锭的数字。反正他是皇帝，想写多大数字都行。

如果朱棣聪明的话，就应该早点把这张支票折现，换粮食也好，换布匹也好，总之是在通货膨胀让这张支票变成卫生纸之前。

这些都不是最重要的，关键在于朱棣通过这一次的成功表演让朱元璋看到了他的价值，获得了朱元璋的信任。其实演得好不好倒在其次，至少先混了个脸熟。

但这次远征带给朱棣的也只有这些，并没有人认为他能够成为皇位的继承者，他心里也清楚，无论自己如何表演，也无非是从龙套变成配角，要想当上主角，必须得到朱元璋导演的同意。可是很明显，朱导演并无意换人。

如果事情就这样发展下去，满怀抱负的朱棣可能最终会成为朱标的好弟弟、国家的边界守护者，他的能力将用来为国效力，他的野心将随着时光的流逝被永远埋葬。

就在看似事情已成定局的情况下，洪武二十五年，太子朱标的死使得一切似乎都有了转机。

朱标死了，主角的位置终于空了出来，时机到了！

朱标的儿子朱允炆不过是个毫无经验、年幼无知的少年，这样的人怎么能承担帝国发展的重任，换人吧，也该搞个公开招考之类的玩意儿了。退一步说，就算不搞公开竞争，也该给个抓阄的机会啊，老爹，不能再搞一言堂了，多少给点民主吧。

朱棣有过无限的期待，他相信只要公开竞争，自己是很有优势的。那个小毛孩子懂得什么，论处理政事、出兵打仗，谁能比得上我！当然，宁王打仗也很厉害，不过他只是一介武夫，这样头脑简单、四肢发达的家伙也想继承皇位？

除了我，还有谁？！

然而出乎他的意料，朱元璋对朱标的深厚感情使得他又一次搞了暗箱操作，他真的任命只有十五岁的朱允炆为太子。

白干了，这下真是白干了。

等待时机的到来

朱标虽然文弱，到底是自己的哥哥，长兄为父，论资排辈，心理上还说得过去，毕竟人家参加工作早，可那个十五岁的小毛孩居然也敢在自己头上作威作福，无论如何想不通，无论如何办不到！

但这是事实，一旦父亲死去，这个小孩子就会成为帝国皇位的继任者，到时不管自己是否愿意，都将跪倒在这个人的面前，发誓效忠于他。他懂得什么？既无战功，又无政绩，凭什么当皇帝？

人生最痛苦的地方不在于有一个悲惨的结局，而在于知道了结局却无法改变。

如果说之前的朱棣只是抱怨，那么朱允炆继位后的朱棣就是真的准备图谋不轨了。用法律术语来说，这是一个从犯罪预想到犯罪预备的过程。

但朱棣可以不服气，却不能不服从。洪武二十九年（1396），明太祖决定对北元再次发动远征，主帅仍然是朱棣。这也是朱元璋一生中制订的最后一个作战计划。

他真的老了，青年时代的意气风发、纵马驰骋只能在脑海中回味了。但他的意识还很清楚，必须在自己死之前把所有的事情都解决掉，这样大明帝国才能不断地延续下去，永远强大繁荣。国内的问题已经解决了，但卓越的军事直觉告诉他，北元仍然是国家最强大的敌人，一定要把这个邻居连根拔除！

而朱棣当仁不让地成为了统帅，虽然他已经不再愿意去干这些活，毕竟自己只是打工的，每个月按时拿工资，出兵打仗成了义务劳动，干好了是老板的功劳，干坏了还要负责任，这样的差事谁愿意干？

可是即将卸任的老板朱元璋不是一个可以商量的人，谁让你当年表现得那么好，就是你！不干也得干！

同年三月，朱棣带着复杂的心情从北平出发了。此次他的战略和上一次大致相同，在军队抵达大宁后，他先派出骑兵去侦察元兵的方位，在确定元军所在位置之后，他带兵翻山越岭，在彻彻儿山找到了元军，这一次他没有再玩怀柔的那套把戏，连杀带赶，把北元军赶到了数百里外，并活捉了北元大将索林帖木儿等人。

按说任务已经完成，也该班师回朝了，北元的难兄难弟也在远处等着呢，既然仗打完了，人也杀了，帐篷也烧了，您就早点走吧，等您走后，我们再建设。但这一次朱棣似乎心情不好，于是北元就成为了他发泄的对象。他一气追出几百里，一直追到兀良哈秃城，打败了北元大将哈剌兀，这才威风凛凛地回了家。

郁闷的人真是惹不得啊。

朱棣得胜回朝，却没有以往的兴奋，这也是可以理解的，但朱元璋的心思却大不相同，在他看来，国家又多了一名优秀的将领，朱允炆又有一个可以依靠的好叔叔，当然，这只是他自己的想法。

朱元璋的归宿

此时的朱元璋才真正感觉到一种解脱，他打了一辈子仗，忙了一辈子公务，不但干了自己的工作，连儿子孙子的那份他也代劳了。

此时的大明帝国已经恢复了生机和活力，人民安居乐业，商业活动也有相当的发展，朝鲜归顺了大明，北元已经被打成了游击队。而朱元璋对他制定的那套政策更是信心爆棚，在他看来，后世子孙只要有着基本的行为能力，就能根据他的政策治理大明，并保万世平安。

都安排好了，我也可以放心地走了。

对大臣们来说，朱元璋可能不是个好君主，但是对朱元璋的子孙们来说，朱元璋绝对是个好父亲、好祖父。其实朱元璋的这种行为反差的理由也很简单，就如同今天独生子女的家长，特别是那些当年挨过饿的人，自然不忍心让孩子受自己那样的苦，他们恨不得代替子女去承担他们将来要经受的苦难。

朱元璋确确实实是一个好父亲，他希望自己的子孙能够团结一致，共同辅佐他选定的继承人朱允炆。但就如今天所谓的"代沟"一样，子孙们有自己的打算，特别是皇族的子孙，他们是无法体会朱元璋这种深厚的父爱的，在他们看来，这个白发苍苍的老者早就应该领退休金走人了。他们关注的只是这个老者所坐的那把椅子。

朱元璋奋斗一生，为子孙积攒下了大笔的财富，可当他走到人生的终点时，他的子孙的眼睛却只盯着他手中握着的那笔财富，投向这个老人的只是冷冰冰的目光。

这无疑是朱元璋一生中最大的悲哀。

是时候了，让我们给朱元璋一个公正的评价吧。

朱元璋生于乱世之中，背负着父母双亡的痛苦，从赤贫起家，他没有背景、没有后台、没有依靠，他的一切都是自己争取来的。他经历千辛万苦，无数次躲过死神的追逐，从死人堆里爬起来，掩埋战友的尸体，然后继续前进、继续战斗。

朱元璋的那个时代有着无数的厉害角色，陈友谅、张士诚、王保保个个都不是省油的灯。朱元璋用他惊人的军事天赋战胜了这些敌人，可以说，在那个时代，"最优秀统帅"的称号非朱元璋莫属。

他几乎是赤手空拳、单枪匹马，凭借着自己的勇气和决心建立了庞大的帝国。

是的，谁会想到几十年前的那个衣衫褴褛、沿街乞讨的乞丐会成为一个大帝国的统治者。

是的，命运之神其实并不存在，它也不会将什么宝剑和钥匙交给一个乞丐，在那绝望的日子里，并没有人去同情和可怜这个人，他的一切都是自己争取来的。

他告诉我们，坚强的意志和决心可以战胜一切困难。

他告诉我们，执着的信念和无畏的心灵才是最强大的武器。

当朱元璋回望自己几十年的峥嵘岁月，回望自己一手建立的强大国家时，他有充足的理由为之骄傲和自豪！

我是朱元璋，是大明天下的缔造者！

六百多年过去了，但笼罩在朱元璋身上的争论似乎并没有停止的迹象。他有过不朽的功勋，也有过严重的过失，这些争论可能再过六百年也不会停止。

朱元璋，你就是你，历经时间的磨砺、岁月的侵蚀，你还依然屹立在那里，你的丰功伟绩和成败得失都被记录在史册上，供后人评说。

江山如画，一时多少豪杰！

黄昏，京郊马场

这本是一片宽阔的农田，在一次政府征地中被征收，种上了草，并成为了皇室的专用马场。

朱元璋现在就站在这片专属于他的土地上，多年的马上征战使得他对于骑马这项运动有着浓厚的兴趣。他始终不能忘怀当年纵马驰骋的岁月。

岁月催人！

当年的风华少年，如今已经年华老去，当年的同伴好友，如今皆已不见踪影。

回望这一生，我得到了什么，又失去了什么？

为了建立这个伟大的帝国，他付出了自己的青春、精力，牺牲了爱人、朋友和属下，他杀了很多人，做错了很多事，现在终于走到了终点。

一个孤独的老人守护着一个庞大的帝国，这就是最终的结局。

他又一次跨上了马匹，虽然他的身体早已不适合骑马，也不复当年之勇，但当他骑上马、挥动马鞭，一股熟悉的感觉油然而生，是的，一切又回来了：

> 皇觉寺里，明月相伴，孤灯一盏；
> 濠州城中，谨小慎微，奋发图强；
> 鄱阳湖畔，碧波千里，火光冲天！
> 茫茫大漠，金戈铁马，剑舞黄沙！
> 开创帝国，保世宏规，光耀后代！

他纵马驰奔，江河大地被他踩在脚下，锦绣山川被他抛在身后。

一个个的身影在他眼前浮现：郭子兴、马皇后、陈友谅、徐达、常遇春、王保保、胡惟庸、蓝玉，有的他爱过，有的他恨过，有的他信任过，有的他背叛过，有的是他的朋友，有的是他的敌人。

此生足矣，足矣！

少贫贱兮壮志扬！
千军如烈怒弦张！
我雄武兮大明强！
我雄武兮天下壮！

他勒住马头，迎着落日的最后一丝余晖，向壮美河山投下最后的一瞥，仰天大笑：

我本淮右布衣，天下于我何加焉！

洪武三十一年（1398），明太祖朱元璋崩，年七十一岁。

第二十四章

建文帝：建文帝的忧虑

朱元璋逝世前，皇太孙朱允炆继位。朱元璋一定能够继承他的意愿，好好一个安心的人走了，却一个忧虑的人走了。朱元璋巨大的身影从朱允炆身上以朱元璋的九个儿子地主的九个儿子地主的九个儿子，从东北到西北分别是辽王、宁王、燕王、谷王、代王、晋王、秦王、庆王和肃王。如果说皇帝是最大的地主，那么这九个人就是保卫大地主的地主武装。朱元璋在全国各地封了二十四个儿子和一个孙子为王，这些特殊的人被称为藩王，他们有自己的王府和军队，每个王都有三个护卫，但请注意，这三个护卫不是指三个人，所谓护卫是一个总称，

朱元璋病逝前，指定皇太孙朱允炆继位。朱元璋逝世时很是安心，因为他认为朱允炆一定能够继承他的意愿，将大明王朝治理得更好。一个安心的人走了，却留下了一个忧虑的人。

朱元璋巨大的身影从朱允炆身上消失了，朱允炆终于可以独自处理政事了，但这个年仅二十一岁的少年惊奇地发现，他仍然看不到太阳，因为有九个人的身影又笼罩到了他的头上。

这九个人就是朱元璋的九个儿子，从东北到西北分别是辽王、宁王、燕王、谷王、代王、晋王、秦王、庆王和肃王。

如果说皇帝是最大的地主，那么这九个人就是保卫大地主的地主武装。

朱元璋在全国各地封了二十四个儿子和一个孙子为王，这些特殊的人被称为藩王，他们有自己的王府和军队，每个王都有三个护卫，但请注意，这三个护卫不是指三个人。

所谓护卫是一个总称，护卫的人数从三千人到一万九千人不等，这样算一下就可以了解藩王们的军事实力。

上面那句话的关键所在就是不等，按照这个规定，藩王所能拥有的军力是九千人到五万七千人，而在实践中，藩王们都倾向于选择后一个数字，枪杆子里出政权，就算不要政权，多养点打手保镖看家护院也是好的。

按说这个数字其实也不多，区区五万多人，自然干不过中央。可见朱元璋在安排军队建制时是有所考虑的，但事情往往坏就坏在"例外"这个词上。

可以例外的就是我们上面提到的这九个人中的某几个。他们之所以可以例外，是因为他们负担着更为繁重的任务——守护边界。

他们的防区我们已经介绍过了，这九个武装地主就如同九大军区，分别负担着不同的任务。其中燕王和晋王势力最大，他们各自带有十余万军队，可谓兵势强大。但这二位还不是九王中最生猛的，公认的打仗第一强人是宁王，此人"带甲八万，革车六千"，看似兵力没有燕王和晋王多，但他手下却有一支当年最为强大的武装——朵颜三卫。

这是一支特殊的部队，可以说是明军中的国际纵队，全部由蒙古人组成，战斗力极强。可能有人要问，为何这些蒙古人甘心给明朝打工？

其实这个答案也很简单，因为明朝按时发放工资，这些外援吃饱饭还能去娱乐场所休闲一下，而北元却是经常打白条，打仗前许愿抢到的战利品归个人所有，结果往往抢回来就要先交集体，剩下的才是自己的。

这就是明显的赔本买卖了，拼死抢了点东西回来，还要交公，万一死掉了估计还没有人管。确实不如给明朝当公务员，按月拿钱还有福利保障，无数的蒙古人就是被这种政策吸引过来的。

在利益面前，要保持忠诚是一件很难的事情。

另外宁王本人也是极为凶横，据说他每次打仗都领头冲锋，活像《第一滴血》里的兰博，杀人不眨眼，砍头如切菜，连燕王这样的狠角色看到他都要让三分。

这几位镇守边界的武装地主还经常搞联合军事演习，动不动就是十几万人在边界动刀动枪，喊杀冲天。一旦有这样的动静，北元游击队就会立刻转入地下斗争。

其实这些喊杀声惊动的不只是北元，还有坐在皇位上的朱允炆，在他看来，这是一种示威。

该采取点措施了。

朱允炆是一个好人，在他十五岁的时候，父亲朱标患重病，朱允炆尽心伺候。他的孝顺并没有感动上天，挽留住朱标的性命。朱标去世后，朱允炆将他的三个年纪还小的弟弟接来和自己一起住，目的很简单，他不想这些年幼的弟弟和自己一样去承受失去父亲的痛苦，他知道他们需要的是亲情。

那年，他才十五岁。

除此之外，他还担任了朱元璋的护理工作。由于朱元璋脾气本来就不好，伺候他的人总是担心掉脑袋，朱允炆主动承担了责任，他亲自服侍朱元璋，直到朱元璋离开这个世界。他尽到了一个好儿子和好孙子的责任。

他也是一个早熟的少年，当然促使他早熟的并不只是父亲的早逝，还有他的那些叔叔。

叔叔的威胁

让朱允炆记忆犹新的有这样两件事：

一次，朱元璋老师出了一道上联：风吹马尾千条线，要求学生们对出下联。学生只有两个人，一个是好学生朱允炆，另一个是社会青年朱棣。

朱允炆先对，却对得很不高明，他的答案是"雨打羊毛一片膻"，虽然勉强对得上，却是不雅；而此时社会青年朱棣却灵感突发，脱口而出：日照龙鳞万点金。

这句不但对得工整，还突出了一个"龙"字，确是绝对。朱元璋很高兴，表扬了朱棣，而朱棣也不失时机地看了朱允炆一眼，那意思似乎是你也就这能耐而已。

朱允炆虽然还小，但却明白那个眼神的意义。

另一次就严重得多了，朱允炆放学后，正巧遇上社会青年朱棣。朱棣一看四下无人，就露出了流氓相，居然用手拍他的后背，说道：没想到你小子也有今天（不意儿乃有今日）。

朱棣的这种行为在封建社会是大不敬，大概类似今天学校门口的不良少年堵住学生抢劫。

朱允炆也没有想到朱棣居然敢如此放肆，一时不知所措，慌了手脚。正在这时，朱元璋老师过来了，他看见如此情景，勃然大怒，狠狠地骂了朱棣一顿，此时朱允炆的反应却十分耐人寻味。

他不但没有向朱元璋告状，反而帮朱棣说话，向朱元璋表示这是他们叔侄俩闹着玩的。朱元璋这才没有追究。

你不得不佩服朱允炆的反应。这是皇室子孙在复杂环境下的一种天赋，但在我看来，这种天赋似乎是一种悲哀。

在朱元璋的眼里，朱棣是一个好儿子；可是在朱允炆的眼里，朱棣是一个坏叔叔。这倒也不矛盾，就如我们前面所说，朱棣本来就有两张脸，一张是给父亲看的，另一张是给侄子看的。

在这种情况下，就有了那次历史上有名的对话。

朱元璋在解决了良弓和走狗的问题后，曾不无得意地对朱允炆说："我安排你的几个叔叔为你守护边界，站岗放哨，你就可以在家里安心做皇帝了。"

朱元璋笑了，朱允炆却没有笑，他一反以往的附和，陷入沉思中。

这是一个机会，有些话迟早要说，就趁现在这个机会说出来吧。

朱允炆抬起头，用忧虑的口气说出了朱元璋万想不到的话："外敌入侵，由叔叔们来对付；如果叔叔们要有异心，我怎么对付他们呢？"

一生运筹帷幄的朱元璋居然被这个问题问呆了，难道自己的儿子还不能相信吗？他沉默了很久，居然也说了一句朱允炆想不到的话："你的意思呢？"

这下轮到朱允炆傻眼了，皮球又被踢了回来，要靠我还用得着问你老人家吗？这爷孙俩被这个问题弄得疲于应付，但问题还是不能不答的，朱允炆经过长时间的思考，用做论文的精神列出五点来回答了这个问题："首先，用德来争取他们的心，然后用礼来约束他们的行为，再不行就削减他们的属地，下一步就是改封地，如果实在没有办法，那就只好拔刀相向了。"

一生精于谋略计算的朱元璋听到这个计划后，也不由得开口称赞："很好，没有更好的选择方法了。"

朱元璋十分高兴，他的判断告诉他，朱允炆列出的方法一定能够解决这个隐忧。但事情真的会如他所想般顺利吗？有没有什么漏洞呢？

事实证明确实有一个漏洞，今天我们回头来看这段经典的对话，就会发现两个人说得都很有道理，朱元璋的判断没有错，确实没有比朱允炆所说的更好的方法了，但他忽略了一个关键因素，那就是朱允炆的能力。

朱允炆是一个很聪明的孩子，据史料记载，由于他的头形不好，朱元璋曾经十分不喜欢他，但朱元璋慢慢发现，这个孩子十分聪明，背书十分在行，便对他另眼相看，最后立为继承人。

这里也说明一下能力的问题。在我小时候，我邻居家有个小孩，才五岁就会帮家里打酱油，居然还会讨价还价，时人皆叹之，因为每次打酱油都能帮家里省一毛钱，被誉为奇才。十几年后，我偶然听人说起他待业在家，找不到工作，不过仍然去买酱油，唯一的区别是副食店的老板再也不肯跟他讨价还价了。

打酱油只是个比方，这里主要是说明读书的能力和处理问题的能力是不一样的。书读得好，不代表事情能处理得好；能列出计划，不代表能够执行计划。

建文的班底

其实朱元璋也并没有把这个复杂的问题抛给毫无经验的孙子，他为朱允炆留下了一群人，帮助他治理天下，其主要成员有三个人，他们也成为后来建文帝的主要班底。

第一个人

洪武年间，朱元璋曾带着几分神秘感，告诉已经被确认为继承人的朱允炆，自己已为他选择了一个可以治理天下的人才，但这个人有个缺点，就是过于傲气，所以现在还不能用他，要压制他一下，将来才能够成大器。然后他说出了这个人的名字：方孝孺。

大家应该从朱元璋的话中吸取教训，一般领导提拔你之前总是要打压一下的，所谓磨炼就是这样来的，千万不要为此和领导闹意见，否则就真有可能一辈子被压制下去了。

说来倒也滑稽，这位方孝孺就是在空印案中被错杀的方克勤之子，杀其父而用其子，不知这算不算是对方孝孺的一种压制。

方孝孺自小熟读经书，为人称道，他的老师就是大名鼎鼎的宋濂，而他自己也常常以"明王道，致太平"为己任。但让他莫名其妙的是，自己名声很大，老师又在朝中为官，洪武十五年、二十五年，地方政府两次向朱元璋推荐，自己却一直没有得到任用。

我们知道原因，但当时的方孝孺是不知道原因的，他就这样等了十年之久，由此可见，领导的想法确实是高深莫测、不可捉摸的。

朱元璋告诉朱允炆，方孝孺是绝对可以信任的，他一生都会效忠于你，并能为你治理国家，开创太平盛世。

这话他只说对了一半。

第二个人

洪武年间，京城里的谨身殿由于没有安装避雷针，被雷给劈了。如果是今天大概是要搞个安全宣传的，教育一下大家注意天气变化，修好完事，但在当年，这可是一件不得了的大事。朱元璋认为是上天发怒了，便决定去祷庙祭祀，他大概是认为自己确实干了不少错事，所以这次祭祀他挑选了一批人和他一起去。

挑选条件是极为苛刻的，那就是在九年之内（含九年）没有犯任何过失的，这在洪武朝可真是难过登天了。那个时候，官员能保住脑袋就不错了，你就是没错，说不准老朱也能给你挑出错来。这么看来，能符合要求者还真是需要一颗纯洁的心灵，至少对老朱纯洁。

虽然不多，却也不是没有，齐德就是其中一个，他因为这件事被朱元璋留意，并记在心中，祭祀完毕后，朱元璋亲自为齐德改名为泰，从此"齐泰"这个名字成为了他一生的代号。

此人是个文人，虽未带兵，却被任命为兵部左侍郎。朱元璋也曾放心不下，为他举行了一场单独面试，询问边界将领的名字。齐泰不慌不忙，从东说到西，从南说到北，毫无遗漏，得了满分。之后又问各地的形势，齐泰这次没有说话，从袖子里拿出一本手册，上面的记载十分详细。朱元璋十分惊讶，大为欣赏。

要知道，这次面试是突然性的，齐泰并未预先做准备，说明这位仁兄确实是把这些玩意儿当书来背的，还写成小册子，随走随看，其用功之热情胜似今日在公交车上背单词的四级考生。

他也将成为建文帝的重臣。

第三个人

这个人比较特殊，他从入朝为官时起就是朱允炆的死党，此人就是黄子澄。

黄子澄是江西人，洪武十八年，他一鸣惊人，在当年的高考中以最高分获得会元的称号，后被选拔为东宫伴读。这是一个前途远大的工作，因为太子就是将来的皇帝，能够得到这个职位可见其学问之深。

朱允炆为皇太孙时，他一直陪伴在旁，而一件事情的发生更是加深了他与朱允炆之间的感情。

有一次，朱允炆在东阁门外唉声叹气，正好被经过此地的黄子澄看见，他便上前问原因，朱允炆看他是自己人，便说了实话。他担心的正是他的那些叔叔，万一将来要造反可怎么办才好。没想到黄子澄听后微微一笑，要朱允炆不用担心，他说："诸王的兵力只能用来自保而已，如果他们敢造反，朝廷发兵攻击他们，一定能够取胜！"然后他又列举了汉景帝时七国之乱的故事来鼓励朱允炆，表示只要朝廷出兵，叛乱一定会被平定。

朱允炆听见这些话，顿时大感安慰，他把这些话记在心中，并感谢黄子澄为他指出了一条金光大道。

这又是一个典型的脱离实际、以古论今的例子，试问周亚夫在何处？你黄子澄能带兵打仗吗？

总结以上三人，有几个共同特点：都是饱读诗书，都是文人，都有远大理想，都是书呆子。

书生误国，并非虚言。

建文帝登基后，立刻召回方孝孺，任命为翰林侍讲，并提升齐泰为兵部尚书、黄子澄为翰林学士。这三个书生就此成为建文帝的智囊团。

当朱允炆正式成为皇帝后，他找到了黄子澄，问了后者一个问题："先生，你还记得当年东阁门所说的话吗？"

黄子澄肃然回答道："从不敢忘记！"

那就动手吧，朱棣迟早要反，先下手为强，后下手遭殃，我的判断没有错，他一定会造反的！

第二十五章

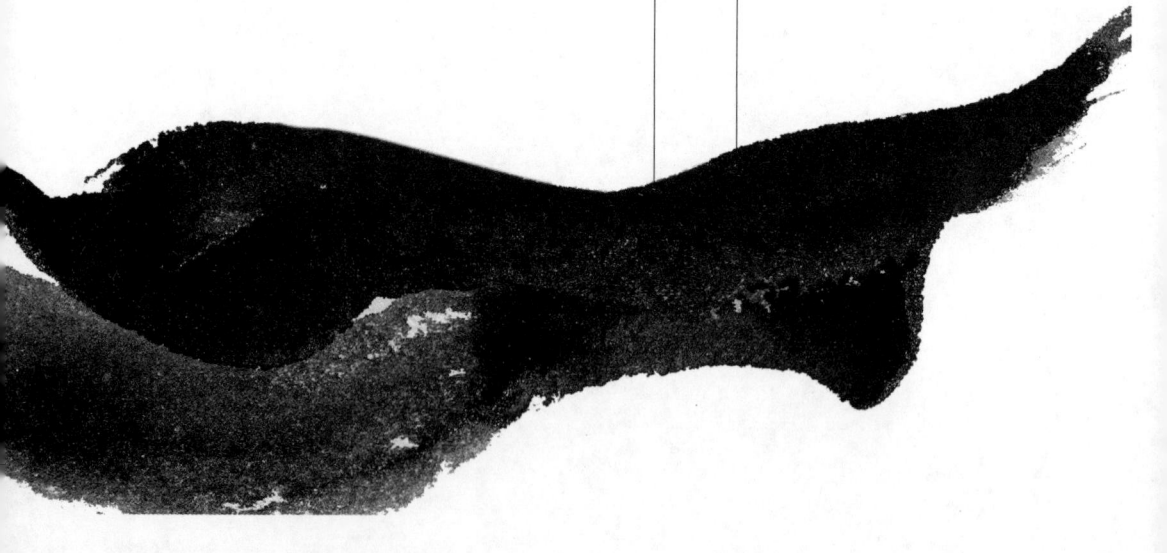

等待中的朱棣：朱棣的痛苦

其实朱棣一直都想造反,只是造反这种事情是投机买卖,搞得好当皇帝,搞不好掉脑袋,而且造反的人还必须履行义务,必须给那些投机的人以权利,要想享受权利,必须履行义务,这些义务根本就是要钱。

朱棣造反务必要钱,而且很容易亏本,相信朱棣在造反之前应该仔细研究过本朝和上几朝造反成功或者是没成功的人。其实在内王爷能够造反成功的,数得出来,估计还不用脚指头。如果把范围再缩小一点,只统计类似明朝这样的大一统时代,朱棣就会惊喜地发现,目前的纪录似乎也不太有信心。如果有人告诉朱棣,就可以造一把反,造反失败赔钱就行,估计朱棣就算是找银行贷款也会把钱凑足的,可惜这个世界上没有这样的机会,也没有这样的担保者,对于朱棣面

朱棣其实并不想造反，他想当皇帝，但他不想造反。

这看起来似乎是个矛盾的命题，其实并不矛盾。从权利义务的关系来看，当皇帝是权利，而造反则是义务，因为对于那些投错了胎或者是投晚了胎的人来说，要想享受权利，必须履行义务。

从经济学上来说，造反的成本太高，而且很容易亏本。根据以往数据显示，亏本者的结局一般都是死。相信朱棣在造反前还是仔细读过历史书的，古往今来，把五胡十六国和五代十国这些小朝代也算在内，王爷能够造反成功的，掰指头就可以数得出来，估计还不用脚指头。

如果把范围再缩小一点，只统计类似明朝这样的大一统时代，朱棣就会惊喜地发现，目前的纪录还是零。而朱棣对打破这个纪录似乎也不太有信心。如果有人告诉朱棣，出一笔钱，就可以让他造一把反，造反失败赔钱就行，估计朱棣就算是找银行贷款也会把钱凑足的。

可惜这个世界上没有这样的机会，也没有这样的担保者。对于朱棣而言，造反的成本实在太大了，当年的朱重八，烂命一条，父母双亡，身无长物，一人吃饱全家不饿，无正当工作，也没有银行存款，简直就是天生的造反苗子，可就是这样，他在造反前还左思右想，犹豫不定。

朱棣就不同了，他出身皇族，有自己的房子和老婆孩子，手下有十几万人，随时听从他的指挥。王府休闲娱乐一应俱全，如果想找点刺激，出门左转不远就能碰到邻居——蒙古人，顺便过过打仗的瘾。可万一造反失败，房子、女人、孩子、部下都没了，自己的小命也必然不保。

做这样的一笔生意实在是要经过仔细考虑的。

因为走上了这条路，就不能再回头。

此时有一个人打破了朱棣的犹豫，也改变了他的命运。

朱棣还在犹豫之中，建文帝的两位重臣黄子澄和齐泰却已经准备动手了。说来也是滑稽，虽然这两个人都是书生，却是有样学样，指点诸王，说今天灭这个，明天解决那个，很快就发生了争论。偏偏两人都很自负，一个号称满腹韬略，一个自认谋略过人，谁也不服谁。

其实他们大可不必争论，因为当时的天下第一谋士另有其人，而更不幸的是，这个人正是他们的敌人，也就是改变朱棣命运的那个人。

另一个和尚

洪武十八年，朱元璋从民间选拔十名僧人，准备分给诸位藩王讲经荐福。对于这些本心并不清静的僧人而言，选择跟随哪位王爷就成了一件重要的事情，在藩王们到来前，僧人们纷纷议论，哪个更有钱，哪个更有权，哪里地方好水土佳。

只有一个叫道衍的和尚岿然不动，似乎并不在意这些，但实际上，他的内心比谁都激动，因为他等待这个时机、等待那个人已经很久了。

不一会儿藩王们进来了，原先嘈杂的僧人们立刻安静下来，他们知道决定自己命运的时刻到来了。

道衍用眼睛的余光看见了自己等待的人，他终于来了！

朱棣带着招牌似的微笑一路走来，他并没有注意道衍，就在他行将经过的时候，这个沉默的和尚突然开口了："燕王殿下，贫僧愿意跟随您。"

朱棣愣住了，他回头看了一眼这个自荐的和尚，微微一笑，问出了一句似乎很有必要的话："为何？"

"贫僧有大礼相送。"

这下朱棣真的感兴趣了,自己贵为藩王,要什么有什么,这个穷和尚还能送什么礼给自己?

"哦,何礼?"

到关键时刻了,不能再犹豫了,这个礼物一定能够打动他!

"大王若能用我,贫僧愿意送一顶白帽子给大王!"

朱棣闻听此言,勃然变色,他虽然读书有限,但王上加白是什么字他还是清楚的,他快步走到道衍面前,用低严的声音怒斥道:"你到底是什么人,不要命了吗?!"

此时的道衍却是笑而不言,似乎没有听到这句话,闭目打起坐来。

这个诱惑太大了,他一定会来找我的。

果然,过了一会儿,一个低沉的声音在他的耳边响起:"跟我来吧。"

一丝笑容爬上了他的嘴角,属于我的时代到来了,把这个世界搅得天翻地覆!

乱世之臣

这个世界上有很多人,从事着不同的职业,种地的农民、做生意的商人、修修补补的手艺人,他们都是这世上芸芸众生中的一员。而在他们中间,有一些人却不安于从事这些职业,他们选择了另一条路——读书。

从圣人之言到经世之道,他们无书不读,而从这些书中,他们掌握了一些本质性和规律性的东西,使得他们能够更为理性和客观地看待这个世界。同时,科举制度也使得读书成为了踏入仕途的一条重要渠道。于是许多读书人沿着这条道路成为了封建皇帝的臣子,协助皇帝统治天下。

在这些臣子中,有一些更为优秀的人凭借自己的能力成为了精英中的精英,他们判断问题比别人准确,懂得如何抓住时机,能更好地解决问题,我们称这些人为能臣。

所谓能臣并不单指正臣、忠臣，也包括所谓的奸臣，它只用来形容人的能力，而不是立场。

这些人都是真正的精英，但他们还可以按照人数多少和不同用途进一步划分为三个层次。

第一种叫治世之臣。这种人几乎每个朝代都有，他们所掌握的是圣人之言、君子之道，其共同特点是能够较好地处理公务，厘清国家大事。皇帝有了这样的臣子，就能够开创太平盛世；代表人物有很多，如唐代的姚崇、宋璟等。这种人并不少见，他们属于建设者。

第二种叫乱世之臣。他们并不是所谓的奸臣，而是乱臣，他们掌握的是阴谋诡计、权谋手段，精通厚黑学。与第一种人不同，他们往往在社会上摸爬滚打多年，经历过许多风波，对人生的黑暗面有着清楚的认识。这些人的能量极大，往往能够将一个大好的朝代断送掉，代表人物是安禄山。这种人并不多见，他们属于破坏者。

第三种叫救世之臣。这可是稀有品种，其遗传率和现世率比熊猫还低，往往上百年才出一个。这些人兼有上述两种人的特点，既学孔孟之道，又习权谋诡计。他们能够灵活地使用各种手段治理天下，并用自己的能力去延续一个衰败朝代的寿命。其代表人物是张居正。这种人很少见，他们属于维护者。

而这位道衍就是一个典型的乱世之臣。

他并不是个真正的僧人，在出家以前，他也曾饱读诗书、历经坎坷，满怀报国之志却无处容身。他的名字叫姚广孝。

姚广孝

姚广孝，长洲（今江苏吴县）人，出生于后至元元年（1335），只比朱元璋小七岁。出生于乱世的他从小好学，擅长吟诗作画，十四岁出家为僧，取名道衍。交际广泛，当时的名士如杨基、宋濂等人和他关系都不错。

但他所学习的却不是当时流行的程朱理学和经世之道，其实和尚学这些也确实没有什么用，但让人惊奇的是，他也不学佛经。更为人称奇的是，他虽身为和尚，却拜道士为师！宗教信仰居然也可以搞国际主义，确是奇闻。

他的那位道士师父是个不简单的人，他的名字叫席应真，此人也是个奇人，身为道士，不去炼丹修道，却专修阴阳术数之学。道衍跟随着他，学习的也是这些东西。

所谓阴阳术数之学来源悠久，其内容庞杂，包括算卦、占卜、天文、权谋机断等。这些玩意儿在当时的人看来是旁门左道，君子之流往往不屑一顾，但实际上，阴阳学中蕴含着对社会现实的深刻理解和分析，是前人社会经验的总结和概括。

话说回来，学习这门学问的一般都不是什么正经人，正经人也不学这些，因为科举也不考阴阳学，但身怀此学之人往往有吞食天地之志、改朝换代之谋，用今天的话说，就是社会的不安定因素。此外，学这门学问还是有一定的生活保障的，搞不成阴谋还可以去摆摊算命实现再就业。

一个不炼丹的道士，一个不念经的和尚，一支旁门左道之学，道衍就是在这样的环境下一步步成长起来，成长为一个阴谋家。他读了很多书，见过大世面，了解人性的丑恶，掌握了权力斗争的手段，更重要的是，他希望能够做一番事业。

问题的关键就在这里，他虽结交名士，胸怀兵甲，却无报国之门。因为考试的主要内容是语文，不考他学的那些课外知识，而且他学的这些似乎在和平时期也派不上用场。有才学，却不能用，也无处用，因此在很长一段时间内，道衍都处于郁闷的状态。

可能这辈子都没有出头之日了，他开始消极起来。

既然在家里烦闷，就出去玩吧。和尚旅游，地点最好还是寺庙。全国各地的寺庙大都留下了他的足迹，而当他到嵩山寺游玩时，碰见了一个影响他一生的人，这个人给精于算卦的道衍算了一命，准确地预言了他未来的前程和命运。

这个人叫袁珙，与业余算命者道衍不同，他的职业就是相士。相士也是一个历史悠久的职业，他们在历史上有很大的名声，主要原因就在于他们往往能提前几十年准确预告一个人的将来，比天气预报还要准，而名人效应更是增加了这一人群的神秘感。最有代表性的就是许劭对曹操的那句"乱世奸雄"的评语。

袁珙并不认识道衍，但当他看到道衍时却大吃一惊，便如同今日街上算命的人一样，追上道衍硬要给他算一卦（收没收钱不知道），并给了他一个评语："世上怎么会有你这样奇异的和尚！长着一双三角眼，就像生病的老虎，你这样的人天性嗜好杀戮，将来你一定会成为刘秉忠那样的人！"

如果今天街上算命的人给你一个这样的评语，估计你不但不会给钱，还会教训他一顿。但是道衍的反应却大不相同，他十分高兴。三角眼、嗜杀这样的评语居然让道衍如此愉悦，从这里也可以看出，此人实在是个危险分子。

这里还要说到刘秉忠，这是个什么人呢，为什么道衍要把此人当成偶像呢？

刘秉忠也是个僧人，联系后来的朱重八和道衍来看，当时的和尚实在是个危险的职业，经常聚集了不法分子。刘秉忠是元朝人，在忽必烈还是亲王时，被忽必烈一眼看中并收归属下成为重要谋士，为忽必烈登上帝位立下汗马功劳。

以这样的人为偶像，道衍想干些什么，也是不难猜的。

道衍并不是一个清心寡欲的人。洪武年间，朱元璋曾下令懂得儒术的僧人去礼部参加考试，道衍抓住了这次招考公务员的机会，也去考了一把，考得如何不清楚，但反正是没有给他官做，这让道衍非常失望，他又要继续等待了。

终于，他抓住了洪武十八年的这次机会，跟随燕王去了北平，在庆寿寺做了住持。

如果他真的只做住持的话，也就不会发生那么多的事了。

这位本该在寺里念经的和尚实在不称职，他主要的活动地域并不是寺庙，而是王府，他日复一日、年复一年地用同一个命题劝说着朱棣——造反。

从后来的史实看，道衍这个人并不贪图官位，也不喜爱钱财，一个不求名不求利的人却整天把造反这种事情挂在嘴边，唯恐天下不乱，是很奇怪的，他到底图什么呢？

很明显，道衍是一个精神正常的人，他也不是那种吃饱了饭没事干的人，造反又不是什么好的娱乐活动，为何他会如此热衷？如果从这个人的经历来分析，应该是不难找到答案的，驱动他的是两个字——抱负。

道衍是一个失落的人，他学贯古今、胸有韬略，却因为种种原因得不到重用，在被朱棣带回北平的那年，他已经五十岁了。青春岁月一去不复返，时间的流逝增加了他脸上的皱纹，却也磨炼了他的心。一次又一次的等待，一次又一次的失望，使得这个本应在家养老的人变成了一个火药桶，只要有合适的引线和时机就会爆炸。

朱棣就是那根引线，这个风云际会的时代就是时机。

第二十六章 准备行动

黄子澄和齐泰准备行动了，但在采取正确的动作之前，两人先在一个问题上争执不休。齐泰认为，应该先剪除其他各王，除掉燕王的羽翼，然后再对燕王动手。我们今天回头来看这两个计划，似乎都有道理。后人评价时往往认为齐泰的做法是正确的，但我看来，这样的论断似乎有成王败寇之嫌；黄子澄的计划是有其合理性的，毕竟先挑弱者下手还是有

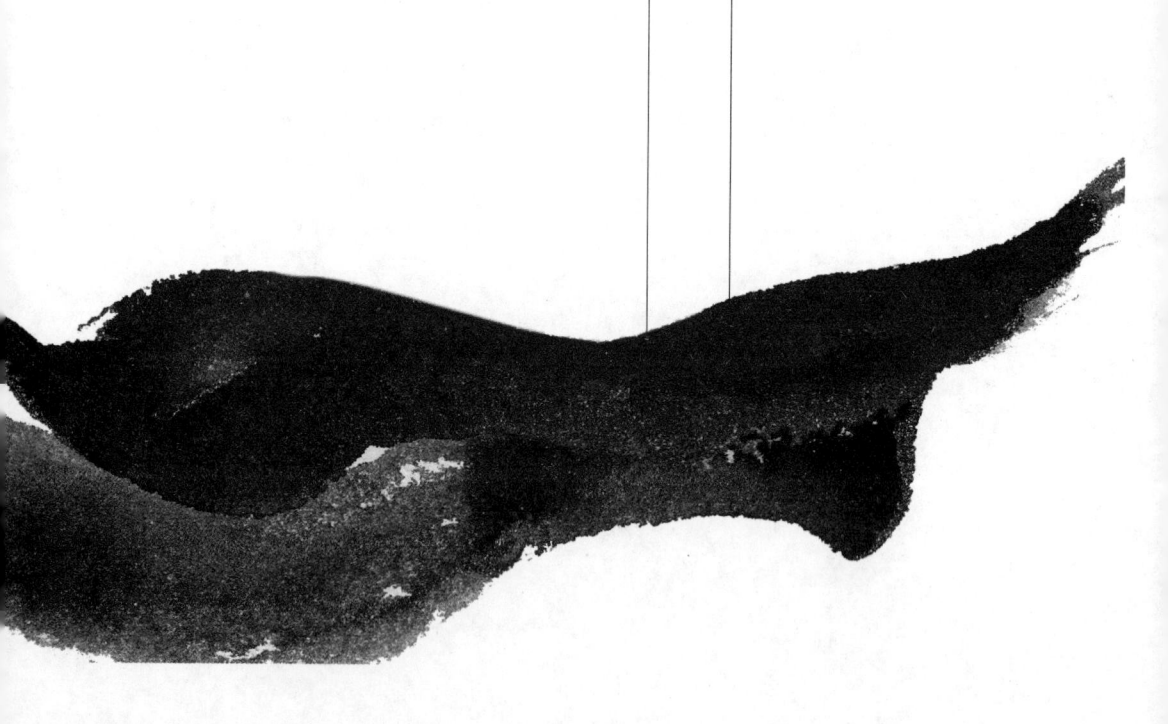

黄子澄和齐泰准备动手了，但他们在目标的确定上起了争论，齐泰认为先拿燕王开刀为好，而黄子澄却认为，应该先剪除其他各王，除掉燕王的羽翼，然后再对燕王动手。

我们今天回头来看这两个计划，似乎都有道理。后人评价时往往认为齐泰的做法是正确的，但我看来，这样的论断似乎有成王败寇之嫌；黄子澄的计划是有其合理性的，毕竟先挑弱者下手还是有一定作用的。

这是一盘决定天下命运的棋局，对弈的双方是朱允炆和朱棣，现在身为皇帝的朱允炆猜到了先手，他在棋盘上下出了自己的第一着。

先着

周王朱橚是燕王朱棣的同母兄弟，在朱允炆看来，他将是朱棣的有力助手，也正是因为这个原因，他成了最早被清除的人。奉命执行这项任务的就是我们之前介绍过多次的李文忠之子李景隆。

事实证明，这位仁兄打仗可能不在行，抓人还是有一套的。他突调大军奔赴河南周王府，把周王的老婆孩子加上他本人一股脑儿地押到京城，朱允炆对他的这位叔叔并不客气，把他从国家一级干部直接贬为老百姓，并迁至云南。当时的云南旅游资源还没有充分开发，算是半原始状态的荒芜之地，周王就被放到这个地方去当人猿泰山了。

此时，建文帝才登基一个月。但他显然没有到新单位上班的羞涩和谦虚，开始收拾起他的那些叔叔。周王是第一个，但绝不是最后一个，而且周王很快就会发现与后来者的遭遇相比，去云南旅游未尝不是一件好事。

同年十二月，有人告发代王朱桂"贪虐残暴"，建文帝表现出了强烈的正义感，毅然履行了皇叔犯法与庶民同罪的法律原则，把他的叔叔迁至蜀地看管起来。

第二年五月，建文帝又一次大义灭亲，以"不法事"罪名将岷王朱楩逮捕，并贬成老百姓。说到底，这个"不法事"是个什么事也没说清楚，和那句著名的"莫须有"有一拼。这样看来，在历史上，要整人实在不需要找太多理由。

还没等大家反应过来，建文帝又以破坏金融罪——私印钞票，对湘王朱柏下手了，其实那个时代的钞票本来就没有什么计划可言，乱印最多的就是建文帝本人。当然这只不过是一个借口而已，随后朝廷就派使臣至湘王封地去抓人，他们以为这次会像以往一样顺利，但意想不到的事情发生了。

湘王朱柏不愧是朱元璋的子孙，甚有骨气。他在得知有人要来抓他的消息后，笑着对自己的手下说："我亲眼看到很多在太祖手下获罪的大臣都不愿受辱，自杀而死，我是高皇帝的儿子，怎么能够为了求一条活路而被狱吏侮辱！"

他没有开门迎接使臣，而是把老婆孩子都召集起来，紧闭宫门，自焚而死。

这样的惨剧，并没有阻止建文帝的行动步伐，他以迅雷不及掩耳之势又连续抓获了齐王朱榑和代王朱桂，此二人皆被废为庶人。

真是干净利落，毫不留情！到了这个地步，就是傻瓜也知道建文帝想干什么了。

大家可能会奇怪，为什么这些藩王毫不反抗呢？其实原因很简单，一方面他们并没有燕王那样的反抗资本，而另一个更为重要的原因是，他们没有反抗的理由。

在那个时代，皇帝是最高的统治者，所有的藩王都是他的属下，别说你是皇帝的叔叔，就算你是他爷爷，只要他是皇帝，你也得听他的。说句难听点的话，削藩问罪还是客气的，算是给足了面子，如果藩王不服气明着来的话，自然也有大刀大棍伺候。

至此，建文帝已经完全违反了他向朱元璋做出的承诺，什么以德服人都被丢到九霄云外，他就像是一个刚上擂台的拳击手，疾风暴雨般挥出一轮王八拳，看似痛快凌厉，效果却有限。

这是一场残酷的政治斗争，也是一场拳赛。

天真的朱允炆不知道他要参加的这场拳赛并不是三个回合的业余赛，而是十二个回合的职业赛。在这样的比赛中，想要乱拳打死老师傅是根本不可能的事情，获得胜利的关键在于隐忍的耐心和准确的判断。

朱允炆抢到了先手，却没有抢到先机。

朱棣即将做出自己的应对。

应对

建文帝就要找上门了，这下子由不得朱棣了，要么造反，要么像他的那些兄弟一样被干掉。此时的朱棣可谓处境艰难，他比当年的朱重八还不如。朱重八就算不去造反，还可以逃出寺庙，去当盲流，混碗饭吃，可是朱棣却没有这样的好运气。天下是朱允炆的，他还能逃到哪里去呢？

道衍抓住了眼前的这个时机，继续向朱棣推销他的造反理论。对于这一点，朱棣是早已经习惯了，如果哪一天这位仁兄不说这些大逆不道的话，那才叫奇怪。以往朱棣对这些话还可以一笑置之，因为他很清楚，造反不是吃夜宵，说干就能干的。这个唯恐天下不乱的和尚身无长物、一无所有，才会全身心地投入造反事业，可是自己是藩王，和这些穷光蛋有天壤之别，怎么可能被这些人拖下水？

但是到现在他才发现，如果放纵这个侄子搞下去，自己会变得连穷和尚也做不了。

于是他开始了自己的准备工作，他招募大批强壮士兵为卫军，并进行军事训练，地点就在自己的王府之内。所谓批判的武器不能代替武器的批判，要想造反，拿着木棍农具是不行的，这就需要大量的兵器，打造兵器的动静很大，而当时又没有隔音设备。朱棣在这个问题上充分发挥了想象力和创造力，他建造了一座很大的地下室，周围竖起围墙，并在附近开办了多个养鸡场，就这样，地下室里叮叮当当地敲个不停，外面的人一点也听不见。

此外，朱棣还吸取历来农民起义战争中的先进经验，虚心向农民兄弟学习，即在造反前要搞点封建迷信、远古传说之类的东西。为此他招募了一大批特殊人士。这些人被称为异人术士，其实就是街上算命占卜的那些人，他把这些人搞来无非是为了给自己壮胆，顺便做做宣传工作，但他本人也不会想到，这一举措在后来竟然发挥了意想不到的作用。

步步进逼

建文帝在解决其他藩王的时候，眼睛却始终看着朱棣，因为他也清楚，这个人才是他最为可怕的对手。为了削减朱棣的实力，他先派工部侍郎张昺接任了北平市市长的职务，然后任命谢贵、张信为北平都指挥使，掌握了北平的军事控制权。之后他还派宋忠（此名极不吉利）率兵三万，镇守屯平、山海关一带，随时准备动手。

刀已经架到脖子上了，朱棣似乎成为了板上鱼肉，在很多人看来，他只能束手就擒了。

然而就在此时，朱棣却做出了一件别人想不到的事情。

按照规定，建文帝登基后，藩王应入朝觐见皇帝，由于当时局势十分紧张，很多人都认为朱棣不敢如期拜见新皇帝，但大家万万没有想到，他不但来了，还干出了惊人之举。

建文元年（1399）三月，燕王入朝参拜新君。按说来到别人的地盘就老实点吧，可这位仁兄居然在众目睽睽之下"行皇道入，登陛不拜"。可见朱棣嚣张到了何种地步。

朱棣的无礼举动引起了群臣的愤怒，户部侍郎卓敬多次上奏，要求就地解决朱棣，建文帝竟然以燕王是自己的至亲为由拒绝了这一正确提议。卓敬气得跳脚，大叫起来："杨坚、杨广两人难道不是父子吗？"

但建文帝仍然拒绝了他的提议。

朱棣就这样在京城逛了一圈，风风光光地回了北平。而齐泰和黄子澄竟然结结实实当了一回看客，平日在地图上运筹帷幄、决胜千里的所谓谋略家就是这样的水平。

当然，建文帝手下并非都是一些如齐泰、黄子澄之类的人，事实证明，他还是有许多得力部下的。

成功的策反

在这场斗争中，建文帝并非不堪一击，他也使用了很多权谋手段，特别是在地下工作方面，可谓卓有成效。

建文元年年初，朱棣派长史葛诚进京城朝见皇帝，其实这个葛诚也是个间谍，他的真实目的是打探消息，但朱棣万没有想到的是，此人竟然被策反了，而策反葛诚的正是皇帝本人。

葛诚一到，建文帝便放下架子，以九五之尊对葛诚礼遇有加，估计也亲切地询问了他的家庭收入情况并鼓励他好好工作之类。葛诚十分感动，皇帝竟然如此看重自己！他一时脑热，就主动交代了燕王朱棣的种种不法行为和自己的间谍身份。然后他光荣地接受了建文帝地下工作者的称号，表示回去后一定努力工作，并及时做好情报信息传递工作，争取早日将燕王等人一网打尽。

一颗钉子就这样扎下了。

如果说葛诚是一个小间谍，那么下面要介绍的这位就是超级间谍，更具讽刺意味的是，此人并不知道自己做了间谍。

这个人就是朱棣的老婆、大将军徐达的女儿。

将门往往无虎子，如常遇春的儿子常茂、李文忠的儿子李景隆都是如此。但事情总有例外，徐达之子徐辉祖就是一个例外。他虽然出身名门，却从不引以为傲，为人谦虚谨慎，熟知兵法，而且效忠于建文帝。

他利用裙带关系，走夫人路线，在与他的妹妹聊天时了解到了很多妹夫朱棣学习工作的情况，并通报给了一直以来都对朱棣关怀备至的朱允炆。

就这样，朱棣的很多绝密情报源源不断地传到了朱允炆的耳中。

其实在这条战线上，朱棣的工作也毫不逊色。他的情报来源比较特殊，主要是由朱允炆身边的宦官提供的。朱元璋曾经严令不允许太监干政，作为正统继承人的朱允炆对此自然奉为金科玉律，在他手下的太监个个劳累无比又地位极低，其实太监也是人，也有自己的情感倾向，他们对朱允炆十分不满却又无处诉苦。

正在此时，救世主朱棣出现了，他不但积极结交宫中宦官，还不断送礼给这些谁也瞧不起的人，于是一时之间，燕王慈爱之名在宦官之中流传开来，大家都甘心为燕王效力。

朱允炆从来没有正眼看过这些他认为很低贱的人，但他想不到的是，就是这些低贱的人在某种程度上决定了这场斗争的胜负。

除了这些太监之外，朱棣还和朝中的两个人有着十分秘密的关系，此二人可以说是他的王牌间谍，当然不到关键时刻，朱棣是不会用上这张王牌的，他要等待最后的时刻到来。

黄子澄的致命错误

四月，朱棣回到北平后，就向朝廷告病，过了一段时间，病越生越重，居然成了病危。这场病并不是突发的，而是酝酿了相当长的时间。因为在即将到来的五月，朱棣有一件不想做却又不得不做的事情。

五月，是太祖朱元璋的忌日，按照礼制朱棣应该自己前去京城，但朱棣敏锐地感觉到如果这次再去，可能就回不来了。可是老爹的忌日不去也是不行的，于是他派长子朱高炽及另外两个儿子朱高煦、朱高燧代他祭拜。一下子派出三个儿子，除了表示自己重视此事外，另一个目的就是告诉朝廷，自己没有异心。

朱棣这次可算是打错了算盘，当时的形势已经很明了，朱允炆摆明了就是要搞掉藩王，此时把自己的儿子派入京城，简直就是送去的人质。

果然，朱高炽三兄弟一入京，兵部尚书齐泰就劝建文帝立刻将此三人扣为人质。建文帝本也表示同意，谁知黄子澄竟然认为这样会打草惊蛇，应该把这三个人送还燕王，表明朝廷并无削藩之意，以麻痹燕王。

真正是岂有此理！五六个藩王已经被处理掉，事情闹得沸沸扬扬，连路上的叫花子都知道朝廷要向燕王动手，黄子澄的脸上简直已经写上了"削藩"两个字，居然还要掩耳盗铃！书生办事，真正是不知所谓。

建文帝拿不定主意，此时魏国公徐辉祖出来说话了。按亲戚关系算，这三个人都是他的外甥，他看着此三人长大，十分了解他们的品行，他对朱允炆进言，绝对不能放这三个人回去，因为此三人不但可以作为人质，而且都身负大才，如若放虎归山，后果不堪设想。

现在看来，徐辉祖的算命水平已经接近了专业水准，他的预言在不久之后就得到了证实，但更神的还在后头。

紧接着，徐辉祖特别说到了朱高煦这个人。他告诉朱允炆，在他这三个外甥中，朱高煦最为勇猛过人也最为无赖，他不但不会忠于陛下，也不会忠于他的父亲。

不能不服啊，徐辉祖的这一卦居然算到了二十多年后，准确率达到百分之百，远远超过了天气预报。

可是决定权在建文帝手中，他最后做出决定，放走了朱高炽三兄弟。

如果朱允炆知道在后来的那场战争中朱高煦起了多大的作用，他一定会为自己做出的这个决定去找个地方一头撞死。也正是为此，他后来才会哀叹：悔不用辉祖之言！

可惜，"后悔"和"如果"这两个词在历史中从来就没有市场。

远在北平的朱棣本来已经为自己的轻率行动后悔，没想到三个儿子毫发无损地回来了，好吃好住，似乎还胖了不少。朱棣高兴得从床上跳了起来，大叫道："我们父子能够重聚，这是上天帮助我啊！"

其实帮助他的正是他的对手朱允炆。

精神病人朱棣

朱棣明白，该来的迟早会来，躲是躲不过了，皇位去争取不一定会有，但不争取就一定没有。而且现在也没有别的退路了，朱允炆注定不会放过自己，不是天子之路，就是死路！

拼一拼吧！

不过朱棣仍然缺少一样东西，那就是时间。造反不是去野营，十几万人的粮食衣物兵器都要准备妥当，这些都需要时间。为了争取时间，朱棣从先辈们的事迹中得到启发，他决定装疯。

于是，北平又多了一个精神病人朱棣，但奇怪的是，别人都是在家里疯，朱棣却是在闹市里疯，专找人多的地方。

精神病人朱棣的具体临床表现如下：

一、闹市中大喊大叫，语无伦次（但可以保证绝无反动口号）；

二、等到吃饭时间擅入民宅，望人发笑，并抢夺他人饭食，但无暴力行为（很多乞丐也有类似行为）；

三、露宿街头，而且还是一睡一整天，堪称睡神。

此事惊动了建文帝的耳目，建文帝便派张昺和谢贵两人前去看个究竟。此时正是六月，盛夏如火的天气，当两人来到王府时，不禁为眼前的情景惊呆了。

可以捂蛆的天气，朱棣竟然披着大棉被待在大火炉子前"烤火"，就在两人目瞪口呆时，朱棣还说出了经典台词："冻死我了！"

这一定是个精神病人，张昺和谢贵马上就达成了共识，并上奏给建文帝。

为避祸竟出此下策，何等耐心！何等隐忍！

问世间权为何物，直教生死相许！

第二十七章 不得不反了！

他的计划破产了，朱棣失算了，一个意外的发生，一个意外的发生，一个意外的发生……因为长史葛诚背叛了他，他把朱棣装疯的情况告诉了建文帝，并密报朱棣即将举兵。一向犹豫不决的兵部尚书齐泰终于做出了正确的决断。他下了三道命令：一、立刻命令使臣前往北平；二、授意张昺和谢贵立刻采取行动监视燕王及其亲属，必要时可以直接采取行动；三、命令北平都指挥使张信立刻逮捕朱棣。应该说这是一个很好的收到两人密奏，建文帝很是高兴了一阵子，精神病人朱棣自然也很高兴，他终于有时间去准备自己的计划了。

朱棣把事情想得太简单了，由于一个意外的发生，他的计划破产了。

朱棣失算了，因为长史葛诚背叛了他。他把朱棣装疯的情况告诉了建文帝，并密报朱棣即将举兵。一向犹豫不决的兵部尚书齐泰终于做出了正确的决断。他下了三道命令：

一、立刻命令使臣前往北平；

二、授意张昺和谢贵立刻采取行动监视燕王及其亲属，必要时可以直接采取行动；

三、命令北平都指挥使张信立刻逮捕朱棣。

应该说这是一个很好的应急计划，但就如同我们之前所讲，计划的执行才是最重要的，这个计划的第一点和第二点都没有问题，坏事就坏在第三点上。

张信说不上是建文帝的亲信，他是燕王亲任的都指挥使，齐泰居然将如此重要的任务交给他，简直是儿戏！想来这位书呆子是听了太多评书，在他脑子里，抓人就是"埋伏五百刀斧手于帐后，以摔杯为号"，完全估计不到权力斗争的复杂性和残酷性。

张信接到任务后，犹豫了很久，还是拿不定主意。他和燕王的关系很好，但毕竟自己拿的是朝廷的工资，如果通知了燕王，那不但违背了职业道德，而且会从国家高级干部变成反贼，一旦上了这条贼船，可就下不来了。

生死系于一线，这条线现在就在我的手中！

关键时刻，张信的母亲帮助他做出了抉择，她老人家一听说要逮捕燕王，立刻制止了张信，并说道："千万不可以这样做（逮捕燕王），我经常听人说，燕王将来必定会取得天下，他这样的人是不会死的，也不是你能够抓住的。"

我们可能会觉得纳闷，这位老太太平日大门不出，二门不迈，她怎么知道这样的"天机"？综合各种情况分析，这位老太太很可能是受到那些散布街头和菜市场的算命先生传播的谣言影响，得出了这样一个结论。

如此重大的决策，竟然受一个如此可笑的理由和论据影响并最终做出，实在让人觉得啼笑皆非。

封建迷信害死人啊。

张信的决断

张信是一个拿定主意就动手的人，他立刻去燕王府报信。但出乎他意料的是，燕王府竟然不见外客。按说这也算燕王气数已尽，来报信的都不见，还有什么办法？可偏巧这个张信是个很执着的人，下定决心，排除万难，非要做反贼不可。

他化装后混入王府，再表明身份要求见燕王。燕王没有办法，只好见他，但燕王没有忘记自己的精神病人身份，他歪在床上，哼哼唧唧说不出话来，活像中风患者。张信叩拜了半天，这位病人兄弟一句话也没有说。

张信等了很久，还是没有等到燕王开口，看来这位病人是不打算开口了。

张信终于开口说话："殿下您别这样了，我有重要的事情要和您说！"那意思就是你别再装孙子了，有火烧眉毛的事要办！

谁知朱棣实在是顽固不化，居然继续装糊涂，假装听不懂张信的话。

张信实在忍无可忍（看来想做反贼也不是件容易的事），站起身来大声说道："您就别装了吧，我身上有逮捕您的敕令（逮捕证），如果您有意的话，就不要再瞒我了!"

于是,一幕医学史上的奇迹发生了,长期中风患者兼精神病人朱棣神奇地恢复了健康。朱棣在一瞬间完成了起床、站立、跪拜这一系列复杂的动作,着实令人惊叹。

朱棣向张信行礼,连声说道:"是您救了我的全家啊!"他立刻唤出在旁边等待多时的道衍,开始商议对策。

事情至此发生变化。

齐泰的后手

张信迟迟不见动静,应该也在齐泰的意料之中,从事情发展来看,他已经预料到了这一点,因为就在张信去燕王府报信后没过几天,张昺和谢贵就手持逮捕燕王官属的诏书,率领大批部队包围了燕王府。

看来齐泰也早就料到张信不可靠,所以才会有两手准备。

至此,从削藩开始,事情一步步地发展,终于到了不可收拾的地步。

把面具揭去吧,最后决断的时刻来到了!

朱棣病好没多久,就立刻精神焕发起来,但他也没有想到敌人来得这么快,千钧一发之际,他召集大将张玉、朱能率卫队守卫王府。由于事发突然,军队来不及集结,而外面的士兵人数要远远多于王府卫队,朱棣正面对着他人生中最大的挑战之一,要取得天下,必先取得北平,而自己现在连王府都出不去!

该怎么办呢?

这是朱棣一生中最为凶险的状况之一,外面喊打喊杀,围成铁桶一般,若要硬拼明显是以卵击石,怎么办才好呢,难道要束手就擒?

办法不是没有,所谓擒贼先擒王,只要把带头的人解决掉,这些士兵就会成为乌合之众。但要做到这点谈何容易,对方就是冲着自己来的,难道他们会放下武器走进王府让自己来抓?

关键时刻,朱棣突然意识到,自己好像忽略了什么。

外面这些人到底是来干什么的？这似乎是一个很明显的问题，从他们整齐的制服、凶狠的面部表情、手中亮晃晃的兵器，都可以判断出他们绝不是来参加联欢的。但问题在于，他们真的是来抓自己的吗？

朱棣的判断没有错，张昺和谢贵并没有接到逮捕燕王的命令，他们得到的命令是逮捕燕王的官属，偏偏就是没有逮捕他本人的诏令！

这真是百密一疏，而燕王的胆略也可见一斑，所谓做贼心虚，有些犯过法的人在街上见到大檐帽就跑，也不管这人到底是公安还是城管，原因无他，心虚而已。朱棣竟然在政府找上门来后还能冷静思考，做贼而不心虚，确实厉害。

于是朱棣下令请张昺和谢贵进王府。此二人并非傻瓜，好说歹说就是不进去。朱棣见状便列出被逮捕人的名单，并表示这些人已经被抓住了，要交给政府，需要带头的来验明犯人的身份。

这下子两个人不进也得进了，因为看目前这个形势不进王府工作就无法完成，而诏书也确实没有说要逮捕燕王。两人商量后，决定进府，本来他们还带了很多卫士一起进府，但被王府门卫以其他人级别不够拒绝了。王府重地，闲人免进，本来也是正常的，但在非常时刻，如果依然墨守成规就太迂腐了。偏偏这两位就是这样迂腐，居然主动示意士兵们听从门卫的安排，然后两个人肩并肩，大步踏入了鬼门关。

一进王府，可就由不得他们了，到了大堂，他们惊奇地发现精神病人朱棣扶着根拐杖坐在那里，一副有气无力的样子。见到他们来也不起身，只是让人赐座。此场景极类似今日之黑帮片中瘸腿黑社会老大开堂会的场景。朱棣这位黑老大连正眼都没看他们一下。

张昺和谢贵的心中开始打鼓了。可是既然已经来了，说什么也晚了。所幸开头的时候气氛倒还和睦，宾主双方就共同关心的问题交换了若干意见，情况一时大有缓和之迹象。

就在二人暗自庆幸之时，有侍女端上瓜片（估计是西瓜），燕王朱棣突然腿也不瘸了，亲自拿着两片瓜朝张、谢两人走来。两人诚惶诚恐，起来感谢燕王。但他们哪里知道，燕王这次玩了花样，他似乎觉得摔杯为号太老套了，要搞搞创新。

二人正要接瓜，朱棣却不给了，燕王突然间变成了阎王，他满脸怒气，指着二人鼻子大骂道："连平常老百姓也讲究兄弟宗族情谊，我身为天子的叔叔，却还要担忧自己的性命，朝廷这样对待我，天下的事就没有什么不能干的了！"

说完，朱棣摔瓜为号，燕王府内众卫士把张、谢两人捆了起来，这二位平时上馆子都不要钱，没想到吃片瓜还把脑袋丢了，同时被抓住的还有葛诚。朱棣一声令下将他们全部斩杀。

这样看来，那年头想吃片瓜真是不容易啊。

朱棣扔掉了手中的拐杖，用庄严的眼光看着周围的人，大声叫道："我根本就没有病，是奸臣陷害我，不得不这样做而已，事已至此，也就怪不得我了！"

决裂！

被杀者的鲜血还未擦净，朱棣就发表了自己的声明，现场陷入了可怕的沉默之中。

士兵们知道，就要打仗了，得把脑袋系在裤腰带上去拼命。燕王的亲属们知道，自己的命运将会改变，不是从王侯升格为皇亲，就是降为死囚。无论如何，改变现状，特别是还不错的现状总是让人难以接受的。

毕竟大家都是人，都有自己的考虑，类似造反这种事情实在是不值得庆祝的，特别在成功之前。即使是义正词严的朱棣本人，心底应该也是发虚的。但有一个人却是真正的兴高采烈。

这个人就是道衍，对于他而言，这正是最好的机会。他已经六十四岁了，为了等待这个机会，他已经付出了所有的一切！他的一生中没有青春少年的意气风发，也没有声色犬马的享乐，有的只是坎坷的生活和孤灯下日复一日的苦读。

他满腹才学，却未官运亨通；心怀天下，却无人知晓。隐忍这么多年，此时不发，更待何时！

反了吧，反了吧，有这么多人相伴，黄泉路上亦不寂寞！

不登极乐，即入地狱，不枉此生！

张昺和谢贵被杀掉了，可是他们的卫士还在门外等着，士兵们看见人一去不复返，最先想到的问题倒不是两人有什么危险，而是自己的肚皮问题。

毕竟士兵也是人，拿着刀跟着你来拼命，你就要管饭，但是很明显今天的两位大哥不讲义气。王府里面自然好吃好喝，却把兄弟们晾在外面喝风。时间一长，天也黑了，再等下去也没有加班费给，于是众人回家的回家，搞娱乐的搞娱乐，纷纷散去。

但天下没有不透风的墙，不久张、谢二人被燕王杀掉的消息就不胫而走，老大被杀，这还了得，于是众多士兵抄起家伙回去包围王府，但他们虽然人多，却没有主将指挥，个别士兵虽然勇猛，也很快就被击溃。

开弓没有回头箭，既然干了，就干到底吧！

朱棣立刻下达第二道命令，夺取北平！

大将张玉率兵乘夜攻击北平九门。此时九门的士兵根本反应不过来，也没有做激烈的抵抗，朱棣没费多少工夫，就取得了九门的控制权。

在当时，只要控制了城池的城门，就基本控制了整个城市。所谓关门打狗的成语不是没有道理的，建文帝花了无数心思、调派无数将领控制的北平城在三日内就被燕王朱棣完全占据。

城中将领士兵纷纷逃亡，连城外的明将宋忠听到消息，也立刻溜号，率兵三万退到怀来。

朱棣终于夺取了北平城，这座曾是元朝大都的城市现在就握在朱棣的手中，他将在这里开始自己的霸业！

给我一个造反的理由

朱棣为这一天的到来已经准备了很久，士兵、武器、粮食都十分充足，但他还缺少一样东西，那就是造反的理由。

造反需要理由吗？需要，非常需要。在造反这项活动中，理由看上去无关紧要，但实际上，理由虽不是必需的，却也是必要的。

对朱棣而言更是如此，自己是藩王，不是贫农，造反的对象是经过法律认可的皇帝。无论从哪个方面来看，自己都是理亏的。所以找一个理由实在是很有必要的，即使骗不了别人，至少可以骗骗自己。

于是朱棣和道衍开始从浩如烟海的大明法条规定中寻找自己的依据，这有点类似今天法庭上开庭的律师翻阅法律条文，寻找法律漏洞。功夫不负有心人，他们终于找到了法律规则的漏洞，打了一个漂亮的擦边球。

朱元璋并非完全没有料到自己的儿子将来有可能会造孙子的反，他制定了一套极为复杂的规定，用来制约藩王，但为了防止所谓奸臣作乱，他又规定藩王在危急时刻可以起兵勤王，即所谓"朝无正臣，内有奸恶，则亲王训兵待命，天子密诏诸王，统领镇兵讨平之"。

但这个规定有一个关键之处，那就是需要天子密诏。而在朱棣和道衍看来，这个问题是不难解决的，他们充分发挥了自己厚黑学的本领，对这一点视而不见，公然宣称朝中有奸臣，要出兵"靖难"，清君侧。

更让人难以置信的是，他们居然还将这一套歪论写成奏折，公然上奏朝廷，向朝廷要人，摆出一副义愤填膺的模样，这就如同街上的地痞打了对方一个耳光，然后激动地询问肇事者的去向，并表示一定要为对方主持公道。

"靖难"理论的提出和发展充分说明朱棣已经熟练地掌握了权谋规则中的一条重要原理：

> 如果你喜欢别人的东西，就把它拿过来，辩护律师总是找得到的。
>
> ——腓特烈二世原创

不祥的预感

既然一切都准备好了，该干什么就干什么吧，但是中国自古就是礼仪之邦，即使是造反这种事情也是需要搞一个仪式的，领导要先发言，主要概述一下这次造反的目的和伟大意义，并介绍一下具体执行方法以及抚恤金安家费之类的问题。然后由其他人等补充发言，士兵鼓掌表示理解，之后散会，开打。

朱棣的这次造反也不例外，早在杀掉张、谢二人之前的一个月，他已经纠集一些部下搞过一次誓师仪式，当然，是秘密进行的。但在那次活动中，出现了一个意外，使得朱棣产生了一种不祥的预感。

那是在六月七日，他召集一群参与造反的人宣讲造反的计划，并鼓舞士气。但就在他讲得正高兴的时候，突然风雨大作，房屋上的瓦片纷纷被吹落。众人顿时面如土色。

这实在不是一个好的兆头，当时的人可不会从房屋质量、天气情况上找原因，本来商量的就是见不得人的事情，突然来这么一下子，莫不是老天爷反对自己造反？

朱棣也慌了，讲得正高兴的时候，老天爷来砸场子，事发突然，他也愣住了。关键时刻，还是道衍发挥了作用，他大声说道："真龙飞天，一定会有风雨相随，现在瓦片落地，正是大吉大利的预兆！"

于是一通封建迷信宣传过后，掉瓦片就成了上天支持朱棣的铁证。看来上天倒真是一个随和的人，总是按照人们的意愿行事，所谓替天行道之言，实在不可深信。

小兵们好糊弄，他们没有多少文化，没见过老天爷，也没见过皇帝，上级说什么他们就信什么，可是朱棣不同，他十分清楚所谓的皇帝天子到底是个什么玩意儿，什么天意归属、天星下凡都是自己编造，用来糊弄别人、安慰自己的。真要到了紧要关头，只能靠自己。

他曾经不止一次地把自己和当朝皇帝做比较，无论从军事、政治哪一方面来看，自己都要远远胜过那个小毛孩子。而且他对自己的军队有绝对的信心，京城的那些部队养尊处优，久不经战阵，自然比不上自己手下的这些虎狼之师。

但毕竟那个在京城的人才是真正的皇帝，自己只是一个藩王，要想登上那个宝座，还有很长的路要走，凶险难测啊。

朱棣的预感并没有错，他即将走上的是一条异常艰苦的道路，贵为皇子的他必须经历金戈铁马、九死一生的战场拼杀，去夺取自己的天下。而他遇到的敌人绝不仅仅是黄子澄那样的无能之辈，还有很多十分厉害的对手在等待着他，他也将在不久之后吃到这些人的苦头。

不用再考虑了，前路纵然艰险，总胜过坐地等死！

起兵！朱允炆，把你的宝座让给我！

宋忠的应对

宋忠是一个名字不太吉利、军事才能也很一般的人，本来在建文帝的布局中他并不是什么重要的人物，事情急转直下，却将他推向了风口浪尖。

北平附近的南军全部拥向了他所在的怀来，情况一片混乱。关键时刻，宋忠表现出了惊人的勇气，他在短时间内收容和安排了许多士兵，并将他们重新编队。但是士兵们的慌乱是他无法平息的。在很多时候，平息慌乱的最好方法是愤怒，为了尽快恢复士兵们的战斗力，宋忠决定撒一个谎，他平生可能撒过许多次谎，但事实证明这个谎话是比较蹩脚的。

宋忠派人传播谣言，说家在北平的士兵家属们都被燕王杀掉了，士兵们果然群情激奋，准备拼死一战，宋忠这才安下心准备与燕王作战。

可是当燕王的军队真的发动进攻时，意想不到的事情发生了，打头阵的敌方士兵们并没有冲上来拼杀，而是不断大喊大叫，喊叫内容类似今天在机场火车站出站口接人时说的那些话，一时间父子兄弟表哥堂弟的喊声此起彼伏。

原来朱棣得知了宋忠的这个谎言，他特意安排这些士兵的亲属打头阵，用来瓦解宋忠的军心。这一招十分有效，宋忠手下的士兵顿感上当，于是纷纷逃走。宋忠没有办法，只好自己亲自上阵，但大势已经不可挽回了。战斗结果，宋忠全军覆没，他本人也被活捉。

朱棣曾经想劝降宋忠，被他严词拒绝了，最后被朱棣杀害。宋忠虽才具不高，却有决战之勇气，宁死不屈，对得起他名字中的那个"忠"字。

战败的消息很快就传到了朝廷，建文帝大惊失色，他终于明白一直害怕发生的事情最终还是发生了，现在只能用刀剑来说话了。

唯一的人选

朱元璋杀戮功臣的恶果终于显现出来，当建文帝朱允炆环顾四周时，惊奇地发现他很难找出一个真正有战斗经验的人去对付朱棣。

只剩下耿炳文了。

耿炳文是朱元璋的老乡，身经百战，战场经验丰富，为朱元璋所信任，并在战后被封为长兴侯，一等功臣。很明显朱元璋当年杀掉无数功臣却独独留下他，正是为了今日之变。

朱允炆的考虑是对的，当时唯一的人选是耿炳文，但他也犯了一个错误，他似乎并没有仔细思考一个问题，为什么他的爷爷偏偏要留下耿炳文呢？

洪武年间，名将如云，耿炳文虽然是一个不错的将领，但并不十分突出，在那个名将一抓一大把的年代，比他强的将领数不胜数，比他低调的也不在少数。朱元璋杀掉那么多开国功臣，却把他留下来。此人到底有什么过人之处呢？

其实秘密就藏在他的封号中，耿炳文之所以被封为长兴侯，是因为当年他驻守长兴十年，抵御张士诚的进攻，城池固若金汤，一直未被攻破，极大地牵制了张士诚的力量。

每个将领都有他自己的长处，也有他的短处，耿炳文的长处就是防守。联系起来看，你不得不佩服朱元璋的精明，擅长进攻的蓝玉、王弼都被他杀了，擅长防守的耿炳文却被留了下来。即使将来耿炳文真有异心，也翻不起多大的浪，而如果有外敌入侵，耿炳文就可以派上用场了。

可是朱允炆交给他的任务却是进攻，而进攻的对象是从小混迹于名将之中、深通兵法的朱棣。他的军事天赋丝毫不逊色于洪武朝的一流名将，碰巧的是他的长处正是进攻。

耿炳文接受了使命，一场矛与盾的交锋即将开始。

朱允炆十分清楚，他的叔叔朱棣这次是来玩命的，马虎不得，于是他将三十万大军的指挥权交给了耿炳文，希望他将叛军一举荡平。为了表示对此事的重视，他还亲自送耿炳文出征，也就是在这次送行活动中，朱允炆干出了他一生中最愚蠢的事情。

他在将军队交给耿炳文的同时，语重心长地对他说："请你务必不要让我背上杀害叔叔的罪名啊。"

虽然他一生中干过很多蠢事，但我认为这件事是最愚蠢的。

这就好比拿上刀去和人家拼命，砍伤目标后就停手，然后送对方去医院，等他出院后接着打。朱允炆虽然从朱元璋那里学到了很多东西，但关键的一条规则他并没有领会，这也是朱元璋一生的信条。

要么不做，要么做绝。

想必接到朱允炆命令的耿炳文也是一头雾水，打仗还不能伤害对方主帅，是什么道理？但他还是顶着雾水出发了。迎接他的将是凶险未卜的命运。

八月，耿炳文率领大军到达了真定，他派遣徐凯驻守河间、潘忠驻守莫州、杨松为先锋进驻雄县，待主力会集后再发动进攻。可以看出，耿炳文确实经验老到，他深知深入敌境作战，应稳扎稳打，他摆出的这个三角形阵势充分体现了其丰富的战斗经验和扎实的几何学功底。

万事俱备，只等朱棣了。

张玉的狂言

朱棣比他的侄子更了解耿炳文，他明白这位老将并不简单，绝不能轻敌，于是在战前他派了自己手下的第一大将张玉去侦察敌情。然而张玉侦察敌情后却给了他一个意想不到的回复。

年轻的张玉似乎没有把老前辈放在眼里，他告诉朱棣，敌军的纪律涣散，潘忠和杨松都是无谋之辈，耿炳文不过是个老家伙，打败他们打开南下之路，易如反掌。

在我们的经验中，战前口出狂言者，往往都没有什么好下场，可是有些时候，口出狂言者是有着充足的资本的。

张玉就有这个资本，他是经过仔细分析和研究后说出这番话的，而朱棣也认同他的这一看法，他亲自带兵抵达娄桑，准备发动他的第一波进攻。

朱棣的进攻对象正是杨松驻守的雄县，他还为自己的这次进攻选择了一个绝妙的时机——中秋之夜。

朱棣选择中秋之夜开始进攻是经过充分考虑的。士兵也是人，即使打仗时也要过过节假日，想想家里的爹娘和老婆孩子。可是对于雄县的那些士兵而言，他们的思念将到此为止。

朱棣的士兵们没有过中秋节，他们趁着黑夜悄悄爬上了城头，此时城内的士兵们个个喝得大醉，没有任何防备，突然见到这些不速之客，不由得大惊。当然他们也绝对不会把这些人错认为嫦娥或是吴刚的。于是主帅杨松一面派人向潘忠求援，一面组织士兵奋起反抗，杨松知道，己军势如犄角，如若潘忠能及时来援，必能击退敌军。

但是遗憾的是，由于寡不敌众，杨松本人及其所部全部战死，他没有能够等到援军到来的那一刻。

援军在哪里呢？

潘忠确实接到了杨松的求援，他立刻意识到战斗已经开始，境况紧急。如果杨松的雄县失守，自己也要完蛋，于是他亲自带骑兵奔袭雄县。

加快速度！杨松你一定要坚持住，援军马上就到！

他的速度确实不慢，很快就到达了一座名为月漾桥的石桥，此时的潘忠自然没有心思去管这里到底是什么地方，但如他原先来过这里，再仔细观察一下，就会发现桥底下多了很多水草。

就在潘忠和他的部队奔过桥后，突然炮声四起，桥底的水草不见了，无数士兵冒了出来，占据了大桥，截断潘军后路，而路边和前方也出现大量燕军，向潘忠发动猛烈进攻。潘忠进退不能，被围起来猛打，不一刻全军覆没，他本人也被活捉。想来他被捉的时候应该还没有缓过劲来。

朱棣不是一个头脑简单的人，他看破了耿炳文的阵势，明白其布军厉害之处

第二十七章　不得不反了！

就在于互相支持、互为照应，只要雄县出事，潘忠必定来救并内外夹攻。但耿炳文没有想到朱棣动作如此之快，用闪电战打了一个时间差，解决杨松后居然还在援兵必经之路上设下埋伏。一箭双雕，实在是厉害至极。

朱棣旗开得胜，但他也明白，真正的决战和考验还在后面，不久之后他将面对耿炳文本人和他的三十万大军。那才是真正的考验。

战机

正当朱棣筹划下一步的攻势时，一个人来到了他的军营，这个人叫张保，是耿炳文的部将。此人并非假投降，他向朱棣提供了重要情报，那就是明军目前处于分散状态，三十万部队并未到齐，现在只有十余万人分布在滹沱河南北两岸。如果能够分别击破，将获大胜。

听到这个消息，众人都很高兴，他们也认为趁对方兵力分散进行攻击能够获得胜利，应立刻进兵。然而朱棣的反应却大出他们所料。

他没有如张保所说去攻击分散的明军，而是安排张保回营告诉耿炳文，自己的大军已经逼近，让耿炳文做好准备。

这又是让人疑惑不解的一招，莫非朱棣嫌敌人太少？

没错，他就是嫌敌人太少、太分散，他的真实计划是让耿炳文得到消息后合兵一处，然后与自己决战！在他看来，敌人分兵两处反而不容易打败，自己有可能会腹背受敌，还不如把他们集中在一起收拾掉。

从这个计划来看，朱棣对自己的指挥能力有着极强的自信心，在他看来耿炳文的军队并不可怕，他所需要的不过是一场面对面的决战！

耿炳文果然如朱棣所料，将自己的部队合兵一处，等待着朱棣的到来。无论张保是不是间谍，这都是他的唯一选择。

对于已经六十余岁的耿炳文来说，快到退休的年龄还要打仗实在不是一件让人惬意的事情。而当他得知自己精心布下的阵形被突破，杨、潘二人如切菜一样被朱棣处理掉时，也不禁为这个年仅四十岁的天才将领的军事能力而惊叹。他是见过世面的人，徐达、常遇春、李文忠等人的身影陪伴了他很多年，他们那势如破竹的攻势、鬼神莫测的判断能力都给他留下了深刻的印象。在那个时候，自己只能在这些人的光芒之下做一些力所能及的事情。随着这些人的去世，他也曾自负地认为天下能打仗、会打仗的人不多了。

但是现在，他终于完全认识到：自己面对的是一个可怕的敌人，一个很会打仗、很难对付的敌人。

他的专长并非进攻，而朱棣的军队不断向他逼近，他没有办法，只能合兵，等待着对方的进攻。这对于一个带领三十万军队的将领而言实在是一种耻辱。是死是活总要有个结果的，朱棣，你来吧！

真定溃败

朱棣在得知耿炳文合兵后，立刻开始了攻击，但他所谓的决战并不是带领全部兵力和对方拼命，因为他清楚，决战也是有很多方式的。

耿炳文终于看见了朱棣的旗帜，他等待着朱棣的到来。

真定之战就此拉开序幕，但在这场战役中，北军没有指定做先锋的将领，因为这个光荣的职位由朱棣自己兼任了，当然也是不会有人跟他抢的。

朱棣喜爱战争，战火中出生的他似乎和战争结下了不解之缘。当他跨上马，听着那熟悉的号角声和呐喊声，挥舞马刀杀向敌阵时，他似乎更能找到自己存在的价值。

喊杀声是他的音乐，铠甲是他的服装，尸山血河是他的图画，他属于这个地方。

耿炳文等了很久，他相信朱棣就在对面阵中的某个地方看着他，可他等了很久，还是不见朱棣出战，到底搞的什么名堂？

耿炳文注定等不到朱棣了，因为朱棣并没有从正面进攻，他没有去赴耿炳文的约会，放了对方鸽子，却亲自带领着数千人绕了个圈，从城池的西南面突然冲了出来！这下耿炳文真是被打了个措手不及，两营被攻破，损失惨重，但他不愧经验老到，并不慌乱，立刻列兵出阵。他相信自己的兵力与对方比并没有太大的劣势，还是可以拼一下的。

然而北军的反应简直如同闪电一般迅速，他刚带兵出战，正面的北军立刻就发动了攻击！

等待已久的北军在张玉、谭渊、朱能的带领下对耿炳文的南军发动了猛烈进攻，这些经常与蒙古人打交道的北军战斗力自然远远胜过疏于战阵的南军。在他们的攻击下，南军败相初现，而阵中的耿炳文又得到了一个不幸的消息，游击队队员朱棣已经绕到了他的背后发动进攻。

这下算是完蛋了。

两下夹击之下，耿炳文再也抵挡不住，他带领部队退到了滹沱河东，但北军大将朱能却紧追不舍。耿炳文不是胆小鬼，当他定下心来仔细观察敌情时，他惊奇地发现，紧追自己数万大军的朱能居然只带了三十来个人。

几十个人就敢追逐数万大军！实在太欺负人了。耿炳文立刻命令停止撤退，重新列队，他要看看这些人是不是真的刀枪不入。

不要命的朱能

朱能发现南军停止了撤退，并列好队伍准备迎战，他明白，南军为了军人起码的荣誉，要拼命了。穷寇莫追，如果识时务的话，似乎应该撤走了。

但朱能很明显是一个不要命的人，不要命的人不惧怕敢拼命的人，他不但没有停止追击，反而加快了速度，带领剩下的几十人冒死冲进敌阵！事实证明，人只要不怕死，是什么奇迹都可能创造的。耿炳文的南军本来已是败军，被朱能这么一冲，居然又一次崩溃。弃甲投降者三千余人。

耿炳文再也没有自信了，他率领剩下的士兵退进了真定城。在城池里他才能发挥自己的强项。

北军大胜，他们接着攻击城池，但耿炳文又一次证明了他能够被选中活下来实在不是偶然的事情，当年的张士诚我都不怕，还怕你们这些人吗？

北军连续攻击了三天，耿炳文就凭着这些残兵坚守真定，使得北军毫无进展，如果这些进攻者知道耿炳文坚守城池时间的最高纪录，只怕会晕过去。

但是无论如何，耿炳文十分清楚，自己输了，输得心服口服。他似乎从朱棣的身上看到了李文忠的影子。

朱棣，你赢了，你已经超越了其他人，成为这个时代最优秀的将领，而我已经被淘汰了，我不是你的对手。

但这个时代真的没有人可以与你匹敌吗？不会的，上天是公平的，他不会让你独自表演下去的，你的对手终归会出现的，虽然不是我。

第二十八章

你死我活的战争

当两文战败的消息传到朝廷后,随后朝廷出现的如意算盘成为一场争论,他提议由李景隆担任主帅,关键时刻,齐泰坚决反对这一提议,但遗憾的是,他的意见并没有被采纳,黄子澄又一次误判了形势,一个人做一件蠢事并不难,难的是一直做蠢事,下此人以往提出的各种高难度的任务,他确实完成了这个高难度的任务,后来不是尽忠而死,恐怕逃脱不了燕王间谍

耿炳文是十分精明的，他知道只要自己在这里坚守下去，北军就会逐渐瓦解，到时就能不攻自破，因为毕竟这些人是反叛者。

但是随后朝廷中的一场争论让他的如意算盘化为了泡影。

黄子澄的第二次误判

当耿炳文战败的消息传到朝廷后，朱允炆才意识到问题的严重性，他终于慌了。此时黄子澄又出了一个馊主意，他提议由李景隆担任主帅。关键时刻，齐泰坚决反对这一提议，但遗憾的是，他的意见并没有被采纳。

黄子澄又一次误判了形势，一个人做一件蠢事并不难，难的是一直做蠢事。只要回顾一下此人以往提出的各种天才意见，就会发现他确实完成了这个高难度的任务。如果此人后来不是尽忠而死，恐怕逃脱不了燕王间谍的嫌疑。

于是纨绔子弟李景隆就成为了新的统帅，这次他的兵力达到了五十万，他带着自己的军队浩浩荡荡地开赴战场，一同带走的还有朱允炆获胜的希望。

李景隆的悲哀

朱棣正在自己的大营里发愁，耿炳文确实是老狐狸，知道自己不能久战，便坚守不出。这一招使得朱棣焦急无比却又无法可施。

时间对于耿炳文来说并不重要，他大可每天喝喝茶、浇浇花打发时间，但对于朱棣来说，时间比黄金还要宝贵。因为朱棣是一个造反者。造反者从某种意义上来说可以归入假冒伪劣产品之列，这种东西在乱世可能还很有市场，但现在是太平天下，对政府不满的人并不多，要想找闹事的人实在并不容易，万一哪一天这些人不想造反了改当良民，把自己一个人丢下当光杆司令，那可就不妙了。

必须尽快解决这个问题。

也就在此时，他的情报人员告诉他，耿炳文被撤换，由李景隆接任指挥职务。

朱棣简直不敢相信自己的耳朵，想什么来什么，他跳了起来，兴高采烈地发表了一番演讲。如果要给这个演讲取个名字的话，可以命名为《论李景隆是军事白痴及其失败之必然性》。

演讲共有五点，这里就不列举了，总之推出的结论就是李景隆必败！

一个统帅刚走马上任，还未打一仗，居然会让对方主帅高兴得手舞足蹈！

悲哀！李景隆，我真为你感到悲哀！

无论李景隆在朱棣的眼中是多么无能，但他毕竟有五十万军队。朱棣可以瞧不起李景隆，但不能瞧不起那些士兵。在短暂的高兴后，他又陷入了沉思。

以自己目前的兵力如要硬拼，胜算并不大，而对方的后勤补给能力要远远胜过自己，拼消耗也并不是理想的方法。只有积聚力量给对方一个致命的打击才能从根本上解决问题。

但自己的力量是不够的，虽然士兵们战斗力强，但数量并不多，并且还要派人防守北平附近的大片根据地，总不能找那些没有受过训练的老百姓去打仗吧。可是目前能够召集的有战斗力的士兵就这么多了，还有什么力量可以借助呢？

只有那个人了，只能借助他的力量才能确保获得胜利，没有其他办法！

但这件事情必须要仔细策划、亲自执行，因为别人是对付不了那个人的。可是大敌当前，李景隆就是再白痴，只要知道自己带兵外出，就一定会来攻击北平。北平能够抵挡得住五十万大军的攻击吗？

顾不了那么多了！死守在这里也是凶多吉少，反正已经豁出去了，就赌一把吧！

朱棣把防守北平的任务交给了自己的长子朱高炽，并郑重地告诉他："我把城池交给你，你一定要守住，待我大军归来之日即是全胜之时！"

身有残疾的朱高炽还是第一次看到父亲用如此严肃的语气和自己说话，他隐约地感到，一场严峻的考验即将到来。

朱高炽的感觉没有错，这一战不但将决定朱棣的命运，也将影响他自己未来的人生。

宁王！

朱棣一向眼界甚高，在众多藩王中，他瞧得起的也就那么几个人，而宁王绝对是其中的一个。时有人评价诸王，有"燕王善战，宁王善谋"之语。以燕王如此狡猾之辈，竟然还有宁王善谋之语，可见此人确实厉害。

而在朱棣看来，宁王最厉害的就是他手下的那支特殊武装——朵颜三卫。这是一支朱棣做梦都想得到的部队，也是当时战斗力最强的军队。但这支部队已经明令归宁王指挥，想要染指只有一个办法，那就是先解决宁王。

在这场削藩的斗争中，宁王也未能幸免。建文帝对这个能征善战的叔叔并不放心，在对燕王动手的同时，也把手伸向了宁王，而宁王显然没有朱棣那样的反抗精神，他虽然不愿意服从，却也没有反叛的企图。不过在他的内心确实存在着兔死狐悲的复杂情感。

朱棣正是利用了这一点，他率领自己的军队到达了宁王的属地，引起了宁王的警觉，虽然自己目前境况不得意，但还是不想做反贼的。他命令自己的军队做好准备，如有意外，就让这位善战的燕王受点教训。

可是朱棣的行为让他大吃一惊，这位王兄把军队部署在城外，单枪匹马进了城，宁王这才接见了他。一见面，朱棣就摆出了一副苦大仇深的模样，痛斥建文帝对他的迫害，并表示自己已经无处可去，只好来找兄弟当中间人向朝廷求情，赦免自己，顺便在这里混吃混喝。

宁王终于摸清了朱棣的来意，他欣然答应了朱棣的要求。在他看来，这位一向号称藩王中最强的人也不过是个软蛋，靖难靖到一半就准备投降了，信自然会写，但朝廷是否饶恕他那就不关自己的事了。

此时一副可怜相的朱棣小心翼翼地提出了另一个要求，由于自己的部下都在城外，多有不便，能否允许手下部分官吏进城，也好安排相关事宜。当然大批军队是不会入城的。

宁王本来有些犹豫，但在得到军队不进入城内的保证后，也就同意了。他相信一群不带武器的人翻不起滔天巨浪。

朱棣严格遵守了规定，没有派大批军队入城，但他派入城中的人却带着另一样威力巨大的武器——金钱。

朱棣就在宁王的地盘待了下来，每天除了吃吃喝喝就是和宁王谈天。出乎意料的是，他并没有劝说宁王参加自己的队伍，也没有提出任何过分的要求。这样的客人自然是受宁王欢迎的，但意思意思也就够了，宁王无时无刻不在提醒自己，眼前的这个人毕竟是反贼，还是早点礼送出门的好。

但还没等他表达出这个意思，朱棣自己就主动提出来了，他表示在此地已经待得太久了，希望回去。宁王大喜过望，这个瘟神终于要开路了。他十分高兴，表示要亲自去送行。

送行的仪式在郊外举行，无论真情假意，自然也有一番依依话别。宁王此时也有些愧疚，遗憾地对朱棣说："可惜我没有能够帮上老兄什么啊。"

朱棣笑了，他一把拉住宁王，说道："既然如此，老兄和我一起去靖难如何？"

这就不是客气话了，宁王立刻正色说道："如大哥需要什么可以直说，靖难之事就不要开玩笑了。"

朱棣看着他的眼睛，认真地摇了摇头："我确实需要你，不但需要你，还需要你的朵颜三卫和你所有的一切，你跟我一起走吧。"

宁王终于明白朱棣的目的了，但他是不会轻易认输的。"难道你认为在我管辖的地方可以任你胡来吗？"

"我明白，"朱棣又笑了，"所以才让你到郊外来送我。"

朱棣一声令下，早已布好的伏兵一起杀出，控制了局势。宁王也想动手，却发现自己的手下已经不听使唤，原来那些见钱眼开的朵颜三卫首领已经被朱棣派进城的人买通，变成了朱棣的人。刹那间，朱棣从客人变成了主人，除了宁王手下大将朱鉴奋力抵抗战死外，其他的人早已放下了武器。

人真是靠不住啊，以善谋著称的宁王就这样被另一个善谋的人挟持，一同踏上了靖难之路。他郁闷的心情是可以理解的，但在目前这个环境中，他只能屈服，而他的这种态度也让朱棣十分满意，最后把他和他的子孙安置到了江西，也算给了他一个好的结局。

当然朱棣绝不会想到，一百年后，这位宁王的子孙也会依葫芦画瓢，去造他后代的反。这真是应了那句名言：

出来混，迟早要还的。

北平的防御

就在朱棣在宁王处筹划阴谋时，北平也遭到了攻击。李景隆果然如朱棣所料，亲自带领五十万南军围攻北平，他在北平九门都修筑了堡垒，并派兵攻击通州，同时他还在郑村坝设置了九座大营，作为进攻的依托。

一切准备停当后，他对北平发动了进攻。

此时驻守北平的是朱棣的长子朱高炽。朱高炽是一个身有残疾的人，根据史料分析，他可能在小的时候得过小儿麻痹症之类的病，行动不方便，出入都要人搀扶。在很多人眼里，他只是一个废人。但朱棣却十分了解这个外柔内刚的儿子。他相信这个瘸子的内心远比其外表坚强得多，而他这次将防守北平的任务交给朱高炽，也正说明了对这个儿子的信任。

但信任是一回事，守不守得住又是一回事。

事实证明，五十万人攻城绝不是开玩笑的，南军使用大量火炮配合攻城，几十万人像蚂蚁一样往城墙上爬,城内守军虽然有思想准备,但还是被如此大的阵势吓坏了,正是这一愣神的工夫,战局出现了变化。

顺城门的守军由于准备不足,大部分溃散,南军找准机会,猛攻此门,眼看就要攻破,大将梁明赶到,整顿了部队加入防守,而更让人称奇的是,城内的一群妇女也发挥不爱红装爱武装的精神,使用特殊武器——板砖和瓦片攻击攻城部队,这样看来,板砖拍人之说也算历史悠久,古已有之。

当然这种攻击行为有多大作用倒很难说,但是起码它鼓舞了守城士兵的士气,帮助他们抵挡住了这次进攻,经过激战,围攻顺城门的部队被击退,北平暂时保住了。

朱高炽的思维远比他的行为要迅速得多,他明白这样下去,北平迟早是不保的,要想守到父亲回来,必须想别的方法,于是他制订了一个大胆的计划。

此时的李景隆看着这座摇摇欲坠的北平城,心中十分得意,他是李文忠的儿子,且生得相貌堂堂,但一直都有人说他不过是个纨绔子弟,没有多大本事。当然纨绔子弟从来都不会承认自己纨绔的,他一直在找机会证明自己。

这就是一个绝好的机会,他相信只要攻下北平,击败朱棣,就能从父亲的阴影中走出来,让所有的人都承认自己!

事实证明,打仗似乎并不难,眼前的这座城市已经坚守不了多久了,孤城一座还能玩出什么花招,胜利入城的日子不远了。

然而夜晚来临时,战局却出现了他所想不到的变化,城内的北军居然越城而出,分成小队,主动对城外大军发动了偷袭进攻!南军万没料到城内的孤军竟然还敢主动出击,一时间大乱,为了确保安全,李景隆下令退后十里扎营。

但并非所有的人都像李景隆那么无知胆怯,都督瞿能就是一个有见识的人,他从纷乱的战局中发现了战机,他准确地判断出北军的夜袭只是掩人耳目、争取时间,看似混乱的时候正是破城的最好时机!

他仔细观察了城池的防守情况后,认准了张掖门是最弱的一环,率领着自己的数千人猛攻此门,情况确实如他所料,北军确实是虚张声势!在他的攻击下张掖门的守军纷纷溃退。眼看城门就要被攻破,李景隆却干出了一件为人不齿的事情。

李景隆果然不负其军事白痴的名声，没有辜负朱棣对他突发性弱智的期望，眼看着城门就要攻破，却下令立刻停止攻击，原因很简单，他不想被人把功劳抢走（景隆忌之）。

有李景隆这样的上司，就是神仙也没有办法打胜仗。

所谓天予不取必受其咎是有道理的，就在李景隆准备齐集兵力再次进攻时，老天爷出来说话了。

此时正值十一月，气温极低。虽然历时数百年，此地从北平到北京名字变了多次，但除了沙尘暴日益频繁外，天气是没怎么变的。今天的街道上不断有化雪车清除道路，行人们穿着厚厚的棉衣和防滑鞋上班还要小心翼翼。可当时的南军士兵们要做的却是在冰天雪地中攻城。

而城内的朱高炽虽然没有学过物理，但应该也有不错的自然科学造诣，他让人往城墙上不断浇水，待得第二日来看时，北平城已变成了一座冰城，这一方法似乎也可以用来制造冰雕，简单且实用。

城外士兵们就苦了，别说攻城，眼前的这个大冰砖连个搭手的地方都没有，只能望城兴叹。

就在李景隆的愚蠢和老天爷的帮忙下，朱高炽坚守住了城池，并等到了父亲的归来。北平防卫战是李景隆的耻辱，却是朱高炽的机遇，正是这一战为他争取了足够的政治资本。日后他登上皇位时想必也会感谢李景隆吧。

朱棣归来

朱棣回来了，此时的朱棣已经不是一个月前的朱棣了，在他的麾下终于聚集了当时最为强悍的朵颜三卫骑兵。对于有了强力外援加盟的优秀将领朱棣而言，手下士兵的强悍程度是与军队的整体战斗力成正比的；而对于李景隆这样的军事蠢材而言，士兵的素质往往只与他本人的逃跑成功率有关系。虽然朱棣的兵力数量仍然远远不如李景隆，但他明白，所谓五十万军队的统帅李景隆不过是一个外硬内软的鸡蛋，现在他就要把李景隆这只鸡蛋彻底碾碎！

李景隆的指挥部设在郑村坝（距北京二十公里），他虽然反应迟钝，却也知道朱棣离开北平必有返回的一天，在得到朱棣班师的消息后，他派部将陈晖率一万骑兵前去阻击，但令陈晖哭笑不得的是，他并没有攻击的具体地点和目标，这是因为派他出去的李景隆也不知道朱棣在哪里！

但命令还是要执行的，于是陈晖就带着自己的一万部下踏上了漫长的寻人之旅。可是这天寒地冻的时候，能见度又低，去哪里找人呢？陈晖只好带着自己的部队到处乱转，陈晖不知道的是，朱棣就在离他不远的地方向着北平挺进。

不知是幸运还是不幸，陈晖与朱棣的军队竟然擦肩而过，未曾相遇。但当陈晖经过朱棣曾经的行军路线时，发现了大量的马蹄印和行军痕迹。终于找到敌人了！陈晖异常兴奋，沿着痕迹一路跟随朱棣的军队，他没有马上动手，而是准备靠近本军大本营后来一个前后夹击。

应该说这个计划本来是不错的，但可惜陈晖不是蓝玉，而朱棣更不是捕鱼儿海边的北元皇帝。就在陈晖发现朱棣后不久，朱棣就察觉到自己被跟上了，他也没有和陈晖废话，派遣新进的朵颜骑兵去攻击陈晖。这些蒙古人刚收了朱棣的好处，正想找个机会显示一下自己的能力，他们三下五除二，把陈晖的一万士兵全部打垮，陈晖本人算是运气不错，逃了回去。

这一战大大增强了北军的士气，很快北军就到达了李景隆的大本营郑村坝，已经得到消息的李景隆整备好了军队，准备迎战他的这位儿时伙伴。而朱棣也将在这里给他这位纸上谈兵的表侄上一堂真正的军事理论课。

郑村坝之战就此开始，朱棣派出最强的朵颜三卫以中央突破战术直冲南军大营，这些蒙古骑兵果然名不虚传，以万钧不当之势连续攻破南军七营，打得南军四散奔逃，这也深刻地说明，只要给得起价钱，是能够请来好外援的。

南军虽然惨败，但毕竟实力尚存，在经过一番整顿后，逐渐稳住阵脚，开始与北军作战。几十万人奋死拼命厮杀，打得天昏地暗、血流成河。战局陷入僵持状态对朱棣是不利的，因为他并不适合打消耗战，为了能够尽快解决战斗，他向身边的人征求作战意见。

此时一个叫马三保的人明确指出，南军的要害就在于李景隆的中军，只要李景隆移动位置，便可趁其立足未稳之机以奇兵左右夹击，定可获胜。朱棣经过思考，采纳了马三保的意见，并任命马三保为部将，一同参加战斗。此时已经天黑，李景隆果然按捺不住，亲自带领中军前来作战，朱棣立刻派出奇兵从其两翼发动猛烈攻击，李景隆果然抵挡不住，败下阵来。

由于双方都损失太大，不久之后达成默契，各自收兵。朱棣借着这个机会安顿好了士兵，准备明天的大战。然而他想不到的事情发生了。李景隆远比他想的还要无能，他不但没有军事才能，还胆小如鼠，以往从父亲口中听来的战场惨况，他一直并不在意，但等到自己亲眼见到残酷屠杀的场面，他才真的被震慑住了。

这不是玩笑，也不是清谈，这是几十万人的厮杀，是无数生命的毁灭，战争不应该是这样的，它应该如兵书上所说，运筹帷幄，决胜千里，那是何等的神气活现！

不能再这样下去了，我是不会获胜的，这不是我应该待的地方。

李景隆打定主意，连夜南逃，按说这也算是保存实力的一种方式，因为估计他确实也打不过朱棣，但此人可恶之处在于，他只顾自己逃跑，却忘记通知还在围攻北平的士兵！

那些攻打北平的仁兄也真是可怜，遇到这么个破天气，又摊上这么个破主帅，岂有不败之理。在城内城外的围攻下，攻城部队全线崩溃。

至此，郑村坝战役以李景隆的彻底失败、朱棣的彻底胜利而告终，此战对很多人都有着重要的意义。

在这场战役中，李景隆用实际行动表明了他的无能名声并非虚传，也算是证明了自己。朱棣获得了大量生力军并初步确立了战场的主动权。朱棣的长子朱高炽借助北平防御战的胜利获得了父亲的重视和喜爱，积累了政治资本。

而那位叫马三保的人也因在此战中的优秀表现为朱棣所重用，并引为心腹，此人出生时父母以世道平和、平安成长之意，曾给他取名为和，又由于他在郑村坝立下大功，被朱棣赐姓"郑"。

此后他便改名为郑和。

第二次机会

战败的消息很快传到了黄子澄的耳中。他十分惊慌，因为李景隆是自己推荐的，如果李景隆倒霉，自己也会被拖下水。他经过仔细思考，下定决心隐瞒真实情况，保住李景隆的指挥位置。

既然已经把宝押在了李景隆身上，就只能和他一起走到黑了，李景隆，我再信你一次！

惨败后的李景隆终于有点清醒了，他算是明白了打仗到底是怎么一回事，不是风花雪月，不是夜卧谈兵，而是刀剑刺入身体时那令人毛骨悚然的声音，是四处喷溅的鲜红的血，是垂死士兵声嘶力竭的惨叫声。

李景隆对自己产生了怀疑，在这场残酷的战争中，我真的能够战胜朱棣吗？但是无论他怎么想，只要朝廷没有命令撤换指挥官，他还是几十万人的统帅。

箭在弦上，不得不发，没有其他办法了，且把死马当活马医吧。

战败之后，李景隆退到德州，整顿自己的部队，并在这里准备下一次的决战。

他很清楚，虽然他可以以胜败乃兵家常事来开脱自己，但如果他再次失败，那可就不是常事了。手握几十万重兵却不断输给人数少于自己的北军，别说回到京城无法交代，就连部下的脸色也是不会好看的。

他毕竟是名将李文忠的儿子，他还是要面子的。只要击败朱棣，就一定能挽回自己的声誉。

可是击败朱棣又谈何容易。很明显，这位儿时伙伴的军事能力要远远强于自己，手下的士兵虽然不如自己的多，质量却比自己的高，还有那些杀人不眨眼的蒙古骑兵，这实在是一个可怕的对手，要想击败他，必须寻求帮助。

找谁来帮助自己呢？这个世上有人可以与朱棣匹敌吗？答案是肯定的，李景隆找到了可以为他打败朱棣的人。从某种意义上说，他也确实找对了人。

李景隆的心里总算是有了底，他开始认真谋划进攻的准备。

其实在李景隆看来，自己打不过朱棣的主要原因在于自己能力不如朱棣，而且南军的实力也比不上北军。不可否认，这些都是原因之一，但绝对不是主要原因。他和朱棣之间的根本差距在于决心。

此时，胜利的朱棣正面带笑容庆祝自己的胜利，但他的内心仍然是忐忑不安的。他很明白，对他而言，每一次战斗都是决战，从他起兵的那一刻起，自己就已经背上了反贼的罪名。除了那几个唯恐天下不乱的心腹外，天下是没有几个人支持他的。

面前这些兴高采烈的部下真的信得过吗？谁能保证他们不会在某一个夜晚把我的脑袋拿去求一个官位？我有着过人的军事天赋，我的铁蹄曾踏遍蒙古、纵横千里，但我并不是皇帝，我可以击败朱允炆十次，他依然是皇帝，但朱允炆只要击败我一次，我就可能永不翻身，沦为死囚！

这实在是一笔风险极大的生意，每一天都可能是最后一天，每一战都可能是最后一战，日复一日的精神压力和折磨使得他必须不断地以性命相搏！而这绝不是李景隆所能懂得的。李景隆输掉战争还可以回家，实在不行就投降，而朱棣如果失败，等待他的只有死亡和屈辱。

人生最痛苦的事情，莫过于不得不玩一场绝对不能输的游戏。

在死神阴影笼罩下的朱棣必须面对新的挑战了，德州的李景隆已经发出了进攻信号，而他一定要去应战，并击败他。对朱棣而言，获得胜利已不是为了夺取皇位，而是为了活下去。

建文二年（1400），李景隆在做好准备后，带领着他的大军出发了，他的目标是白沟河，他将在那里和自己的帮手会合。

他的帮手有两个人，一个是武定侯郭英，另一个是安陆侯吴杰。这两个人也算是前朝老臣了，具有丰富的战斗经验，在即将开始的这场战役中，他们将发挥极大的作用。

郭英和吴杰固然是不错的，但李景隆找到的最得力的帮手并不是他们，而是另有其人。

就在李景隆准备从德州发动进攻时，朱棣也通过他的情报网络得知了这一军事情报。对于李景隆这样的对手，他并不担心，在他的眼中，李景隆不过是一头羔羊，还肩负着为他运送军需物品的运输大队长职务。

他轻松地给诸将分配军事任务，而经过前两次的战役，朱棣的军事才能和威望都得到了众人的承认，他们相信只要跟着朱棣，就不用惧怕任何敌人。

如以往一样，朱棣还询问了李景隆手下将领的名字，当得知李景隆军的先锋由一个叫平安的人担任时，他的部下惊奇地看到，朱棣那一贯冷静的面容上居然闪过了一丝惊慌的表情。

应该说李景隆在这次战役中还是做了几件正确的事情，挑选都督平安为先锋就是其中之一。

平安，对于朱棣而言，是一个极为可怕的敌人。此人不但作战勇猛，而且他对付朱棣还有一个旁人没有的优势，那就是他曾经是朱棣的部下，并跟随他作战多年，十分了解朱棣的用兵方法。

平安了解朱棣，就如同朱棣了解李景隆一样，要和这样一个知晓自己底细的人作战，实在是一件困难的事情。

但事情已经到了这个地步，无论对手是谁，都必须打下去，打到底。

朱棣率领着他的军队向白沟河挺进，当他们到达预定地点时，李景隆已经和郭英、吴杰会师，正等待着他。

这一次，朱棣看到的是比上次更多的士兵、马匹、营帐，按兵法所布，井井有条。人流来往不息，非常壮观。

不壮观是不可能的，因为这次李景隆也准备拼老本了，他一共带来了六十万人，号称百万，一定要击败朱棣。

但在朱棣的眼中，李景隆这只羊带领的六十万人并不可怕，在他眼中真正的敌人只有平安。

他特地嘱托诸将："平安这小子，原来曾经跟随我作战，十分了解我用兵的方法，别人都不要管，一定要先把他打败！"

其实根本不用朱棣嘱托，因为在得知朱棣大军到来的消息后，平安已经开始了他的第一次冲锋。

大战的序幕

北军到达白沟河后，在苏家桥宿营，可是十分不凑巧的是，他们正好遇到了先锋平安的部队。平安应该算是一个极其勇猛的人，在战斗中从来都不喊"兄弟们上"之类的话，却经常表现出"同志们跟我来"的道德风尚。

这次也不例外，他抄起长枪以身作则，带头向北军冲去。在上次战役中有良好表现的瞿能父子看见主将冲了上去，也不甘示弱，紧跟平安发起了冲锋。他们手下的士兵被这一情景惊呆了，愣神后终于反应过来，领导都冲锋了，小兵怎么能待着不动！

于是平安的先锋军就如发疯般冲入北军营中，大肆砍杀，往来纵横，大败北军。北军也没有想到，在他们眼中一向柔弱的南军竟然如此勇猛，毫无思想准备，纷纷溃退。

刚开战就出现这种情况，是北军没有预料到的，无奈之下，他们只得撤退。由此可见，榜样的力量是无穷的。

但是北军的噩梦还没有结束，因为另一位将领郭英已经为他们准备了一份意外的礼物。

郭英从真定出发，比李景隆晚到白沟河，他的军队中虽然没有平安那样的勇将，却携带着大量新式武器——火器。而从史料分析，这些火器可以被埋在土里攻击敌人，那么我们就可以给这种火器起一个现代的名字——地雷。

在平安与北军交锋时，郭英并没有闲着，他预计到了北军的行动路线，在他们的必经之路上埋下了大量地雷。当北军被击败并撤退时，他们及时收到了郭英的这份大礼。

可怜的北军并没有探雷器，也没有所谓的工兵，要想过去，只能拿人来排雷了，于是大家一拥而上，踩上地雷的只能算你运气不好，下辈子再投胎，运气好的算是捡了一条命。史载，此战中燕王朱棣"从三骑殿后"，我曾一直为朱棣同志这种舍己为人的精神所感动，但综合起来看，似乎并不尽然，此举甚有引人为己排雷的嫌疑。

殿后的朱棣没有被地雷炸，却也有了不小的麻烦。由于北军大败，情况混乱，等到休战时已是深夜，伸手不见五指，朱棣竟然迷了路。当然，在那个地方，是不可能找民警叔叔问路的。

朱棣只好下马趴在地上辨别河流的方向（这个动作似乎并不雅观），找了半天，才弄清楚东南西北，这才灰头土脸地回到自己营中。

回到营里的朱棣越想越气，自出兵以来，如此狼狈不堪还是第一次，愤怒驱使他做出了一个大胆的决定，不再像以往一样整顿部队。命令各位将领立刻整兵准备出战，天明之时，即是决战之日！

李景隆十分兴奋，他终于看到了一次胜利，这说明朱棣也是普通人，他也是可以战胜的，自从战败以来，将领们的指责、士兵们的抱怨每时每刻都缠绕着他，无形的压力使得他抬不起头来，现在洗刷耻辱的时候终于到了。

朱棣，我的光荣在你身上失去，就从你的身上拿回来！

双方在同一个夜晚，准备着同样的事情，擦亮盔甲，磨砺兵器，等待着天明的一刻。对于他们中的很多人来说，这将是最后一个夜晚，他们不会去思考自己人生的意义，对于他们而言，唯一要做的就是等待那个时刻的到来，然后拿起刀剑去杀戮那些自己并不认识的人。

这个夜晚无比漫长，却又极其短暂。

决战的时刻终于还是到来了。

朱棣率领着他的全部人马列队走向了战场，在对岸等待他的是李景隆的六十万大军。

可怕的平安

战役仍然是由南军发起的，在昨天有着良好表现的平安和瞿能更是不讲客套，卷袖子抄家伙就上，但你若认为此二人有勇无谋，你就错了。他们冲击的不是北军的正面，而是后翼！

平安和瞿能带着自己的军队绕了很大的一个圈子，跑到了北军的后面，他们选择的攻击对象是房宽率领的后军。平安一马当先，杀入敌阵，用长枪横扫北军，先后击伤多名北军大将，竟无人可挡！在这两个狂人的指挥下，房宽军很快崩溃。

朱棣的作战计划就这样被打乱，在纷乱的局势中，他做出了冷静的判断，要想取胜，唯一的方法就是全力攻击李景隆中军，只要中军被击退，战局就一定会大为改观。

为达到这一目的，他命令大将邱福率军进攻对方中军，邱福领命后奋力攻击李景隆中军，却没有丝毫效果，李景隆的中军岿然不动。在这次战役中，邱福辜负了朱棣的期望，而后来的历史事实证明，这并不是他最后一次让朱棣失望。

邱福的失败虽然让朱棣有些失望，但并未影响他的计划，因为从某种程度上来说，邱福只是他引开对方注意的一个棋子，那致命的一着将由他自己去下。

与朱棣交过手的人会发现，此人虽有善战之名，却喜欢用阴招。他很少从正面冲击对手，而是常常从对方的侧翼发动突然攻击。此正是兵法中所谓"以正合，以奇胜"，也是朱棣指挥艺术中最大的特点。

这次也不例外，就在他对邱福发出进攻中军的命令之后不久，他便亲率大军绕到李景隆军左翼，他将在那里彻底击溃李景隆。在以往的无数次战役中他都是用类似的手段取得了胜利，他相信，这次也不例外。

可是当他到达敌军左翼准备发动进攻时，却听见了自己后军的嘈杂声，让他万万没有想到的事情发生了。李景隆军居然以其人之道还治其人之身，在朱棣转向的同时抄了他的侧翼，并发动了进攻。现在北军已陷入苦战。

这下朱棣傻眼了，他万没有想到战局会发展到这个程度，其中有很大一部分原因在于他把李景隆当成了真的白痴。要知道李景隆虽然会出现间歇性弱智的病状，大部分时间却还是个正常人，他已经在朱棣的这一招上吃了很多亏，无论如何都会长记性的。

此时的朱棣已经陷入极其危险的境况，他深入敌境，已成为众矢之的。南军已经将他团团围住，只等着拿他邀功请赏。

朱棣的危局

在这种情况下，朱棣展现了他的勇将风范，等别人来救是不现实的，只有自己救自己。往年征战练就的真功夫此时派上了用场，朱棣如同困兽一般，奋死拼杀，他先用弓箭射击敌军，随身携带的箭支射完后，他又抽出随身宝剑，乱砍乱杀，结果连剑也被砍断，坐下战马已经换了三匹，鲜血染红了他的盔甲，他也实在无法支撑下去了。

朱棣明白，继续在这个地方待下去定会死无全尸，这么多人围着，即使每人只砍一刀，把自己剁成肉馅包饺子也是绰绰有余的，他决定退回河堤。

可是仗打到这个地步，不是他想退就能退的，等他千辛万苦到达河堤时，南军大将平安和瞿能也如约赶到，如果不是部下拼死相救，只怕战役就到此结束了。

眼见战局大好，李景隆发布了命令：全军总攻！

北军只能苦苦支撑，此时的朱棣已经没有任何预备队和后招，而李景隆的大军正向河堤逼近，这是朱棣有生以来最为危急的时刻。眼看九五之尊的梦想就要破灭，万念俱灰的朱棣似乎已能够感受到冰冷的长枪刺入自己身体时的感觉。

就在最后的时刻，朱棣居然想出了一个不是办法的办法，他决定再玩一次花招。

他不顾危险，骑马跑到河堤的最高处，不断地挥舞马鞭做出召唤人的动作，这似乎有剽窃《三国演义》中张飞守长坂桥的手法的嫌疑。朱棣这样做并不是想成为箭靶子，他的行为类似今天街上的流氓打架时那一声吆喝："你小子别走，等我叫人来收拾你！"

但这一招是否有用并不取决于朱棣本人，而是取决于另一个人的愚蠢程度，他之所以要跑到高处，也正是希望自己的这个举动被此人看见。

这个人就是李景隆，这一次他又没有辜负朱棣的期望，看见朱棣的这一行动后，他做出了错误的判断，即认为北军有埋伏，随即号令南军退后。就趁着这个时机，朱棣终于逃离了河堤，北军也获得了暂时的喘息之机。

李景隆虽然判断错误，但他毕竟仍然占据优势，而此时的朱棣却是真正的叫苦不迭。自从起兵到现在，还未经历过如此惨烈的战役，自己的全部军队已经投入战场，再也拿不出一兵一卒，而自己本人也已经身被数创、极度疲惫，难道自己长达十余年的准备和隐忍就要到此结束吗？

不会！绝对不会！坚持下去，只要能够坚持下去，事情一定会有转机的！

就在这样的信念支持下，朱棣率领他的军队继续与南军血战。

坚持固然是可贵的，但是坚持就一定能够换来胜利吗？从此时的战局来看，朱棣翻盘的机会微乎其微，看来除了指望老天爷帮他外，其他的可能性都不存在了。

而且如果朱棣真的相信有老天爷的话，他恐怕也不会造反了。

朱棣的厄运还远没有到头，此时的北军虽然处于劣势，但由于其素质较高，一时之间倒也能够形成僵持的局面，然而就在此刻，南军的一名将领又发动了新的攻势，打破了这个僵局。

大将瞿能是南军中最为勇猛的将领之一，仅次于平安，而在这场战役中，他更是极其活跃，状态上佳，如同打了兴奋剂一般。他左冲右突，砍杀了无数北军士兵，勇猛过人。但此人绝非只有匹夫之勇。

在僵持的战局中，他以自己敏锐的直觉察觉到了战机，朱棣已经抵挡不住了，只要再来一次冲击，他就会被完全歼灭！成此大功，舍我其谁！

此时战场上的士兵们已经杀红了眼，自天明打到中午，双方队形已经完全混乱，夹杂在一起，仅凭衣着展开激战，完全谈不上什么战术了。

瞿能以其冷静的头脑组织了大群士兵，并将他们重新整队编排，他要发动最后的攻势，彻底打败朱棣！在准备妥当后，他大呼"灭燕！灭燕！"的口号率先向北军发动冲锋，士兵见主帅如此拼命，大受鼓舞，纷纷冒死向敌阵冲去。

瞿能的冲锋彻底打乱了朱棣的防守体系，原本已经十分薄弱的防线又被南军骑兵分割成几段，看来朱棣的天子之路就要到此为止了。

但接下来却发生了一件匪夷所思的事情，这件事出乎所有人的意料，而其诡异之程度实在不能用历史规律来解释。

此事发生在瞿能发动冲锋、朱棣军队即将崩溃时，要形容这件事情，必须换用《封神榜》或是《西游记》中的语言："本是晴空万里之天，突然天地变色，飞沙走石，妖风四起，但见那妖风缠绕营中帅旗，只听得咔嚓一声，旗杆折断，大旗落地！"

这件事实在令人匪夷所思，这风早不刮晚不刮，单单就在这个时候刮起来，这么大的战场，刮点什么不好，偏偏就把帅旗刮断了。若非此事载于正史，实在让人难以相信。

南军蒙了，这个变故是谁也没有想到的。当时的士兵们十个里面有九个都是封建迷信的受害者，朱棣起兵时房上掉两片瓦，都要费尽口舌解释半天。如今连打仗的旗帜也被吹断了，就如同做生意的被人砸了招牌，惶恐不安之际哪里还有心思去打仗？

而朱棣却是大喜过望，他的运气真是太好了，毫无出路之时竟然出现如此转机，其发生概率大概相当于我们今天买两块钱彩票中五百万巨款。当然更让他想不到的是，在他后来的军事生涯中，他还会再中两次五百万。

朱棣是一个能够抓住战机的人，他趁着南军惊恐不安之时，绕到南军后侧，发动了猛攻，南军惊慌失措之余无力抵挡，全军溃败。朱棣好人做到底，送佛送上天，借着风势顺便放了一把火，火借风势，风助火威！在漫天大火之中，北军发动了总攻击。

突然发生的变化，让瞿能大为意外，回眼望去，大本营已经陷入一片火海，士兵们四散奔逃,北军骑兵到处出击追杀逃跑的南军。败局已定,大势已去,而自己突入敌阵已被重重包围,想要突围也是不可能的事了,他回望一直跟随自己拼杀的儿子,苦笑道:

"今日即在此地为国尽忠吧。"

随即率军奋死拼杀,父子最终死于阵中。

南军大败,最能作战的平安也撑不住了,抵挡不住北军的攻势,率军败走,而素来有逃跑传统的李景隆更是二话不说,率大军向南方逃窜。老前辈郭英也不甘人后,估计他对李景隆失望至极,逃命都不愿意和他一起走,独自向西逃去。

此战南军损失十余万人,其余全部逃散,所谓兵败如山倒。朱棣自然不会放过追击的机会,他下令北军全线发动反攻,誓要将南军六十万人全部一网打尽。按照战场的形势,他本来是很容易达成这个愿望的,但一支军队的出现打破了他的美梦。

当朱棣追击时,意外地发现一支士气高昂、未受损失的精锐部队挡住了他前进的路线。率领这支军队的正是徐辉祖。

此战开始之前,朱允炆曾单独召见徐辉祖,并交给他为大军殿后的任务。因为朱允炆虽将大军交给李景隆,却也对此人的指挥能力有所怀疑,为以防万一,他特地让徐辉祖断后。没有想到这一招竟然真的起了作用。

徐辉祖的掩护为军队的撤退赢得了时间,也为下一次的反攻保留了力量。

白沟河战役结束了。在此战中,朱棣战胜了强大的南军,虽然胜得有些侥幸,但毕竟还是胜了,他从此初步掌握了战场的主动权,而此战的胜利也使他的声望达到了顶点,即使是他的敌人也不得不承认,朱棣确实是这个时代最为优秀的将领。

而京城的朱允炆应该也从此战中获得了不少教训和经验。在我看来,至少有三条:一、李景隆确实是军事蠢材,应该像扔垃圾一样扔掉;二、环境保护是个大问题,应该多搞点绿化,防止大风扬沙天气的蔓延;三、旗杆应该换成铁制的,不可偷工减料。

获得胜利的朱棣带着满身的伤痛和疲惫回到了自己的大营。这实在是他经历过的最为艰苦的战役，若不是那场大风，胜负属谁还很难说，但不管怎样，他还是赢了。

自从起兵以来，他终于能够睡个安稳觉了，李景隆的六十万大军被打败了，是被仅有十余万军队的自己打败的！

这是一个了不起的成就，自信一点点在他的胸中蔓延开来，他甚至开始认为，这个时代就是为自己而设置的舞台，在这个舞台上，没有人可以做他的对手。他将继续独自表演，直至走向这条天子之路的终点。

放眼天下，何人是我敌手！

就在朱棣为他自己的战绩得意时，李景隆的拙劣表演还没有结束。他抵达德州没多久，北军就追了过来，李景隆二话不说就弃城逃跑，他忠诚地完成了为朱棣运送军用物资的使命，给北军留下了上百万石粮食。而得到粮食的北军似乎从这位运输大队长身上尝到了甜头，继续追着他不放，一直追到了济南。

朱棣原先的军事行动都是在自己属地附近进行的，所以南军即使被击败，也可以再次组织进攻，但是这次不同了，如果北军占据了济南，他们就将占据这个水陆要冲，退可保北平，进可攻京城。这就好比在朱允炆家门口修了个炮楼，什么时候心血来潮就打两炮过去，到那个时候，南军就真的回天无力了。

可是局势已经到了这个地步，南军的最强主力也已经被击败，谁还能挽救危局呢？

其实朱棣也是这样想的，朱允炆手下那几条枪他闭着眼睛都能数出来，还有什么人能抵挡自己呢？他已经收拾好行李，准备去城内的大明湖钓鱼了。

到此为止吧，朱棣，上天毕竟还是公平的，你所期待的对手已经到来了，他就在你眼前的这座城市里等待着你！

第二十九章

朱棣的对手

在李景隆战败后的一位山东官员挺身而出,力挽狂澜于既倒,不能挽救战败的结局,但他并不能改变战败的结局,候,他跟随李景隆撤退,一路上,他不断地远远慢于这位长腿主帅。但李景隆溃败的速度要收拢那些被击溃的士兵,并将他们组织起来,在当时人们的眼中,这实在是一种让人很难理解的行为,所谓大厦将倾,独木难支,而且随着李景隆的溃败,沿路的各府县都闻风

一个管粮饷的人

在李景隆进行白沟河之战时,一位山东的官员承担了为李景隆大军押运粮饷的任务,他很尽责,粮饷从来不缺。但他的辛勤工作并不能挽救战役失败的结局。李景隆溃败的时候,他跟随李景隆撤退,但他撤退的速度要远远慢于这位长腿主帅。

一路上,他不断地收拢那些被击溃的士兵,并将他们组织起来。在当时人们的眼中,这实在是一种让人很难理解的行为,所谓大厦将倾,独木难支,而且随着李景隆的溃败,沿路的各府县都闻风而降。江山随时可能易主,大家都已经开始为自己将来的前途打算了。可是这个人却仍旧干着这样的工作,其实不只官员和将领们不理解,连他收容的那些士兵也不理解,他们不知道这个人为什么要收容他们,准备把他们带到哪里去。

"济南。"他说道,"我们要去守卫济南。"

"主帅都跑了,大人您能守得住吗?"

"我是山东参政,是朝廷委派的官员,这是我的职责。"

这个按时运送粮饷、尽职尽责、在危急时刻挺身而出的人叫作铁铉。

铁铉,河南邓州人(今河南邓州市),他的履历并没有什么引人注目之处,但让人吃惊的是,他是一个不懂军事的知识分子,洪武年间他由国子监生直接被授官为礼部给事中，建文帝登基后被任命为山东参政。

然而就是这么一个不懂军事的知识分子挑起了那副谁也不愿承担的重担——挽救国家危亡。

铁铉并不是那种幼年熟读兵法、闻鸡起舞的游侠之人，在此之前，他的人生就是读好书和做好官。第一次看到战场上血腥屠杀的场面，他也犹豫和胆怯过，以他的官职，如果愿意投奔朱棣，是能够捞个好前途的。但他最终选择了坚持自己的原则和信念。

因为在他的眼中，朱棣并不是什么遭受奸臣迫害、被逼靖难的英雄，而只是一个搅乱太平盛世、图谋不轨的乱臣贼子。他的道德观念使得他无法去接受这样一个人成为国家新的主宰。

不接受是容易的，但要挺身而出反抗就难了。铁铉虽然是个书生，却也明白战争绝非儿戏，如果选择对抗，他就将面对这个时代最为优秀的统帅——朱棣。

在他组织士兵赶往济南的路上，他遇到了一个叫高巍的人，正是此人坚定了他的意志。

高巍，辽州（今山西左权县）人，他与铁铉很早就相识，且情谊深重。就在官员们纷纷跑去投靠朱棣时，高巍却从朱棣的属地里逃了出来，他的目的和铁铉是一致的——以身许国。

铁铉在临邑遇到了这位老相识，两人抱头痛哭，表明心迹，立誓尽责守护济南，至死方休。

即使你的敌人无比强大，即使你没有好的应对方法，但只要你有敢于面对强敌的决心和勇气，你就会发现，奇迹是可以创造的。

铁铉和高巍两个人以必死的决心带领一群残兵奔赴济南，可当他们到达济南后，却意外地发现李景隆又吃了一次败仗。原来李景隆一口气逃到济南后，整顿了部队，此时他的手下还有十几万人。他本打算抵抗一下，没有想到朱棣没有留给他这个机会。

第二十九章　朱棣的对手

朱棣率领大军向李景隆发动了猛烈的进攻，而李景隆已经被打出了恐朱症，一触即溃，这次他逃得更为彻底，单枪匹马跑了回去，把十几万将士都送给了朱棣。

铁铉就是在这种情况下进入济南的，他不会想到，作为一介书生的他将在这里立下不朽功绩，并为这个城市的人世代传颂。

就在济南城中，铁铉遇到了另一个影响他一生的人，此人叫盛庸，是李景隆手下的都指挥使。这位盛庸名中虽有一个"庸"字，但他本人却绝不昏庸。相反，他是一个极具军事才能的将领，不过在李景隆的手下，再有才能的人也是没有用的。

李景隆的逃走对他们而言也算是一件好事，铁铉和盛庸终于可以摆脱这个蹩脚的家伙，去创造属于他们自己的奇迹。

济南的坚守

此时的济南城里，挤满了人心惶惶的逃难百姓和打了败仗的残兵败将，治安情况也不好，有战斗力的士兵极度缺乏，铁铉面对的就是这样一个烂摊子。而且上天也没有给他更多的时间，朱棣已经带领着他的十几万军队准备攻城了。

这又是一场看似胜负悬殊的较量，很多人如果处在书生铁铉的角色上，早就开门投降了。事实摆在那里，李景隆最强大的六十万军队已经被打垮了，现在城内不过是些漏网之鱼，而论军事素养，铁铉等人更是无法和朱棣相比。

朱棣似乎也是这样认为的，他一反常态，不再畏首畏尾，而是第一次主动采取攻势，他把自己的所有军队列队扎营于城下。他已经打败了所有强大的敌人，拥有了更强的实力，无数的州府都投降了他，但出乎他意料的是，眼前的这座柔弱不堪的城池居然不投降，而且挡住了自己的去路！

他决定改变自己的战术，硬拼一下，他要让这座城市彻底屈服于他。

朱棣过于得意忘形了，他似乎忘记了他当年是怎样战胜比自己强大的敌人的。决定战争胜负的并不一定是先进的武器和士兵的数量，而是人的决心和智慧。

善守者潜于九地之下

铁铉虽然不是科班出身，不懂得军事，但他是一个极有悟性的人，他在严酷的战争中锻炼了自己，了解了战争的规律，并最终被推举为济南城的镇守者。而具有丰富军事经验的盛庸更是成为了他的得力助手，这两个人的组合将在今后数年内让朱棣寝食难安。

朱棣在准备妥当后，派遣士兵向济南发动了进攻。北军日夜攻打，铁铉亲自在城上指挥战斗，身先士卒，他的这种行为感动了原本垂头丧气的士兵们，在这些战败者的眼中，铁铉是一个可以信任和依靠的人。在铁铉的鼓舞下，防守官兵士气大振，连续打退朱棣多次进攻，北军在城下徘徊数日，始终不得门道，每天除了抬回无数具尸体，再无任何进展。

朱棣向来不是一个蛮干的人，他观察了济南的地形后，想出了一条很是毒辣的计策。他决堤放水，希望用洪水淹没济南城，并摧毁城内守军的意志。这一招确实厉害，守军是不可能一边游泳一边打水仗的，而这种人为的灌水法用编织袋是堵不住的。眼看城池就要失守，但铁铉并不慌乱，他想出了一个绝妙的方法，不但可以缓解眼前的危机，还有希望毕其功于一役。

铁铉的计划是这样的，他预备了一千人前去诈降，并希望朱棣单骑入城接受投降，以表明他的诚意。他相信，在危急时刻的投降，朱棣是不会怀疑的。

果然，朱棣上当了，他真的是一个人来的，济南城城门大开，似乎在等待着它的新主人的到来，而实际上，这座不设防的城市是铁铉张开的一口麻袋，正等待着猎物的到来。

就在朱棣骑马即将进入城内时，城内忽然有人叫了一声："千岁！"

这是行动的暗号，叫声未绝，麻袋已经收口，从城门上突然降下类似武侠片中机关的铁板，意图将朱棣困在城内。

这算得上是一个极为精妙的设计，可惜，那位操作的仁兄手稍微急了点，铁板没有隔住朱棣，却正好打在他的马头上。朱棣被这道天降铁板搞蒙了，他慌不择路，立刻换了一匹马逃命去了。

这件事情使得朱棣十分气恼。他难得信一回别人，却被欺骗了，他那并不纯洁的心灵受到了铁铉无情的伤害，于是他再次命令士兵猛攻济南城，但济南仍旧防守严密，朱棣一连打了三个月，都没有任何进展。

为了打破僵局，朱棣决定使用他最后的秘密武器——大炮。明代的大炮已经广泛应用于战场。在靖难之战中，南、北两军都使用这种武器，但总体而言，北军使用的频率要少得多。究其原因，可能是由于北军以骑兵为主，而朱棣的战术是突袭，这样的战术特点决定了他们不愿意也不可能随时带着这些动辄几百公斤重的大家伙。但现在既然是攻城战，大炮就派得上用场了。

这下铁铉终于要面对他镇守济南以来最大的危机了。当时铁铉的手中没有火箭炮，凭着火铳和弓箭也是不可能摧毁对方的炮兵阵地的，他只能眼睁睁地看着北军士兵一边唱着小曲，一边装填弹药，然后点燃引线，把特制的礼物——各种大铁球，以空降的形式送给自己。

当然了，能人总是能够从没有办法的地方想出办法来的。如果铁铉真的无计可施，让北军就此攻破城池，相信济南城内就不会到今天还有纪念他的铁公祠了。顺便说一句，我也去拜过，因为即使单凭他处理这次炮轰济南的危机时表现出来的智慧，他也有资格被后人崇拜了。

正当朱棣准备好大炮和弹药准备炮轰济南城时，城头上出现的一幕让他目瞪口呆。

他立刻下令不许开炮。因为当他看到城头上铁铉挂出来的那些东西时，他知道，打不打得下济南只是小事情，要是开炮把这些玩意儿打坏，那才真是大麻烦。

到底是什么东西让朱棣如此投鼠忌器呢？铁铉手中似乎也没有什么值钱的东西了，而且即使有什么值钱的玩意儿，只要开炮打进城去，所有的一切都将归自己所有了，还忌讳什么呢？

事情滑稽就滑稽在这里，铁铉挂出的这些玩意儿一点也不值钱，但却是真要命，就算你打死朱棣他也是不敢开炮的。

因为铁铉同志找人连夜做了十几个大牌子，上面工工整整地写了"大明太祖高皇帝神牌"几个大字，挂在城墙的四周。

这些木牌子真是比防弹衣还顶用，朱棣在城下气急败坏，破口大骂，但就是不敢动真格的，而这一切都早在铁铉的预料之中。

这个世界上的事情没有朱棣不敢干的，他敢对皇帝无礼，敢瞧不起皇帝，还敢公开造反，而这些木牌不过是用普通的木头写上几个字而已，为什么铁铉断定朱棣绝对不敢损坏这些木牌呢？

如果说当时有心理战的话，那么铁铉应该就是其中高手，他准确地抓住了朱棣的弱点。朱棣弱点并不多，但确实是有的。他的弱点就是出兵的理由。

虽然天下所有的人都知道朱棣是反贼，但是朱棣毕竟还是有一定的理论支持的，这个支持就是他老子朱元璋的遗训，所谓藩王靖难、扫除奸臣是也。其实也就是用爷爷来压孙子。可是现在铁铉挂出这些自己父亲的神牌，如果用大炮攻城的话，岂不是连老爹的灵位也敢毁？

这是万万使不得的，朱棣何尝不知道这些所谓神牌可能是铁铉派人上山砍了木头下来，找几个测字先生写的，有何神圣性可言？但奇怪就奇怪在这里，大家都知道这玩意儿是假的，可就是没人敢动手去砸了它。而朱棣这种既当婊子又想立牌坊的心理也被铁铉充分利用，弄出了这么一幕滑稽戏。

城下的朱棣大炮齐备，兵马强壮，只要命令开始攻击，济南唾手可得，可他暴跳如雷，有怒难发，就是不敢开炮。城上的铁铉得意扬扬，敲打着那些昨天可能还是山中林木的所谓神牌，以挑衅的眼光看着下面的朱棣，就差喊出"向我开炮"这样的豪言壮语，那意思似乎是说：有种你就开炮啊！

朱棣没种开炮，只好收兵回营。这应该是朱棣军事生涯中最为窝囊和郁闷的一天。

第二十九章　朱棣的对手

这一幕后来被很多电视剧引用，皆未注明转载。特此申明，版权所有。

朱棣终于感觉到了自己对手的强大，一群残兵败将，一个没有打过仗的书生，一座似乎踢一脚就会落下几块砖头的城池，居然挡住了自己。而这也是他开战的第一次失败。

上天是不会让一个人来主宰这个时代的，只能班师。

可是他想走就能走得了吗？

城中的铁铉敏锐地发觉了朱棣撤退的迹象，他和盛庸率军追击，狠狠地打了一次落水狗，朱棣慌不择路，一退几百里。铁铉趁势进攻，收复德州。

此战的胜利给长期以来郁闷无比的建文帝带来了一丝曙光，他晋升铁铉为山东布政使，之后又让他担任了兵部尚书。这位并非军旅出身的书生能够担任最高军事长官，实在要感谢朱元璋的清除功臣活动和李景隆的愚蠢无知。

而建文帝终于也做出了一个十分英明的决定，他撤换了李景隆总司令的职务，并将此职授予盛庸。事实证明，在当时，盛庸确实是这个职务最适合的人选。

同时，逃跑比赛冠军李景隆一溜烟回到了京城，这位仁兄实在是让人无话可说，出师时候的六十万大军输得一干二净，只剩下了他本人光着屁股跑回来。连当初保举他的黄子澄都想拿把刀砍死他，黄子澄觉得自己罪孽深重，恨透了李景隆，便联同御史大夫练子宁和御史叶希贤向建文帝慷慨陈词：立斩李景隆！

但是建文帝拒绝了他们的要求，他拒绝的理由似乎也很充分，李景隆是他的亲戚。

建文帝一向以慈悲为怀，具有博爱精神，对造自己反的叔叔都关爱有加，更何况是一个打了败仗的表亲。而且在他看来，李景隆打败仗已经是既成事实，杀掉他没有多大用处，养着他也不过每年多费点粮食，何必一定要取人性命呢？

但是建文帝错了，他不会想到这个打了败仗的李景隆其实还有着第二个身份，在不久的将来他会对局势产生重要影响。

不管怎样，南军方面终于从开战后的一头雾水、稀里糊涂的状态中恢复过来，他们确实找到了能够对付朱棣的将领，并开始积聚反攻的力量。

经过休整后，重新布置的南军准备向朱棣发动反攻，保守的耿炳文和愚蠢的李景隆将不再出现，朱棣将面对由新一代的优秀将领组成的南军最强阵容，也将迎来他人生中最为惨痛的失败。

善攻者动于九天之上

朱棣从来都不是一个被动挨打的人，在得知盛庸准备北伐后，他已经提前做好准备，开始了进攻。

建文二年十一月，朱棣向南军重兵驻守的沧州发动进攻，歼灭数万南军，并俘获大将徐凯。之后朱棣马不停蹄，继续发动猛烈进攻，攻克德州、济宁、临清等地。

此时的统帅盛庸在得知朱棣先发制人后，准确地判断了形势，并准备转攻为守，吸引北军前进，他明白小打小闹是解决不了问题的，与朱棣的决战在所难免。

他在仔细勘查地形后，选定了决战的战场——东昌，这里即将成为北军的集体公墓。

为了吸引朱棣前来决战，盛庸放弃了很多城市，避其锋芒，他有步骤地安排自己的军队节节后退，以引诱朱棣继续前进。他相信，济南的失败必然会使得朱棣更具有进攻性，也更容易掉进自己布下的陷阱。

盛庸的估计是正确的，此时的朱棣确实有着比以往更强的进攻欲望，济南的失败让他寝食难安，特别是铁铉使用挂神牌这样的手段逼退自己更是让他有被人要弄的感觉。但他还是有充分的自信的，即使铁铉再聪明，那也只是防守的本事而已，真正决定战场胜负的还是进攻。

若论进攻，放眼天下，有何人可与自己匹敌！

他并非没有察觉到盛庸的企图，但他有着充分的自信，在他年少时，已经投身军伍，得到过无数名将的指点，经历过战场的血腥厮杀，他战胜了无数可怕的敌人，有着充足的战斗经验，南军的那些将领，不是太老，就是太嫩，不可能成为自己的对手。

在南军中堪称自己敌手的只有一个平安，此人确实是一个劲敌，如果他成为南军统帅，倒真是难以对付，但可喜的是朱允炆似乎又犯了一个错误，他任命李景隆手下的都督盛庸接替了指挥位置，让平安做了盛庸的副手。

他也事先探察过敌军主帅盛庸的情况，果然不出他所料，盛庸并没有什么耀人的功绩，原先只不过是李景隆的部下，而且此人有一个弱点，那就是不善于指挥骑兵。

在冷兵器时代，骑兵是战争中的主力兵种，以往在对付外来游牧民族入侵时，骑兵是最主要的军事依靠。而在朱棣的那个时代，南北军中公认最为优秀的骑兵将领恰恰是朱棣本人。他曾亲率大军深入大漠，清剿北元，积累了丰富的军事经验。他还有着足以自傲的指挥能力和强壮的士兵，而对手却只是自己手下败将的部下，与自己相比，盛庸不过是一个无名小卒。

在朱棣看来，这场战役是没有悬念的，他坚信在面对面的交锋中，精锐的北军骑兵将摧枯拉朽般把敌人打得粉碎，而自己将注定是战役最后的胜利者。

不过事实证明，每个人固然有自己的短处，但也必然有着自己的长处。盛庸虽然没有朱棣那样优秀的骑兵指挥能力，但他也有自己擅长指挥的兵种。

朱棣的大军仍在前进，同年十二月，北军先后攻占了东阿、东平等地，不断向盛庸预先设计的战场——东昌前进。

在离东昌不远的滑口，朱棣遭遇了盛庸手下大将孙霖带领的前锋部队。似乎与他所预想的一样，盛庸的军队不堪一击，他没有费多大工夫就击溃了对手。这使他更加相信，盛庸将和李景隆一样，败在他的手下，然后灰溜溜地逃回去。意气风发的朱棣终于摆脱了济南作战的阴影，他率领着十余万大军抵达了最终的决战地点——东昌。

盛庸正在这里等待着他。

说起盛庸这个人，还真是有几分传奇色彩，《明史·盛庸传》第一句话就是:"盛庸,不知何许人。"看似滑稽的语言说明这是一个生平不明的人,用今天的话来说就是黑户,出生地、出生日期、父母皆未注明。但有一点是清楚的,那就是他打过很多败仗。

他先在耿炳文手下当参将,经历了真定之败,然后随着李景隆代替了耿炳文的位置,他就转而跟随李景隆。应该说在李景隆的手下,盛庸还是学会了很多东西,比如打败仗后如何逃跑、如何选择逃跑路线、如何收拾残兵败将,等等。

在那一次又一次的失败战役里,他已经习惯了战败者的角色,他似乎是在被人追逐中度过自己前两年的军事生涯的,人家跑,他也跑,从真定跑到北平,再跑到德州、济南,一直以来他都被像赶鸭子一样赶来赶去。

对于盛庸来说,所谓军人的尊严在他那里不过是一句笑话而已,失败、逃亡、再失败、再逃亡,如同丧家之犬一样的生活还有什么尊严可言?

当然,如果盛庸就这样混下去,那么在历史上也就不会有《盛庸传》了,他在历史中最多会留下一句诸如某将名盛庸被斩于某役中的记载。后来的事实证明,他是一个有着卓越军事才能的人。

盛庸多次在阵中看到过朱棣的身影,朱棣那快速的进攻和突破,选择时机的突然性和准确的战场判断力都给他留下了深刻的印象,每次当他看到朱棣身先士卒,率领他的精锐骑兵来往纵横、无人可挡的雄姿时,他都会产生无尽的感慨和疑问:这个人是可以战胜的吗?

在一次次的失败中,盛庸不断地学习着,他渐渐地摸清了朱棣的进攻套路和方法,即以骑兵突击侧翼、正合奇胜的军事策略。

在白沟河之败后,他逃到了济南,见到了并非军伍出身的铁铉,在那危急的时刻,他与铁铉齐心协力,终于第一次击败了朱棣的军队。这件事情让他认识到,朱棣并不是所谓的战神,他也是可以被击败的。

在经过仔细谋划后,他根据朱棣的攻击方式专门设定了一套独特的战法,并在东昌设下战场,准备迎击朱棣。

其实盛庸的心里也很清楚,济南之战的胜利多少有点侥幸,而要想在野战中战胜朱棣就十分困难了。朱棣统率的北军长期以来都依靠骑兵为其主力,多次征伐蒙古，极善野外作战，而盛庸也确实如朱棣所料，他并不是一位卓越的骑兵指挥官，但他敢于迎战朱棣，是因为他有着自己擅长使用的秘密武器和应战方略。

前哨已经向盛庸报告了朱棣到达东昌的消息。盛庸知道，他终于要面对这个可怕的敌人了，这一次战役中，自己不再需要向任何人去报告军情了，但这未必是一件好事，因为所有的责任和重担都压到了自己的身上，再没有任何人可以依靠。

出乎盛庸手下将领的意料，盛庸并没有选择坚守城池。这些将领都和盛庸一样，在数次败仗中吃够了朱棣的苦，深知其厉害，对于正面与朱棣作战都存在着或多或少的恐惧心理。所以当盛庸宣布他将列队背城迎战时，手下将领一片哗然，争论之声四起。

盛庸并没有说话，他坚持了自己的部署。

背城而战，有进无退，有生无死！再也不能逃跑了，即便是为了军人的尊严，也要决一死战！

朱棣，就让你看看我这个无名小卒的厉害！

东昌决战

朱棣带领着他的精锐部队来到了东昌，开始了与盛庸的决战。正如他所料，盛庸的军队中骑兵既不多也不精，但这些士兵却装备了另一种武器——火器和弓弩。

盛庸深知，要在骑兵对冲中战胜朱棣，无异于痴人说梦，于是他发挥了自己的特长，大量装备了火器和弓弩。为了增加杀伤力，他还命人在弓弩的箭支上涂抹了毒药，不给北军负伤后等救护车的时间，务必做到一击必杀。

朱棣看见这个阵势，终于明白了来者不善，但箭在弦上，不得不发。

一声号令之下，朱棣亲自率领骑兵攻击，如以往一样，他选择的攻击方向还是盛庸军的左翼，但在他全力攻击之下，左军竟然岿然不动。朱棣反复冲击，却毫无效果。

朱棣的这一招实在是老掉牙了，盛庸对此早有准备。他不但派重兵保护自己的左翼，还设计了一个朱棣做梦也想不到的圈套。

进攻失败的朱棣及时调整了军队部署，他决定改变突破口，以中央突破战术攻击盛庸中军，以求获得全线击溃之效。他重整了部队，转移到了中军方向，准备发起一次致命的攻击。但他预料不到的是，当他威风凛凛地整肃队伍准备进攻时，他和他的部队已经站在了盛庸的麻袋口上。

很快，朱棣率领他的骑兵发动了最大规模的进攻。如他所料，盛庸的中军一触即溃，纷纷向后逃散。朱棣大喜，发动全军追击敌人。可是他的追击没有持续多久，朱棣就惊奇地发现，越往里突进，南军的人数越多，而且他们并不像是逃散的士兵，手中都拿着火器和弓弩，正瞄准着自己的军队。

一个念头瞬间闪过朱棣的脑袋："上当了！"

这正是盛庸的计划，他料定朱棣左翼攻击失败后会转而攻击中军，便设下陷阱，遇朱棣攻击时安排中军后撤，待其进入包围圈后再进行合围发动进攻。

朱棣又一次陷入了危机之中，这一次他不可能如白沟河之战那样去欺骗敌军主帅了。盛庸不是李景隆，而且朱棣已经成为囊中之物，他这次就是把马鞭挥断，也不会再有任何效果了。

救兵

此时在包围圈外，还聚集着朱棣的大批士兵，但由于主帅被围，大家都不知所措。经验告诉我们，关键时刻总是会有英雄人物出现的，这次充当英雄的是朱能。

他紧跟朱棣攻击南军，但在一片眼花缭乱的阵法变换之后，他发现自己把主帅给丢了，这还了得！再不把人找到，全军就有崩溃的危险！

当他得知朱棣已被包围时，立刻率领自己的亲兵向南军包围圈猛冲。此人实在是少有的勇猛忠义之人，也是出了名的不要命，之前他有过带领三十余人追击数万大军的光辉纪录。这一次他也没有让朱棣失望，左冲右突之后，他居然在乱军中找到了朱棣，并和他一同冲出重围。

此时远处指挥的盛庸怒不可遏，他没有想到自己花心思设计的圈套居然还是被朱棣跳了出去。既然朱棣已经逃走了，那就去攻击北军士兵，一个也不要让他们溜走！

所谓有失必有得，盛庸设置的圈套虽然没有能够套住朱棣，却套住了另一个人。

朱棣被包围之后，最为着急的并不只是朱能一人，张玉也是其中之一。他是公认的朱棣手下第一大将，在以往的战役中，曾身先士卒，居功至伟。朱棣也与他交谊深厚，眼见自己敬爱的领导被陷了进去，张玉也效法朱能，拼命冲进包围圈。

经过奋死拼杀，张玉终于冲了进去，但他看到的不是朱棣，而是死神的笑容。

此时朱棣已经被朱能救走，而杀红了眼的南军士兵眼看着到手的鸭子飞了，正想找个人发泄一下，张玉的出现正好满足了他们的愿望。于是众人一拥而上，人手一刀，把张玉砍成肉酱。此时以往被朱棣追着跑的将领们都意识到，有怨报怨、有仇报仇的时候到了。不用动员，拼死追杀，北军随即一溃不可收拾。

所谓屋漏偏逢连夜雨，破鼓总有万人捶，在这全军败退之时，偏偏朱棣的另一个克星平安又率部赶到，与盛庸合兵一处，追着朱棣跑。一生几乎从未打过败仗的朱棣就这样败在了一个无名小卒的手上。

东昌之战成就了盛庸的名声，朱棣不可战胜的神话就此打破。

所谓战场之上刀剑无眼，没有人是绝对安全的，即使是胜利的南军统帅盛庸也有被北军箭弩击中的危险。说来十分滑稽，虽然此战中盛庸大量使用了火器和弓弩，并几乎全歼了朱棣的北军，在这场战役中，最安全的人却是败军主帅朱棣。无论南军士兵多么勇猛，那些火器弓弩都不敢朝朱棣身上招呼，这也是为什么朱棣在乱军之中得以幸免的主要原因。

这一罕见现象的缔造者正是朱棣的死对头朱允炆，正是他的那道不能伤害朱棣性命的旨意使得朱棣数次死里逃生。而那些打仗的士兵并不是傻瓜，他们十分了解其中的利害关系。

朱棣和朱允炆是叔侄俩，虽然现在刀兵相见，属于敌我矛盾，但万一哪天两人决定不打了，来一场认亲大会，再来个和解，转化为人民内部矛盾，那可就大大地不妙了。朱棣没准儿还能当个王爷，闲来无事的时候写本回忆录，记忆起某年某月某日，某某人在某场战役中砍我一刀或者射我一箭，虽然那时朱棣可能仕途上并不得意，但要整个把小兵还是很容易的。

士兵们正是出于这种考虑，朱棣才在乱军之中得以幸免。朱允炆的这道指令最厉害的地方并不在于所谓不得伤害朱棣的命令本身，而是在于无数的南军将领和士兵从此命令中看到了两人和解的可能性，面前的这个敌人将来有一天甚至可能会成为自己的主人，所以动手杀朱棣这种费力不讨好的事情实在是没有多少人会去做的。

天予不取，反受其咎。

穿着防弹衣的朱棣回到了北平。虽然他本人在战役中并没有吃多大亏，但他苦心经营的北军精锐部队几乎被全歼，这才是他最大的损失。此时的北军也终于明白，他们并不是百战百胜、纵横天下的，自己的对手南军也有着很强的实力，而东昌决战的失利使得他们的士气降到了最低点。

情绪低落的朱棣照常去找自己的谋士道衍商量应对之策，但这一次他不再是和和气气、礼遇有加了。

他看着自己眼前的这个和尚，气不打一处来。如果不是这个和尚，自己也不会毅然决然地走上这条不归之路。现在说什么也晚了，只好问问这个和尚下一步该怎么办。

道衍却没有朱棣那样焦急的心态，对他而言，游戏才刚刚开始。

他不紧不慢地告诉朱棣，现在已经不能回头了，最紧要的事情应该是立刻整顿士气，为下一次的战役做好准备。

北军刚遇大败，要恢复士气又谈何容易？但道衍似乎总是有办法的，他为朱棣提供了一个可以用来做感情文章的人——张玉。

张玉被称为朱棣手下第一大将，有着很高的威信，朱棣本也对他的死去痛惜不已，便顺水推舟，为张玉举行了隆重的葬礼，并命令所有部下都要参加。由于张玉是死于乱军之中，估计是没有尸首的，所以遗体告别仪式也没法搞，但朱棣还是下足了功夫，他亲自为张玉写悼文，并当着众人的面脱下了衣服烧掉以示哀悼。虽然根据其财富估计，他的衣服很多，但这一举动却打动了在场的很多人，他们纷纷流下眼泪，表示愿意继续作战，为张玉复仇。

朱棣用他精彩的表演告诉了我们一个真理：死人往往比活人更好利用。

毫无退路

完成表演任务的朱棣疲惫地坐在椅子上，看着对面打坐的道衍。即使这个怪异的和尚已经跟了他十余年，但他依然认为这是一个奇特的人。这个和尚从不安心过日子，一心一意想造反，更让朱棣惊叹的是，此人无论碰到什么紧急情况，总是不慌不忙，悠然自得。

这是个难以捉摸的人。

朱棣深深地吸了一口气，从出兵到如今，他才真正体会到天子之路的艰难，要想获得那无上的荣光，就必须付出极大的代价。即使自己有着无与伦比的军事政治天赋，但仍然走得无比艰难，而这次失败也又一次重重地提醒了他，前路凶险无比。

朱棣似乎有点厌倦了这种生活，每一天都在担惊受怕中度过，何时是个头呢？

他又看了一眼坐在对面的道衍，这个始作俑者此刻似乎变成了一个与此事毫无关系的人。他摇摇头，苦笑着对道衍说道："此次靖难如此艰难，实出意料，若与大师一同出家为僧，倒也不失为一件乐事。"

听到朱棣的这番话，一直闭眼打坐的道衍突然间站了起来，走向了对面的朱棣，他没有如以往一样向朱棣行礼，而是做出了一个出人意料的动作。

他一把抓住朱棣的衣袖，用近乎咆哮的语气对朱棣喊道："殿下，已经无法回头了！我们犯了谋逆之罪，已是乱臣贼子，若然失败，只有死路一条！"

朱棣被惊呆了，这些话的意思他不是不知道，他也明白自己失败后的结局只有一个死，但他仍然不愿意面对这残酷的现实。不做天子，就不能再做人了。

在道衍那可怕的逼视下，朱棣带着一丝无奈的表情垂下了头。半晌，他又抬起了头，脸上已经恢复了以往那冷酷的表情。

"是的，你是对的，我们没有退路了。"

再战盛庸

东昌之战成全了盛庸的威名，这位在失败中成长起来的将领终于获得了一次真正的成功。朱允炆大喜过望，决定去祭祀太庙，想来祭祀内容无非是告诉他的爷爷朱元璋，你的孙子朱允炆战胜了你的儿子朱棣。真不知如朱元璋在天有灵，会作何感想。

而盛庸则借此战确立了他的统帅地位，朱允炆终于将军队交给了正确的指挥官，但很可惜，此刻已经不是正确的时机了。消灭朱棣的最好时机已经被李景隆错过了。朱棣虽然主力受损，但实力尚存，他终究还会与盛庸在战场上相遇的，但他不会再轻敌了。

建文三年（1401）三月，盛庸率领二十万大军在夹河再次遭遇朱棣的军队，他将在这里第二次挑战朱棣。

朱棣已经不敢再小看这位对手了。很明显，盛庸充分研究了自己的攻击特点，并找到了一套行之有效的方法来对付自己。相对而言，自己却不了解盛庸，朱棣明白只有知己知彼，才能百战百胜，这就需要详细地侦察敌军阵形和列队情况，并找出对方的弱点。

但问题在于，盛庸所擅长使用的正是火器和弓弩。如果派骑兵去侦察，只怕还没有靠近就被打成了筛子。但如果不了解敌情，此战取胜机会更是渺茫。朱棣灵机一动，他决定利用战场规则上的一个漏洞，派出自己的敢死队去侦察敌情。

应该说执行这样任务的人确实是敢死的，因为死亡的概率是相当的高，可是朱棣派出的这支敢死队却不用担心这个问题，因为率领这支队伍的正是他自己，而他身上穿着朱允炆为他贴身准备的防弹衣。

第二天一早，盛庸军全副武装列队出营，他的阵势和上次没有什么区别，以盾牌列于队伍前方及左右翼，防止北军的突袭，并装备大量的火器和弓弩，随时可以打击北军骑兵。

盛庸在中军观察着敌人的动向，不久如他所料，敌人的先头骑兵就冲了过来，但让他没有想到的是，冲过来的这个人竟然就是朱棣！

他很多次梦想过要亲手抓住朱棣，洗雪以前失败的耻辱，现在这个人竟然孤军冲到了自己的面前，大功就要告成！

然而朱棣并未接近自己所布的阵形，而是从旁掠过，很明显他的目的是侦察。此时盛庸也终于发现，自己并不能把朱棣怎么样。对付这种侦察骑兵，最好的方法就是给他一枪，把他打下马来，可是皇帝陛下的教导始终萦绕在耳边，无论如何是不能开枪或者射箭的，因为那会让仁慈的皇帝陛下担负杀害叔叔的罪名。

虽然盛庸不止一次地怀疑过皇帝这种近乎弱智的仁爱之心的适当性和可行性，虽然他很难忍受这种看得见却吃不着的极度痛苦和失落，但他还是不敢违抗命令。他只能派出自己的骑兵去追击对方，结果当然是不了了之。

穿着防弹衣的朱棣大大方方地检阅了盛庸的军队，虽然队列中的每个人都对他报以愤怒的眼神和大声的责骂，他却依然从容不迫地完成了这次检阅任务。在这个作战系统中，朱棣是一个利用规则的作弊者，而他首先要感谢的，就是这个愚蠢系统规则的制定者朱允炆。

朱棣完成了侦察任务，但却没有更好的攻击方法，因为他发现这个阵势似乎并没有破绽，无论从哪个侧面进攻都捞不到好处，盛庸实在不是浪得虚名，此人深得兵法之奥妙。朱棣看似神气地转了一圈，其实也不过是精神胜利法而已。盛庸依然在那里等待着他。

经过仔细的考虑后，朱棣仍然选择了攻击对方阵形的左翼。其实朱棣的这一行动无非是要探个虚实而已，并没有全军进攻的意思，但他的部下却不这样想，于是一件出乎朱棣意料的事情发生了。

就在朱棣发动试探性进攻的同时，朱棣的大将谭渊看见左翼大战，估计由于视力不好加上过于兴奋，误认为是正式进攻的开始，二话不说就率领自己所部投入了战斗，但当他到达敌军阵前时，才发现自己从一个凑热闹的龙套变成了主角。

盛庸在中军清楚地辨明了形势，他立刻命令后军大将庄得带领大军前去合攻谭渊，庄得在南军中素来以勇猛闻名，他在盛庸的指挥下对谭渊发动夹击，谭渊没有提防，被庄得一刀砍死。

谭渊是北军中仅次于张玉和朱能的战将，他的死对北军是一个很大的打击。但朱棣又一次发挥了他利用死人的特长，他迅速地化悲愤为力量，利用谭渊引起的南军短时间混乱发动了总攻！

盛庸是一个很小心谨慎的将领，他的战术以防守反击为主，正好克制朱棣的闪击侧翼战术，在没有判断出朱棣准确的行动方针前，他是不会发动进攻的。然而粗人谭渊的鲁莽行动使得他不得不调动中军进行围剿并打败了北军，却也露出了破绽。虽然破绽出现的时间很短。

如果他面对的是一般的将领也就罢了，可惜，他的敌人是朱棣。

朱棣是一个天生的战争动物，他对时机的把握就如同鲨鱼对血液一样敏感。

谭渊用生命换来的这短短一刻战机被朱棣牢牢地抓在了手里。

此时天色已经见黑。黑灯瞎火里搞偷袭正是朱棣的强项，他立刻率领朱能、张武等人向出现空当的南军后侧发动猛攻。在骑兵的突然冲击下，南军阵势被冲垮，军中大将、刚刚斩杀谭渊的庄得也死于乱军之中，他大概不会想到，光荣和死亡原来靠得这么近。

但盛庸实在厉害，他及时稳住了阵脚，抵挡住了朱棣的骑兵攻击，朱棣敏锐地发现了南军阵形的恢复，他立刻意识到此仗不能再打下去了，便决定撤走部队。

在撤走时，社会青年朱棣又玩了一次作弊的把戏，他仗着自己有防弹衣，便亲率少数骑兵殿后，扬长而去。这种把戏他在今后还会不断使用，并将之作为胜利的重要资本之一。

愚蠢的朱允炆并不真正了解他的这位朱棣叔叔。从某种意义上来说，朱棣是一个无赖，他可以使用任何他想用的方法，只要能够达到目的就行。而朱允炆最大的错误就在于他不知道，对付无赖，只能无赖。

回到营中的朱棣召集他的将领们召开了军事会议，然而会议上的气氛实在让人压抑。这些将领个个身经百战，他们都能看出，要想胜过对手很难，而盛庸这个原来的手下败将、无名小卒确实十分厉害。想到前路茫茫，说不定明天就要掉脑袋，这些原先张口就是打到京城、横扫南军的武将都变成了哑巴。

没有人说话，因为所有人都知道，在这种关键时刻，该说话的是带他们上这条贼船的人——朱棣。

面对着这让人难以忍受的沉默，朱棣终于发言了，他面带笑容，用轻松的口气说道：

"谭渊之所以会攻击失败，是因为他的时机把握不准，现在两军对垒，我军机动性强，只要找到敌军的空隙，奋勇作战，一定能够击败敌人！"

然后，他趁热打铁，拔出手中宝剑，大声喝道："昔日光武帝刘秀敢以千人冲破王寻数十万大军，我等又有何惧，两军交阵，勇者必胜！"

他结束了自己的演讲，用自信的眼光看着每一个人，他相信自己一定能够鼓舞这些将领的勇气。

他确实做到了，原本对胜利失去希望的人们又重新聚拢在他的周围，他们就像三年前一样相信眼前的这个人，相信这个人是真正的真命天子，能够带领他们取得最后的胜利。

可是问题在于，朱棣自己相信吗？

恐惧

将领们回营了，他们要准备明天的大战，然后享受可能是此生最后的一次美梦。但朱棣却很难睡着，因为他比谁都清楚，自己并没有必胜的把握。要鼓动别人是很容易的，激动人心的话语、封建迷信，必要的时候还可以挤出一点眼泪，就可以驱动这些棋子为自己去拼命。

但他鼓动不了自己，绝对不能。他比谁都清楚自己到底是个什么货色，什么天子、天命都是狗屁胡说，只要盛庸那锋利的大刀在自己的脖子上轻轻地做一个旋转动作，他也会像其他人一样多一个大疤且可以保证绝对不会长出第二个头来。

盛庸实在太可怕了，他太了解自己了。他的阵势是如此完美，那令人生惧的火器和箭弩足可以把任何攻击他们的人射成刺猬。除了拼死作战、冲锋陷阵，似乎也没有什么更好的制敌方法。自己固然是刘秀，可是盛庸却绝不是愚蠢的王寻。

三年了，这实在是一条过于艰辛的道路，没有一天能够安枕无忧，没有一天可以心无牵挂，整日盼不到头的是方孝孺那言辞尖利的讨伐文书、一批又一批的讨逆军和天下人那鄙夷的目光以及每日挂在口中的"反贼"的光荣称号。

而这些并不是朱棣最恐惧的，他真正害怕的是失败。即使天下人都反对自己，但只要造反成功，自然会有人来对他顶礼膜拜。但问题是他真的能够成功吗？打败了无数的敌人，却又出来更多更厉害的对手，胜利遥不可及，遥不可及！难道这就是自己想要的生活吗？在恐惧中度过每一天，然后去面对明天那不可知的命运？

坐在黑暗中的朱棣静静地沉思着，但思考解决不了任何问题，事情已经到了这个地步，恐惧也没有任何用处，该来的始终会来，去勇敢地迎接即将到来的命运吧。他站起身，走到营外，注视着那无尽的黑夜。

"天快亮了。"

第二次中奖

这又是一个晴朗的天气,清澈的河水伴着水声不断奔涌,初春的绿草已经开始发芽,人们身着盔甲,手持刀剑,即将开始第二次拼杀。

在战役开始前,双方布置了自己的阵形方位,北军东北向布阵,南军西南向布阵。按说这种布阵方向应该只是无意为之,并没有什么特别之处,但估计朱棣本人也不会想到,正是布阵的方向决定了这场战役的结局。

此战仍是朱棣首先发起进攻,他一改之前策略,率领骑兵从盛庸军两翼同时发动进攻,其目的无非是想使盛庸顾此失彼,然后找出他的破绽发动攻击。朱棣打了一个不错的算盘,但盛庸这个精明的商人让朱棣失算了。

盛庸早已料到朱棣的这一招,他的军队左右翼都十分强悍,完全没有留给北军任何机会。虽然北军奋力冲击,仍然无法攻破盛庸的军阵。双方鏖战甚久,不分胜负。但两军的主帅心情却是完全不同。

盛庸并不着急,他本来就是要通过固阵之法耗尽北军锐气再发动进攻,时间僵持越久对他就越有利。而朱棣则不同,他所率领的是机动化骑兵部队,但并不是机械化坦克部队。骑兵部队的机动性是取决于人和马的,而这二者都是需要吃饭、啃草和充足休息的,喝汽油不能解决问题。如若陷入苦战,必不能持久。

朱棣虽然明白这一点,但他却无法改变状况。盛庸活像缩在龟壳里的乌龟,任朱棣攻打就是不露头,时不时还反咬一口。遇到这种敌人,朱棣也无可奈何。

双方就在一攻一守中消磨着时间和人的生命,战斗完全陷入了僵局。朱棣和盛庸都在尽全力支撑着,因为他们都知道,无论什么样的僵局,总有打破的那一刻,就看谁能坚持下去了。

他们都没有料错,打破僵局的时刻终于来到了,但却是以他们都想不到的一种方式。

接下来,诡异的事情又一次发生了,情节是这样的:"本是晴空万里之天,突然天地变色,飞沙走石,妖风四起!"

这段话,我用过,在白沟河之战中,也只能再用了。因为以我之能力,实在无法解释这股妖风为何总是在关键时刻、关键地点刮起来。想来当时的作战双方都没有天气预报的能力，大型鼓风机没有发明，战场也并非任何一方所能挑选的，所以应该可以排除人为因素的作用。对这一现象的反复出现，只能感叹：这个世界，非常神奇。

风不但刮了起来，偏偏还是东北风，真是活见鬼，南军的士兵们顶着大风沙，眼睛都睁不开，更别谈什么作战，北军士兵就像赶鸭子一样将他们击溃，盛庸本人见势不妙，立刻收拾人马逃走。他似乎意识到了上天并不站在自己这边。

朱棣及时抓住了机会，对南军发动了总攻，并最终打败了盛庸。这是他第二次中奖了，两次都有大风助阵，说是天命在身，我也相信。

失败的盛庸并不需要为战败感到羞耻，他已经尽到了自己的最大努力，而他也应该从这次战役中领悟颇多，他完全可以向天喊出"天要亡我，非战之罪"之类的话，因为事实本就如此。而沙尘暴的频繁出现及其影响也告诉我们，环境保护实在是个大问题，某些时候还会演变成严肃的政治军事问题。

夹河之战的胜利大大提升了朱棣军队的士气，而原本接应盛庸军的吴杰、平安部队听到己军战败消息后都闻风而逃，转而驻守真定。战争形势又一次向有利于朱棣的方向发展。

朱棣发扬连续作战的精神，并贯彻了他一直以来不用阳谋、只玩阴招的战术思想，诱使真定守军出战。吴杰果然上当，在滹沱河和朱棣又打了一仗。在此战中，朱棣仍然充分发挥了防弹衣的作用，并在战役最关键时刻又得到了大风的帮助，顺风破敌，打败了吴杰军。

这仗就不说了，因为此战与之前的战役雷同之处太多，同样的战局，同样的大风。

作为明朝重要战役的靖难之战，有着两个让人难以理解的要素。

第一个是永远打不死的朱棣。说来实在让人难以相信，这位仁兄似乎成为了美国大片中永远打不死的超级英雄，他身经百战，冲锋陷阵，却从未负过重伤。要知道刀剑无眼，在战场上带头冲锋的大将和士兵被打死的概率是没有多大差别的，而朱棣之所以如此厉害并非是因为他有什么超能力，而是因为他的敌人朱允炆愚蠢地命令部下不得伤害他的性命。这种不公平的比赛实在让人觉得兴趣索然。

第二个是永远刮不停的大风。北方多风沙是正常的事情，问题在于刮风的时间和地点，每次都是早不刮，晚不刮，偏偏在两军交战正激烈时就开始刮风。北方地盘那么大，可风沙就是喜欢光顾那么一小片战场，更让人不可思议的是每次刮风都是有利于朱棣的，不是把敌军帅旗刮断就是对着南军猛吹，让士兵们睁不开眼。我曾经怀疑朱棣当时是否已经发明了鼓风机之类的玩意儿，否则这风怎么会如同朱棣家养的一样，想吹就吹，想怎么吹就怎么吹？

如果没有以上这两个让人莫名其妙的要素，朱棣的坟头只怕已经可以收庄稼了。

靖难之战，一场奇特的战争。

第三十章

离胜利只差一步！

胜,吴杰之后他又多次出兵,在徐州沛县烧掉了南军大批粮草辎重,一时之间诸将纷纷出击,朱棣本想乘胜追击,但因为他的地盘还是很小,他只好收兵回城。

这种压力并不是因为某次战役的失败造成的,而是因为他已经隐约感觉到自己的这次冒险行动似乎不可能成功了,朱允炆占据了全国大部分地区,而自己所有的地盘不过是北平、保定、永平三个郡而已。论人力资源、物资储备自己都远远比不上朱允炆。虽然屡战屡胜,但毕竟无法彻底击败对手。朱允炆开始相信,战争如果这样继续下去,总有一天,他会

创造性思维

胜利的朱棣并不轻松，因为他的地盘还是很小，他的军队仍然不多。在战胜吴杰之后他又多次出兵，取得了一些胜利，并在徐州沛县烧掉了南军大批粮草，断了敌军的后勤补给。朱棣本想乘胜追击，但南军却早有准备，河北、山西一带将领也纷纷出击朱棣老巢北平。朱棣为保大本营，只好收兵回城。

此时的朱棣终于感受到了前所未有的压力。这种压力并不是因为某次战役的失败造成的，而是因为他已经隐约感觉到自己的这次冒险行动似乎不可能成功了。朱允炆占据了全国大部分地区，而自己所有的地盘不过是北平、保定、永平三个郡而已。论人力资源、物资储备自己都远远比不上朱允炆。虽然屡战屡胜，但毕竟无法彻底击败对手。

朱棣已经开始相信，战争如果这样继续下去，总有一天，他会率领着越打越少的部下被对方的几个小兵抓住送去领赏，然后屈辱地活着或者是屈辱地死去。

失败算不了什么，希望的丧失才是最大的痛苦。

一直支撑着朱棣的希望之火看来也已快要熄灭了，还有什么指望呢？那年头搞房地产的不多，也没有那么多工地，总不能企盼朱允炆被天上掉下来的砖头砸死吧。况且就算朱允炆死了，皇位依然轮不到自己。奈何，奈何！

就在此时，一个消息改变了朱棣的命运。这个消息是朱棣潜伏在宫中的宦官提供的，他们派人给朱棣送信，表示京师兵力十分空虚，如乘虚而入，一定可以一战而定。

这是一个十分重要的情报，但朱棣看后却是气不打一处来，为什么呢？因为朱棣并非身在苏杭，从北平打到京城，谈何容易？！自己打了三年仗就是为了达到这个目的，可问题在于朱允炆是绝不可能让开一条路让他打到京城的。

而在通往京城的路上，最大的障碍就是山东。此地民风彪悍，士兵作战勇猛，而且还有名将镇守，无论如何也是很难打过去的。在朱棣看来这是一个很难克服的障碍。但这个障碍真的存在吗？

朱棣不会想到，自己在无意中已经陷入了一个思维的陷阱：去京城就一定要打山东吗？

在我们的思维中，经常会出现一些盲点，而创造性思维就是专门来消灭这些盲点的。所谓创造性思维并不一定是提出多么高明的主意，很多时候，这种思维提出的解决方法是很多人都知道和了解的，但问题在于他们并不知道他们知道。

比如美国国家航天局曾发现，航天飞机上的一个零件总是出故障，不是这里坏就是那里坏，花费很多人力物力始终无法解决，最后一个工程师提出，是否可以不要这个零件。事实证明，这个零件确实是多余的。

这个让人啼笑皆非的事件告诉我们，在我们的思维中，是存在着某些盲点的，而我们自己往往会陷入钻牛角尖的困境中。对于朱棣而言，山东就是他的盲点，由于在济南遭受的失败给了他太深的印象，他似乎认为如果不攻下济南就无法打下京城。

如果朱棣就这样钻下去，他将不可避免地走向失败，但关键时刻一个具备这种思维的人点醒了他，这个人就是道衍。

道衍之所以被认为是那个时代最出色的谋士是有道理的。他不读死书，不认死理，善于变通，他敏锐地发现了朱棣思维中的这个盲点。

朱棣就如同一个高明的小偷，想要入室盗窃，精通撬锁技术，但济南这把锁他却怎么也打不开，无论用什么万能钥匙费多少时间也无济于事。此时老偷道衍来到他的身边，告诉他，其实你的目的并不是打开那把锁，而是进入门内，现在在你眼前的只是一扇木门。

于是朱棣放弃了撬锁的企图，抬起他的脚踢开了那扇门。

门被打开了，通往京城的道路被打开了，朱棣终于看到了天子之路的终点——那闪闪发光的宝座。

在地图上，那扇门的名字叫徐州。

建文三年十二月，朱棣在他的行宫内又一次披上了盔甲，召集他的将领们，准备出发。但这次的进攻与以往并不相同，因为朱棣已经下定了决心，这将是他的最后一次进攻，他看着自己的将领们，长年的出兵征战，这些身边的人一个接一个地死去，张玉、谭渊，还有很多的人。而自己却总是回到同一个起点。与其这样磨下去等死，不如奋力一搏！

"打了这么多年仗，什么时候才到头！此次出兵作战，当做最后之决断，有去无回，有生无死！"

不成功，便成仁！

最后的冲击

建文四年（1402）元月，朱棣开始了他的最后一次冲击。他的老冤家盛庸、平安、铁铉等人已经得到了消息，修好城墙等待着朱棣来攻坚，然而事情发展让他们大出意料：朱棣并没有去找他们的麻烦，而是取道馆陶渡河，连克东阿、东平、单县，兵锋直指徐州！

盛庸和铁铉慌乱了，他们明白朱棣的企图，他的目标不再是德州、济南，而是那最终的目的地——京城。如果让朱棣达到目的，一切就全完了，于是他们一反防守的常态，开始了对朱棣的追击。

第一个追上来的是平安。他率领四万军队尾随而来，速度极快。在平安看来，朱棣虽然出其不意发动进攻，但徐州城防坚固，足以抵挡北军，至少可以延缓一段时间，到那时可以内外夹攻，彻底击破北军。然而他想不到的是，朱棣竟然没有攻击徐州！

原来朱棣在击败城中守军之后，守军便龟缩不出，企图固守。但朱棣玩了一招更绝的，他绕开了徐州，转而攻击宿州。平安得到消息后大吃一惊，朱棣竟然置徐州于不顾，很明显他的目标只是京城！

朱棣就如同一头火牛，什么都不顾，只向着自己的目标挺进。这种豁出一切的敌人是最为可怕的。

追上他，一定要追上他！

三月，平安得到消息，朱棣已经离开徐州，趋进宿州。眼见北军行动如此迅速，平安命令士兵急行军，终于赶到了宿州附近的泗河，在他看来，朱棣急于打到京城，必然不会多做停留，只要能够追上北军，就是胜利。

然而平安万没料到的是，跑步前进的朱棣并没有忘了自己，朱棣已经在泗河预备了礼物相送，权当是感谢平安率军为他送行。

当平安上气不接下气地跑到泗河时，立刻遭到了朱棣的伏击。原来朱棣为了切掉这根讨厌的尾巴，已经在这里埋伏了两天，等平安军一到，立刻发动了进攻。平安没有想到，追了一个多月的朱棣竟然在这里等待着自己，全军毫无防备，被轻易击溃。平安反应很快，立刻扯着自己的战马继续狂奔，只是奔跑的方向与刚才的完全不同而已。而他的残余部队也纷纷效仿，平安这一个月时间的主要工作，就是不断地跑来，跑去。

朱棣的攻击虽然打垮了平安，但也减慢了自己军队的前进速度，而南军也利用这段时间完成了追击的部署，重新集结人马追了上来。朱棣也终于明白，盛庸等人是不会让他安心上路的，只有解决掉这些后顾之忧，才能获得最终的胜利。

五月，南军和北军终于正式相遇在睢水附近的小河，南军的统帅依然是平安。事实证明，如果光明正大地开打，北军是没有多少优势的。双方经过激战，北军虽然略占优势，但一时之间也无法打败这只拦路虎，而此时正值南军粮草不足，朱棣判断，现在正是南军最为虚弱的时候，如果发动总攻是可以解决问题的。但朱棣从来都不是一个光明正大出牌的人，他还是用了自己拿手的方法——偷袭。

他如往常一样在河对岸排布士兵，却把主力连夜撤到三十里外，趁着三更半夜渡河对南军发动了进攻。朱棣晚上不睡觉，摸黑出来亲自指挥了偷袭，他本以为这次夜渡对岸一定能够全歼南军，但他也没有料到，在对岸，他会遇到一个曾给他带来很多麻烦的老熟人。

朱棣整队上岸之后便对平安军发动了进攻，平安军果然没有防备，阵脚大乱。就在全军即将崩溃之际，一支军队出现了，这支军队正是南军的援军，带队的就是朱棣的大舅子徐辉祖，他带领部队日夜兼程，所谓来得早不如来得巧，他立刻命令军队投入进攻。

朱棣万没料到，螳螂捕蝉，黄雀在后，深夜里又多出一支军队来，在糊里糊涂地挨了徐辉祖几闷棍后，他意识到大事不好，随即率领全军撤回。徐辉祖趁势大败北军，并斩杀了北军大将李斌。

朱棣的这次夜袭可以用偷鸡不着蚀把米来形容，不但没有完成战略任务，反而丢了不少士兵的性命。而更大的麻烦还在等待着他。

回到大营后，将领们长久以来积累的愤怒终于爆发了，他们一直背负着反贼的罪名，拿着自己的脑袋去拼命，虽然朱棣带给过他们很多胜利，但随着战局的发展，他们也已看出，胜利似乎还很遥远。此次出征可以说是孤注一掷，直扑京城，但现在遭遇大败，却连京城的郊区都还没有看到。

掉脑袋的事情，是决计不能马虎的，至少要讨个说法。于是他们纷纷向朱棣进言，要求渡河另找地方扎营（其实就是变相撤退）。

其实朱棣的心中也是七上八下，所谓直捣京城不过是个许诺而已，怎么可能当真？何况路上有这么多车匪路霸，要想唱着歌进城只怕是难上加难，但事情已经到了这个地步，如果后撤军心必然大乱，无论如何都要坚持下去！

他一如既往地用坚决的语气说道：

"此战有进无退！"

然后，他下令愿意留在此地的站到右边，愿意渡河的站在左边。朱棣又打起了如意算盘，一般这种类似记名投票之类的群体活动都是做做样子，他相信谁也不敢公开和他作对，但这一次，他错了。

将领们呼啦啦地大都站到了左边。这下子朱棣就真没办法了，他十分生气地说道：

"你们自己看着办吧！"

在这个困难的时候，朱能站了出来，他支持了朱棣，并大声对那些将领说道：

"请诸位坚持下去吧，当年汉高祖刘邦十战九不胜，最终不也占据天下了吗？现在敌军已经疲敝，坐困于此地，我军胜利在望，怎么能够有退却的念头呢？"

将领们都不说话了，这倒未必是他们相信了朱能的话，而是由于张玉死后，朱能已经成为第一大将，素有威信，且军中亲信众多，得罪了他未必有好果子吃。经过这一闹，该出的气也出了，该说的话也说了，反正已经上了贼船，就这么着吧。

朱棣以一种近似感恩的眼神看着朱能，看着在这艰难时刻挺身而出支持他的人。他也动摇过，但严酷的现实告诉他，必须坚持下去，就如同以往一样，不管多么困难，只要坚持下去，就一定会有希望的。

战争的胜负往往就决定于那"再坚持一下"的努力之中。

灵璧，最后的胜利

似乎是要配合朱棣的决心，朝廷方面不知是谁出的馊主意，说北军即将失败，应该把徐辉祖调回来保卫京城，于是刚刚取胜的徐辉祖又被调了回去。留在小河与朱棣对峙的只剩下了平安和何福。由于感觉此地不易防守，两人经过商议，决定合兵到灵璧坚守。

可是屋漏偏逢连夜雨，两人属下士兵本来就已经疲累交加，护送粮饷的队伍却又被朱棣击败，粮饷全部被夺走，这下子可算是要了南军的老命，饭都吃不饱，还打什么仗。于是两人一碰头，决定明天突围逃跑，为保证行动一致，他们还制定了暗号：三声炮响。

第二天，南军士兵正在打包袱，准备溜号，突然之间三声炮响，士兵们听到暗号，二话不说，撒腿就跑。可他们万万没有想到，这三声炮并不是自己人放的逃跑暗号，正好相反，这是北军的进攻信号！

原来北军也在同一天制定了进攻暗号，而这个暗号正好也是三声炮响！

命苦不能怨政府啊。

这是一个极为滑稽的场面，准备进攻的北军正好遇到了仓皇出逃的南军，哪里还讲什么客气？北军顺势追杀，不但全歼南军，还俘获了平安等三十七员大将，只有何福跑得快，单枪匹马逃了回去。

朱棣的坚持终于换来了胜利，他踢开了前进路上的最后一颗绊脚石，开始向最后的目标挺进。

灵璧之战彻底击溃了南军的主力，至此之后，南军再也没有能够组织起像样的反攻，在历经千辛万苦、战胜无数敌人后，朱棣终于看到了胜利的曙光。

盛庸、铁铉、平安已成为过去，没有人能够阻挡我前进的步伐！

朱棣的下一个目标是扬州。此时城内的守护者是监察御史王彬，此人本想抵抗，却被属下出卖，扬州不战而降。

扬州的失陷沉重地打击了南军的士气，压根儿不用看地图，只要稍微有点地理常识，也知道扬州和南京有多远，朱棣的靖难之战终于到了最后阶段，他只要再迈出一脚，就能够踏入朝思暮想的京城。

坐在皇城里的朱允炆已经慌乱到了极点，他万万想不到，削藩竟然会搞到自己皇位不保。他六神无主，而齐泰和黄子澄此时并不在京城之中，他的智囊团只剩下了方孝孺。既然如此，也只能向这个书呆子讨计策了。

方孝孺倒是胸有成竹，他不慌不忙地拿出做学问的态度，列出了几条对策：

首先派出大臣外出募兵，然后号召天下勤王，为争取时间，要派人去找朱棣谈判，表示愿意割让土地，麻痹朱棣。

朱允炆看他如此有把握，便按照他的计划行事，希望这位书呆子能够在最后时刻拉他一把。

后来的事实证明，方孝孺确实是一等忠臣，但却绝对不是一等功臣。他所提出的外出募兵、号召勤王都是无法从根本上解决问题的。朱棣已经打到了门口，怎么来得及？

而所谓找朱棣谈判割让土地换取时间就更是痴人说梦了。玩弄诡计争取时间正是朱棣的强项，哪里会上方孝孺的当？朱棣辛辛苦苦、勤勤恳恳地造了四年反，并不是为了拿一块土地当地主，他要的是天下所有的一切。

话虽如此，当时的大臣们还是按照方孝孺的部署去安排一切，其中最重要的与朱棣谈判的任务被交给了庆成郡主。请诸位千万不要误从这位郡主的封号来判断她的辈分，事实上，她是朱元璋的侄女、朱允炆的长辈，按照身份和年龄计算，她是朱棣的堂姐。

庆成郡主亲自过江去和朱棣谈判。朱棣热情地接待了她，这也使得这位郡主认为朱棣是一个可以商量的人，她晓之以理，动之以情，说了一大堆兄弟骨肉不要相残之类的话，朱棣听得很认真，并不断点头称是。

庆成郡主顿觉形势一片大好，便停下来等待朱棣的答复。朱棣看她已经讲完，才终于开口说话。

而他所说的话却着实让庆成郡主吓了一跳。

朱棣用平静的口气说道：

"我这次起兵，只是要为父皇报仇（不知仇从何来），诛灭奸臣，仿效当年的周公辅政足矣，希望皇上答应我的要求。"

然后他意味深长地看了这位堂姐一眼，接着说道：

"如果不答应我的要求，我攻破城池之日，希望诸位兄弟姐妹马上搬家，去父皇的陵墓暂住，我怕到时候惊吓了各位。"

说完后，朱棣即沉吟不语。

这是恐吓，是赤裸裸的恐吓！庆成郡主以难以置信的眼神看着自己的这个弟弟，原来自己刚才所说的全都是废话，而这位好弟弟不但一意孤行，竟然还敢威胁自己。

她这才明白，在这个人眼中根本没有兄弟姐妹，在他看来，世界上只有两种人，不是支持他的，就是反对他的。

庆成郡主不了解朱棣，也不可能了解朱棣。她根本无法想象朱棣是经历了多少痛苦的抉择和苦难的煎熬才走到了今天。眼看胜利就在眼前，竟然想用几句话打发走人，简直是白日做梦！

朱棣把他与庆成郡主的谈话写成了一封信，并交给她带回去，表明自己的态度。

朱允炆知道了谈判的结果，他终于意识到，自己所有的幻想都破灭了。他的对手没有也不会下一道"勿伤我侄"的命令，他审视着皇宫中的一切，那些宦官、宫女和大臣仍旧对他毕恭毕敬，但他心里明白，即使不久之后这里换了新的主人，他们依然会这样做的。

因为他们只是仆人，只要保证他们的利益，主人之间的更替对于他们而言实在不是一个很重要的问题。

朱允炆终于发现，所谓拥有天下的自己不过是一个孤独的人、一个无助的人，他的一生并不是用来享受富贵和尊荣的，从他坐上皇位的那一天起，痛苦已经开始，他要防备大臣、防备藩王、防备宦官和身边的所有人。他和他的宝座是一个公开的目标，要随时应付外来和内在的压力与打击。

他要用自己的一生去守护自己的权力，一旦权力宝座被人夺走，也就同时意味着他生命的终结。因为皇帝这种稀缺产品在一个统一的时代有且仅能有一个。这既是自然法则，也是社会法则。

朱允炆最大的错误在于他不知道，朱棣起兵靖难的那一刻其实已经决定了两个人的命运，一个是朱棣自己，另一个就是他。造反的朱棣固然没有回头路，其实他也没有，因为自古以来权力斗争只能有一个获胜者，非此即彼。

事情已经到了这步田地，听天由命吧！

一张空头支票

朱棣在回绝了朱允炆的求和后，发动了最后的进攻。他陈兵于浦子口，准备从这里渡江攻击京城，而他没有料到的是，在这最后的时刻竟然遇到了顽强的抵抗。

抵抗者是盛庸，他率领着南军士兵做了殊死的反击，并打败了北军，暂时挡住了朱棣。盛庸确实无愧于名将之称号，他在最后关头也没有放弃希望，而是选择了顽强地坚持下去。他用行动证明了自己的忠诚，虽然他并没有把这种忠诚保持到底。

盛庸的抵抗达到了意想不到的效果，朱棣的军队长期征战也已经到了强弩之末，士兵们十分疲劳，都不愿意再打，希望回去休整。这一次朱棣也动摇了，因为他也看出部队确实已经到了极限，如果再打下去可能会全军崩溃。

如果朱棣就此退走，可能历史就要改写了，所谓天助有心人，当年被黄子澄的英明决策放走的无赖朱高煦带领援军前来助战，这可是帮了朱棣的大忙。他十分兴奋，拍着自己儿子的背深情地说道："努力，世子身体不好！"

这个所谓世子就是他的长子朱高炽，这句话在朱高煦听来无疑是一个传位于他的指令。于是便使出吃奶的力气拼命攻打盛庸，在生力军朱高煦的全力支持下，北军大破盛庸，之后一举渡过长江，到达了最终的目的地京城。

朱高煦是肯定会拼命的，因为打下的江山将来全部都是自己的，自己不拼命谁拼命？不过他似乎并没有仔细分析朱棣的话，朱棣其实只是说世子身体不好，也没有说要传位给他。这句话绝就绝在看你怎么理解，而后来的历史事实证明，这句隐含了太多自由信息的话对于朱高煦来说只是一张空头支票。

朱高煦是大家公认的精明人，但要论机灵程度，他还是不如他的父亲，他似乎忘记了支票只有兑现才有效，而他的父亲很明显并不开银行，却是以抢银行起家的，这样的一个人开出的支票如果能够兑现，那才是怪事。

无论后来如何，至少此时的朱棣达到了他的目的，顺利地过了江。下一步就是进城了，可这最后的一步并不那么容易，我们前面说过，当时的京城是由富商沈万三赞助与明朝政府一同修建的，城墙都是用花岗石混合糯米石灰砌成，十分坚固。而城内还有十余万军队，要想攻下谈何容易！

城内的朱允炆也认识到了这一点，所以他拒绝了逃往南方的决定，听从了方孝孺的建议，坚守城池。这位方孝孺实在是个硬汉，当朱允炆怕守不住，向他询问如果城池失守该当如何时，他竟然说道：

"即使守不住城池，皇帝陛下为江山社稷而死，也是理所应当的事！"

方孝孺虽是书生，一生未经刀兵，但大难临头却有铮铮傲骨，可佩！可叹！

话虽如此，但方孝孺敢说硬话，也是因为京城比较坚固，朱棣连济南都攻不下，何况京城？

可是方孝孺并不懂得，这个世界上最坚固的堡垒往往都是从内部被攻破的。朱棣也不是傻瓜，他敢于率军围城，自然有破城的方法，而且这个方法十分有效。

朱棣的攻城法就是利用他的间谍。现在是时候介绍他的两位高级间谍了，这两个人负责镇守京城的金川门，一个是谷王朱橞，另一个是李景隆。

李景隆与朱棣自幼相识，后虽交战，但李景隆颇有点公私分明的精神，不管打得多厉害，并不影响他和朱棣的感情。而且从他那糟糕的指挥来看，他也算是朱棣夺得天下的功臣。

虽然李景隆打过很多败仗，被人骂作草包饭桶，但毕竟在气节上没有什么问题。而其后来私通朱棣的行为却给他戴上了一顶新的帽子——"内奸"。如果把靖难比作一场足球赛，李景隆原先的行为可以被认为是一个蹩脚的后卫踢进了乌龙球，而在他决定出卖自己的主人后，他就变成了一个打假球的人。

至此，李景隆终于解下了自己的所有伪装，他不但不要脸，连面具也不要了。此后他在朱棣的统治下继续苟延残喘地活着，综合看来，他的一生是草包的一生、无耻的一生，如果李文忠知道自己生出了这样的儿子，可能会再气死一次。

无耻的李景隆无耻地活了下去，并不奇怪，因为这正是他的生活方式。

在这两个内奸的帮助下，朱棣的军队攻入了京城，江山易主。

第三十一章

殉国、疑团、残暴、软弱

所谓被逼上梁山,说的就是这种情况。平日被人敬仰和掌声包围的大人物,在这种时候往往不会是鲜花和掌声,只有那些真正的英雄才能在面对危急关头的时候,还能做出不走的决定,真的不成了,而此时他身边的谋臣已然不见踪影,那些平日高谈阔论的书呆子终于明白理论和实际是有差距的,在这最后的时刻,连齐泰和黄子澄也不见踪影,朱允炆彻底懂得了什么叫作众叛亲离,他愤怒地对着空旷的大殿喊道:"是你们这些人给我出的主意,事到临头却各自逃命!"但此时他的怒喝不会再有群臣

气节

所谓气节这样东西，平日被很多人挂在嘴边，也经常被当作大棒来打别人，但真正的气节总是在危急关头表现出来的。而在这种时候，坚持气节的下场往往不会是鲜花和掌声。

只有那些真正的英雄，才能在面对屠刀时体现出自己的气节。

气节就是真正的勇气。

朱允炆呆坐在宫中，他并非对这一天的到来毫无预料，但当它终于来临的时候，还是显得那么残酷，皇帝做不成了，老百姓也做不成了。走上了这条路，真的不能回头了。

而此时他身边的谋臣已然不见踪影，那些平日高谈阔论的书呆子终于明白理论和实际是有差距的。在这最后的时刻，连齐泰和黄子澄也不见踪影。朱允炆彻底懂得了什么叫作众叛亲离，他愤怒地对着空旷的大殿喊道：

"是你们这些人给我出的主意，事到临头却各自逃命！"

但此时他的怒喝不会再有群臣的响应了，回应他的只有深邃大殿的回声。

到这个时候，无论斥责谁都已经没有意义了。他回望着这座宫殿，在这里他度过了自己的童年，这是一个人人向往尊崇的地方，生在帝王之家，何等显耀、何等荣光！

这里的一草一木他都非常熟悉，但身为皇子，他却对此地并无好感，作为皇位的继承人，他一直以来都承担着太多太大的压力。在他看来，这里的每一个人都是怪物，他们不顾一切，使用各种阴谋手段，坑害、诬蔑、残害他人，只是为了一个目标——权力。

难道顶峰的风景就真的那么好吗？似乎每个人都知道这句话的含义，但每个人都不理会它，他们仍然不断地向着顶峰爬去。

烧掉这座宫殿吧，把它彻底毁掉！

朱允炆的抱怨和愤怒是有道理的，但他却低估了他的那些谋臣的气节，齐泰和黄子澄以及许许多多的人没有逃跑，他们正在以一己之力挽救朝廷的危亡。

齐泰在广德募兵，黄子澄在苏州募兵，练子宁、黄观在杭州募兵。这些书呆子的行动虽然并不能真正挽救国家，但他们毕竟尽到了自己的努力，兑现了自己的诺言，虽然无济于事。

齐泰和黄子澄先后被抓，并被处死，宁死不屈。

黄观，明朝另一个连中三元者，当时他的职务是右侍中。

他的募兵没有多大效果，但在听到京城即将不保的消息后，他仍然坚持要到京城去，虽然他也明白这一去必死无疑。但对于他而言，履行诺言、尽到职责的意义要远远大于苟且偷生。

当他走到安庆时，消息传来：京城沦陷了，新皇帝已经登基。黄观明白大势已去，但他却没有人们想象中的慌张，只是哀叹痛哭道："我的妻子是有气节的人，她一定已经死了。"

之后他为妻子招魂，办理完必要的仪式，便坐船沿江而下。到罗刹矶时，他穿戴整齐，向东而拜，投江自尽。

黄观没有说错，他的妻子在他之前已经带着两个女儿和十个亲属在淮清桥上投江而死。无论如何，终究团圆了。

黄观作为朱允炆的亲信和殉节者，遭到了朱棣的妒恨，他把黄观的名字从登科榜上划去，所以明朝的历史上只留下了一位连中三元者的记载：

黄观，洪武年间连中三元，其登科名为篡权者朱棣划去，尽忠而死。

我相信，真相是永远无法掩盖的。

有气节的人并不只有以上的这几个人，与齐泰一同在广德募兵的翰林修撰黄岩、王叔英在听到齐泰被抓的消息后，知道大势已去，便沐浴更衣，写下了他们人生最后的遗言：

生既已矣，未有补于当时；
死亦徒然，庶无惭于后世！

然后他们双双自尽而死。
诚如遗言所述，一生光明磊落，无惭于后世。

疑团

朱允炆当然并不知道臣下的这些义举，他烧毁了自己的宫殿，然后不知所终，于是历史上最大的疑团之一诞生了。但其实这个疑团并不是由朱允炆的失踪开始的，早在朱棣攻入京城时，北军就接到了一个奇怪的命令，即不入皇城，而是退守龙江驿。很明显，朱棣并不想背上杀掉自己侄子的罪名，他围困皇城，给朱允炆自绝或是让位的时间。

但朱允炆的选择却出乎他的意料，烧毁宫殿说明朱允炆并不想让位，但这位有几分骨气的侄子却也没有自杀，因为在入宫后，朱棣并没有找到朱允炆的尸体。既不退位，也不自杀，那就只剩下逃跑了。

朱允炆的下落从此成了千古之谜，当然，是有答案的。

暴行

朱棣终于坐上了他的宝座，他认为这是自己当之无愧的，因为他为之已经付出了太多太多。多少次命悬一线，多少次功败垂成，才换来了今天的胜利和成功。

　　而在短时间的兴奋后，朱棣立刻意识到，他有更重要的事情要做，那就是清除那些反对他坐上皇帝宝座的人。于是历史上一幕罕见的暴行开演了。

　　朱棣首先找到的是方孝孺。他知道方孝孺名满天下，而且道衍早在他攻下京城之前就对他说过："殿下攻下京城后，方孝孺一定不会投降，但你一定不能杀他！如果杀了他，天下的读书种子就会绝了！"

　　有这位军师的警告，朱棣自然不敢怠慢，他预料到方孝孺一定不会轻易投降，但他也不会想到事情居然会演变成一次破历史纪录的惨剧。

　　朱棣在大殿接见了方孝孺，他希望方孝孺能够为他起草诏书。其实所谓起草诏书找其他人也可以，但如果是方孝孺亲自写的，就能够起到安抚天下人心等更好的作用。所以这份诏书非要方孝孺写不可。

　　但朱棣绝不会想到，方孝孺应召而来，并不是给他写诏书的，而是拿出了言官的本领，要和朱棣来一场继位权的法律辩论。

　　方孝孺哭着进了大殿，不理朱棣，也不行礼。朱棣十分尴尬，劝说道："先生不要这样了，我不过是仿照周公辅政而已啊。"

　　这句话激起了方孝孺的愤怒，他应声问道："成王在哪里？！"

　　"自焚死了。"

　　"成王的儿子呢？"

　　"国家要年长的君主。"

　　"那成王的弟弟呢？"

　　"这是我的家事。"

　　社会青年朱棣终于领教了最佳辩论手兼继承法专家方孝孺的厉害，他没有那么多的耐心，让人拿出了纸和笔给方孝孺，逼他写。

　　方孝孺不写。

　　继续强逼。

　　方孝孺写下"燕贼篡位"四字。

　　朱棣已经愤怒得丧失了理智。

第三十一章　殉国、疑团、残暴、软弱

"你不写，不怕我灭你九族吗？！"

"诛我十族又如何？！"

实事求是地看，方孝孺说这句话并不一定真想让朱棣去诛灭自己的九族，然而他却不了解朱棣，朱棣不是那种口口声声威胁说"不让你看到明天的太阳"之类的话的人，但他却可以保证明天的太阳一定会照在你的坟头。

而且他十分精通暴力法则，并且会在适当的时候使用它，至少他的使用技巧已经超过了当年的陈友谅，因为他懂得一条重要准则：

暴力不能解决一切，却可以解决你。

他让人把方孝孺拉了出去。

方孝孺的最终结局是：凌迟，灭十族。

历史上从来只有九族，但人类又一次展现了惊人的创造力。那多出来的一族要感谢朱棣的发明创造，他为了凑数，在屠杀的目录中加入了方孝孺的朋友和学生。

方孝孺是一个敢于反抗强暴的人，他虽然死得很惨，却很有价值，他的行为应该成为读书人的楷模，为我们所怀念。

从犯罪心理学的角度来分析，杀人犯在残杀第一个人时是最困难的，但只要开了先例，杀下去是很容易的。

于是，朱棣开始了他的屠杀。

由于下面的内容过于血腥残暴，我将尽量用简短文言表达，心理承受能力差者可以免观。

铁铉，割耳鼻后煮熟，塞入其本人口中。朱棣问："甘否？"铁铉答："忠臣孝子之肉，有何不甘！"凌迟，杀其子。

黄子澄，凌迟，灭三族。

齐泰，凌迟，灭三族。

练子宁，凌迟，灭族。

卓敬，凌迟，灭族。

陈迪，凌迟，杀其子。

此外，铁铉妻、女，方孝孺女，齐泰妻，黄子澄妹没入教坊司为伎女。

无言以对，无言可评。

软弱

很多人在读到这里时，经常会发出朱棣是变态杀人狂之类的感叹，但事实并非如此。

如我们前面所说，朱棣是一个有两张面孔的人，他的残暴只是对准那些反对他的人，而这些屠杀反对者的暴行并不能说明他的强大，恰恰相反，却说明了他的心虚。

古罗马的恺撒在得知自己的妻子与一个政治家通奸后，并未发作，虽然以他的权势地位完全可以惩处那个人。他与自己的妻子离了婚，并在后来重用了那个与他妻子通奸的人。

恺撒并不是傻瓜，也不是武大郎，他是一个有着很强的权力欲望的人，他之所以能够不理会自己妻子的背叛行为，是因为他对自己的地位和威望有着极强的自信，他胸怀天下，相信属于他的东西始终是他的。

是的，从历史中我们可以知道，宽容从来都不是软弱。

朱棣是一个软弱的人。由于他的皇位来源不正，他日夜都担心有另一个人会仿效他夺走自己的位置，他也畏惧那些街头巷尾的议论，所以他不断地屠杀那些反对者，修改了历史。但事实证明反对者是始终存在的，而历史也留下了他残暴的印记。

越过那历史的迷雾，我们看到的并不是一个强大自信的朱棣，相反，在那光辉的宝座上，坐着的是一个面色苍白的中年人，用警惕的目光看着周围的人，并不断地对他们说：

"这是我的宝座，你们不要过来。"

我相信这就是历史的真相。

事情终于告一段落了，朱棣一如既往地陷入了沉思之中，经历了如此的风雨波折，没有人知道他此刻在想什么。一般在这个时候，没有人敢打扰他，但朱能例外，他战功显赫，是朱棣的头号亲信。为了报告搜捕建文余党的消息，他如往常一样走到朱棣的身边，开口打断了沉默：

"殿下……"

朱棣的头猛地抬了起来，用一种极其阴冷的目光注视着朱能。

朱能畏惧了，那可怕的目光让他不寒而栗，即使战场上的拼杀也从未让他如此胆寒，他知道自己犯了一个严重的错误，于是他改正了这个错误。

"皇上。"

朱棣终于走入了代表最高权力的大殿，这个大殿他并不陌生，以前他经常来磕头朝拜，或是上贡祈怜。但这次不同了，他已经成了这里的主人。他正坐在皇帝的宝座上，俯视着群臣。虽然这个位置不久之前还属于他的侄子朱允炆，虽然他的即位无论从法律的实体性和程序性上来说都不正常，但有一条规则却可以保证他合理但不合法地占据这个地位。

这条规则的名字叫作成王败寇。

朱棣终于胜利了，他接受着群臣的朝拜，这是他应得的，他付出了努力，现在是得到回报的时候了。父亲的身影似乎又在眼前浮现。

你虽然没有把皇位交给我，但我还是争取到了，凭借我自己的努力。我会用我的行动证明我才是这个帝国最适合的继任者。我不会让你失望的，这个庞大的帝国将在我的手中变得更加强大！我将把你的光辉传扬下去，让所有的人都仰视我们，仰视我们这个伟大的国家！

大明！

图书在版编目（CIP）数据

明朝那些事儿.第壹部,洪武大帝 / 当年明月著.—杭州：浙江人民出版社，2020.5（2024.11 重印）
ISBN 978-7-213-09260-2

Ⅰ.①明… Ⅱ.①当… Ⅲ.①中国历史—明代—通俗读物 Ⅳ.① K248.09

中国版本图书馆 CIP 数据核字（2019）第 077049 号

明朝那些事儿·第壹部　洪武大帝
MINGCHAO NAXIE SHIR · DI-YI BU HONGWU DADI
当年明月　著

出版发行	浙江人民出版社（杭州市体育场路 347 号　邮编　310006）
责任编辑	钱　丛
责任校对	戴文英
封面设计	艾　藤　魏庆荣
电脑制版	罗栋青　李春永
印　　刷	嘉业印刷（天津）有限公司
开　　本	700 毫米 × 1000 毫米　1/16
印　　张	25
字　　数	336 千字
插　　页	2
版　　次	2020 年 5 月第 1 版
印　　次	2024 年 11 月第 15 次印刷
书　　号	ISBN 978-7-213-09260-2
定　　价	48.00 元

如发现图书质量问题，可联系调换。质量投诉电话：010-82069336